钟兆真　孟凡坤　刘亚南　著

INNOVATION SYSTEMS OF
INFORMATION TECHNOLOGIES:
POLICIES AND BUSINESS STRATEGIES

主要经济体数字科技战略
与治理体系研究

社会科学文献出版社
SOCIAL SCIENCES ACADEMIC PRESS (CHINA)

序

美国未来学家阿尔温·托夫勒（Alvin Toffler）在他的名著《第三次浪潮》（*The Third Wave*）中，将人类社会划分为三个时代：第一次浪潮是农耕技术带来的农业文明，从约 1 万年前开始；第二次浪潮是工业技术带来的工业文明，从 17 世纪末开始；第三次浪潮是信息技术带来的信息文明，从 20 世纪 50 年代后期开始。工业文明经历了蒸汽革命和电气革命两个发展阶段，信息文明则经历三个发展阶段。第一阶段是 20 世纪 50 年代兴起的微电子革命，第二阶段 20 世纪 90 年代兴起的"信息高速公路"，第三个阶段是正在兴起的"数字化"。

英国科学哲学家波普尔（Karl Popper）认为存在"三个世界"，世界 1 是客观物质世界，世界 2 是主观精神世界，世界 3 是客观知识世界。数字科技的兴起，正深刻改变世界，应用数字化概念，可将波普尔的"三个世界"细分为"四个世界"。世界 1 是物理世界，等同波普尔的世界 1。世界 2 是数字世界，是人类用数据描述和解释的世界，如电子地图和模型演示。世界 3 是算法世界，算法是将输入数据转换为所需的编码程序，算法依托海量的数据要素，成为智能决策的基础。在算法决策定义中，渗透了人的价值判断和其他观念。通过算法给出的决策方案，就是算法世界。世界 4 是新物理世界，是智能决策的执行效果，是对之前物理世界的新建设。

数字化的动力来源于数字科技创新。凯文·凯利（Kevin Kelly）在《失控：

机器、社会与经济的新生物学》（*Out of Control：The New Biology of Machines，
Social Systems，and the Economic World*）一书中，认为自然界和人类社会存在
着自组织和自演化。也就是在一定边界条件下，可从无序中演化出有序，
从杂乱中形成组织。凯文·凯利的观点在早期数字科技创新中得到印证。
的确，20 世纪 50 年代以来，在美日欧等世界主要经济体中，重要的数字
科技创新成果不是规划出来的，而是在良好创新生态环境中自发涌现的。
同样，世界数字科技创新中心硅谷也不是规划形成的，而是靠低地租吸引
东部企业逐渐集聚，加之斯坦福大学的科技人力资源自发形成的。但当一
个区域、一个国家的数字科技创新达到一定规模后，政府通过政策介入就
有必要。政府政策可为数字科技创新注入研发经费、可采购产品帮助企业
稳定生产，可为企业开辟海外市场等。这方面，美国、中国、日本走在了
其他经济体的前面。在数字科技创新过程中，如何发挥市场自组织、自演
化机制的功能，如何发挥政府政策的支撑作用，是数字化时代政府和学界
普遍关注的问题。

　　钟兆真、孟凡坤、刘亚男三位合著的《主要经济体数字科技战略和治
理体系研究》一书，通过对美国、中国、日本、欧洲、韩国、中国台湾、
印度等经济体的实证分析，揭示了在数字科技创新中，企业如何突围成功、
企业之间如何竞争与合作；揭示了政府对内如何防止企业垄断，对外如何帮
助企业应对国际竞争；揭示了政府政策工具的选择与应用，特别是如何在
"公平贸易"和"贸易投资自由化"政策之间灵活切换。这本专著的价值
是：为政府数字科技决策提供参考，为学界研究数字科技创新提供案例，为
社会了解数字科技化过程提供简明读本。这里，向钟兆真、孟凡坤、刘亚男
三位作者表示祝贺，也期待专著早日出版发行。

　　数字化正扑面而来。2022 年 2 月，经济合作与发展组织（OECD）出版
了数字经济论文《数字化综合政策框架》（*Going Digital Integrated Policy
Framework*）。论文指出："政府和利益相关方必须共同努力，塑造一个数字
化的未来，利用数字化转型的巨大机会，改善所有人的生活。"数字化是一
种新的时代潮流，数字化将影响人类社会的各个方面；每一位社会成员将学

会如何数字化生存，每一届政府将面对数字化带来的机遇与挑战。

　　对此，最好的选择是：大步向前，走向数字化。

钟书华

华中科技大学公共管理学院二级教授

2024 年 5 月 15 日

Contents

目　录

图表目录

第 1 章

绪　论

1.1　研究背景和意义

1.1.1　研究背景

时至今日，数字科技已然成为许多国家的发展重点之一。从 20 世纪 90 年代中期开始，以个人计算机与网络为标志的数字科技狂潮席卷全球；2000 年之后，智能手机更是成为个人生活中的必需品。数字科技发展所带来的巨大经济价值，促使各国政府将数字科技治理视为国家战略的一部分，同时整合国内各项产业科技政策与对外贸易政策，试图在数字科技的全球供应链和价值链中获取最有利的竞争地位。美国特朗普政府企图通过发起中美贸易摩擦，继续领导第五代移动通信技术（5G）的发展；谷歌（Google）的安卓（Android）操作系统早已是全球智能手机的主流平台之一，与此同时，中国的华为（Huawei）也自主研发出鸿蒙（Harmony）操作系统。数字科技的竞争，早已成为中美两国科技竞争的核心领域。美国如何通过科技治理体系达成自身持续领先的科技地位？作为后进国家的中国又该采取何种科技战略，取得数字科技发展的有利地位？这类看似基本的问题，至今能够完整解答的文献却十分有限。

本书主要针对目前既有理论架构的两个面向进行突破。第一，试图打破传统国际关系与国内政策分析的樊篱，从新的视野出发，推进对主要经济体国内数字科技发展与对外贸易关系演进的规律性研究。至今，国内外大多数学者，包括学界顶尖的学者在内，仍将国内科技政策与对外贸易关系分别进行讨论。前者由科技政策领域的学者如奈尔森（Richard Nelson）所主张，后者则由国际政治经济学的学者如奈伊（Joseph S. Nye）等人所主张。不同学术社群尚未形成统合的范式，能够完整地解释本国政府与外国政府的互动，对内科技政策与对外贸易政策的协同，及其如何对本国的科技发展产生影响。第二，政府与企业的互动关系和政策网络如何影响了国家的科技战略与治理体系。至今，国外治理体系与政策网络相关的研究，主要由公共管理领域的学者如 Meyer-Krahme 所主张，企业经营战略则由战略管理领域的学者如波特（Michael Porter）等人所研究，不同领域的学者对于政府与企业的互动如何形塑不同时期数字科技治理体系的研究却仍旧模糊。本书在对数字科技演进过程进行实证研究的基础上，以整合性分析架构比较主要经济体不同时期数字科技战略与治理体系。先进国家如美国如何通过政府与高科技企业的战略统合共同驱动数字科技的更迭，取得其在全球价值链中的长期核心领导地位，以及后进国家如中国，又如何以政策驱动本国企业优势，逐渐巩固本国在全球数字科技竞争中的优势，是本研究的主题。重新梳理主要经济体在数字科技发展历程中的战略与治理体系变迁路径，不但能提升国际话语权从而推进社会科学跨学科发展，也能为当前我国国内科技政策与对外贸易政策的整体战略规划提供必要的实证基础。

本书依照时间序列与主流产品将数字科技的发展分为四个阶段，并以实证研究为基础，比较四个阶段主要经济体科技战略与治理体系。第一个阶段：大型主机时代（20 世纪 50 年代至 80 年代早期）。这个阶段计算机的形态以大型主机与迷你计算机为主，是数据集中处理的时代。第二个阶段：个人计算机时代（20 世纪 80 年代早期至 90 年代中期），尤其以 1985 年个人计算机的销售首次超过大型主机为标志。第三个阶段：网络时代（始于 20

世纪 90 年代中期至 21 世纪前 10 年中期）：美国克林顿政府将网络商业化的决定开创了计算机产业的新纪元（Dedrick and Kraemer，1998）。第四个阶段：智能手机时代（始于 21 世纪前 10 年中期至今）。传统手机的第二代移动通信技术（2G）与计算机的数字网络相结合，传统的手机制造商开始融入全球数字产业的发展，开启了从第三代移动通信技术（3G）到 5G 的新格局。在大型主机时代与个人计算机时代，计算机产业以有形的产品贸易为主，通常纳入工业经济的范围；进入网络和智能手机时代之后，数字产业的价值转变为以无形的知识产权为主体，属于知识经济的范畴。虽然本书将数字科技的整体发展分成四个阶段，但这四个阶段的划分并不是绝对的。举例而言，在个人计算机时代，市场上的主要产品虽然被个人计算机占据，但大型主机依旧有一定的市场；相对的，大型主机时代网络早已经存在，但当时网络只应用于学术界与军方，尚不具有经济价值。

美国的科技战略与治理体系在数字科技发展的四个阶段展现了不同的特质。在第一阶段的大型主机时代，以美国军方为主导（Hart，2002），IBM（International Business Machine Cooperation）则主导了计算机的商业用途。美国政府在国内以反垄断诉讼抑制 IBM 独占势力，在国外却反过来利用政府实力为 IBM 打开日本市场。1974 年颁布的 "301 条款"（Section 301 of the Trade Act of 1974），更进一步把美国政府协助企业垄断海外市场的行为加以制度化（Dedrick and Kraemer，1998）。第二阶段的个人计算机时代，因 IBM 与苹果（Apple）的 PC（personal computer）竞争而展开。当微软（Microsoft）与英特尔（Intel）的 Wintel 联盟成为个人计算机产业的平台标准，美国政府开启了多次以保护美国企业国际竞争优势为目的的双边经贸谈判。1986 年第一次《美日半导体协议》（The U. S. - Japan Semiconductor Agreement）可以说是美国贸易保护主义的代表，"301 条款" 则在 1979 年与 1984 年进行了两次重大修正。第三阶段的网络时代，由 1994 年美国政府宣布网络商业化开启。网络最早创设于冷战时期的美国国防部（U. S. Department of Defense），倚仗掌控整套网络通信标准和管理组织的优势，美国政府继续在网络时代对全球互联网的发展行使最终的

"监督权"。至于商业层面，政府则选择退居幕后并交由以微软为首的私部门主导。美国政府尽管一度在国内以反垄断诉讼抑制微软的独占势力，但在国外却不遗余力地为美国企业创造有利的国际竞争环境。在双边经贸层面，美国政府继续使用"301 条款"与《美日半导体协议》；在多边贸易层面，则成功将《与贸易有关的知识产权协定》（Agreement on Trade-related Aspects of Intellectual Property Rights，TRIPs）置于世界贸易组织（World Trade Organization，WTO）架构之下。第四阶段的智能手机时代，苹果的 iOS 和谷歌的安卓成为智能手机的主流操作系统。美国企业主导了智能手机终端的研发及销售，联邦政府始终通过全球移动通信标准的设定以及对外双边与多边贸易谈判继续维持美国对于数字科技的掌控。通过3G 到第四代移动通信技术（4G）的转换，美国重新成为数字经济的盟主。在多边贸易方面，当 WTO 的多哈回合谈判（Doha Round）陷入僵局，美国遂开启《反假冒贸易协议》（Anti-Counterfeiting Trade Agreement，ACTA）与《跨太平洋伙伴关系协定》（Trans-Pacific Partnership Agreement，TPP）谈判，以追求超越 TRIPs 的国际知识产权保障。在双边贸易关系方面，美国为夺回 5G 领导地位，对以华为和中兴（ZTE）为代表的中国企业实施贸易制裁。

中国的科技战略与治理体系则主要在数字科技发展的后两个阶段呈现了不同的转型路径。第三阶段的网络时代，是中国发展数字科技的主要开端。中国主要采取"以市场换技术"的策略，同时本土企业大力发展硬件与软件产业。第四阶段的智能手机时代，国产智能手机企业如小米、华为、OPPO、vivo 等，开始有机会主导产业发展，并竞争海外市场。中国在国内以政策引导智能手机企业开发自主操作系统，同时大力发展 5G 基础设施；在国外不遗余力地为本国企业创造有利的国际竞争环境。在双边经贸层面，中国政府继续推动与美国在贸易摩擦下的经贸磋商；在多边贸易层面，成功签署《区域全面经济伙伴关系协定》（Regional Comprehensive Economic Partnership，RCEP），并推进"一带一路"合作，为本国企业开拓更为广阔的国际市场。

纵观数字科技发展的四个阶段，中美两国都在各个阶段采取了不同的科技战略，并且以不同的科技治理体系实现本国的战略目标。美国始终采取先进者的战略，联邦政府以二战后超强的国际政治实力，与美国企业联手，通过数字科技的变革维持美国在数字经济领域的领导地位。在国内，美国政府推行有效的产业政策，并以反垄断的方式制裁并抑制特定企业，促进美国产业整体实力的提升；在国外，美国政府则通过贸易政策与经贸谈判帮助美国企业拓展国际市场、打开竞争对手的大门以及制定国际经贸竞争的规则。美国企业则以增强国家在经济与科技上的相对优势为回报。中国起初采取后进者的战略，逐渐成为先进者。起初中国政府的产业政策目标以保护国内尚未成熟的数字经济产业为主，而后本国企业尤其是私营企业国际竞争能力不断提升，中国的贸易政策转以鼓励本国企业开拓海外市场，并以贸易谈判保护本国企业在海外的合法权益。

中美数字科技战略的转变能够影响全球供应链中其他主要国家和地区的战略变化与发展。美国为维持先进者的优势，以及中国由后进国家向先进国家的转型，都对全球供应链中其他国家和地区有不同程度的影响。这些主要国家和地区在数字科技发展的不同时期，与中美双边都维持着不同的战略关系。因此，其他国家政府与企业的互动模式、中美与国际体系内其他行为者博弈的反复规律，也是本书将深度分析的内容。

1.1.2 研究意义

1.1.2.1 理论意义

本书基于传统国际政治经济学、国家创新体系、长波周期等理论，借助整合性分析架构，试图打破过去零碎的分析模式，梳理二战以来科技与国际政治经济的整体变迁，以至今日中美贸易摩擦的历史脉络。本书希望结合既有的科技政策与国际政治经济学研究，做出原创性的理论贡献。

1.1.2.2 现实意义

本书有助于推进当前中国与美国贸易关系的研究。尽管数字科技与知识产权是中美贸易摩擦的核心议题之一，当前却少有能够完整论述二战以来数字科技的技术层面发展以及中国与美国长期数字科技发展的不同路径的研究。本书跳出将中美贸易摩擦视作单一事件的普遍观点，基于国际视野，将中美贸易摩擦视为中美推进各自科技治理体系而综合运用对内与对外科技战略的一环。了解中国与美国长期科技发展与对外贸易的规律，有助于我国国内科技政策的整合以及对外贸易关系的调整。

作为近年来兴起的创新驱动研究潮流的一部分，本书属于国际前沿研究，对于跳出在该主题上由来已久的仅以国内层面为中心的论述，有推进意义。至今学界创新驱动研究多以论述国内科技政策与产业发展为主轴，鲜少谈论国际互动对于国内发展的影响。尽管国家创新体系是创新驱动相关研究的重要理论基础，但以往研究成果基本是以单一国家发展为中心的论述，直到近几年，才有国外知名学者开始研究国家对外关系与对内政策的整合。本书从对外贸易与对内政策相结合的角度切入，可以引领创新驱动的整合性研究趋势。

1.2 分析架构

本书旨在建立一个交叉学科、整合性的分析架构，以历史的实证研究为基础，比较主要经济体科技治理体系，并探讨各国和经济体如何通过不同的科技治理体系驱动本国的国家创新体系，创造本国在全球数字经济产业价值链的国家竞争优势，达成本国的数字科技战略。基于 Nelson（1993）的国家创新体系理论，本书将国家视为创新的整体，并将国家创新的主要行为者定义为政府、企业与大学，尤其集中于分析政府与企业的互动关系。基于 Nye（2002）等学者关于国际政治经济学的研究，本书假定各国的国家创新体系并非独立存在，而是共同存在于国际体系之中，在全球供应链中具有不同的分工位置，并且彼此互动。国家内部的政府与企业不仅在国内层面彼此链接，同时能够跨越国界，与国外的政府及企业建立各种合作与竞争关系（见图1-1）。

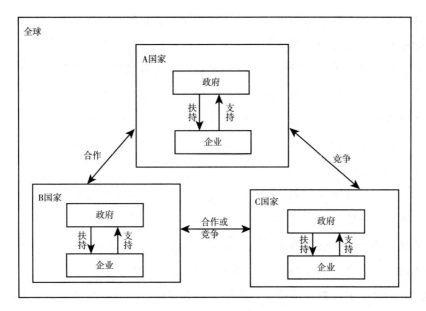

图 1-1　分析架构

　　国家创新体系里的主要行为者，政府，在国际联合与竞争的互动过程中扮演了重要角色（萧全政，1997）。政府消极层面在于寻求国家在国际体系内基本的生存，积极层面则在于追求国家长期的持续发展或扩张。冷战时期，军事是维系国家生存最基本的手段，而后冷战时期，除了军事发展，经济发展也成为国家发展的必要条件。数字科技作为国家竞争与生存的战略工具，除了满足国家最基本的生存需求，也作用于国家的经济发展。数字科技在满足国家由生存到发展需求的过程中，不但服务于国家的军事战略，而且有利于国家的经济成长。政府在与企业的互动过程当中也会不断创造出有利于数字经济产业发展的营商环境，并且主动制定各种有利于企业发展的政策，包括研发、贸易、货币政策等，以促使企业成为国家经济增长的主要来源，维持国家在国际政治与经济体系里的竞争优势。

　　国家创新体系里的另一主要行为者，企业，在国家的科技战略中扮演了重要角色（萧全政，1997）。企业是将数字科技商业化的主要推手。处于竞争的国际政经体系之中的企业，消极面在于寻求市场内的基本立足点，积极面在于寻求自身利益的最大化。数字科技作为企业的公司战略,除了必须满足企业在市场立足的最基本的生存需求,还要作为企业进一步扩张市场的工具。企业除了在内部通过努力开发新科技获取竞争优势,在外部也会期待政府为企业创造种种有利的营商环境和市场竞争条件。企业往往采取某种手段使政府本来已经有利于企业的产业与科技政策进一步向企业利益靠拢。其中,合法的手段如向政府工作人员提供专业咨询以影响政策内容;非法的手段如贿赂等。

二战后,数字科技成为各国国家与企业国际竞争实力的重要因素。能够掌控数字科技的强势政府与企业,由于在国际体系内无畏竞争,往往主张自由贸易、撤除所有的贸易藩篱,甚至期盼全球一体化的经济形态;相对的,弱势的政府与企业尚不具有与强者竞争的实力,因而更倾向于守住国家边界,实行保护主义的经济政策,维护国内数字经济产业的基础,避免来自国外的强力竞争。随着数字经济产业实力的演进,政府与企业对于自由贸易或保护主义的主张,也往往依据时空的变迁而进行动态调整,在数字科技的不同发展时期因其不同的竞争地位而产生不同的主张(萧全政,1997)。

中美两国从大型主机时代到智能手机时代的发展历程、四个阶段的产业科技及贸易政策方面的主张,体现了两国政府与企业在与其他国际行为者互动之下,不同阶段动态变迁的强势或弱势竞争地位。而中美两国在国际竞争的过程中,政府往往扮演了比企业更积极主动的角色(见表1-1、表1-2)。

表1-1　1945年至今美国政府科技与贸易政策

数字科技时代	主要政策	代表性企业
大型主机时代 (1945~1980年)	● 军事科技研究发展政策(《国家科学基金法》) ● 联邦政府军事采购与计算机民生用途的推广(《布鲁克法》) ● 反垄断政策(《谢尔曼法》) ● 对外贸易政策 　GATT 　《1974年贸易法》	IBM、兰德

数字科技时代	主要政策	代表性企业
个人计算机时代 （1981~1994 年）	• 联邦政府的 R&D 政策与科技转移（《史蒂文森-威德勒技术创新法》《联邦技术转让法》） • 知识产权政策（《拜杜法案》《商标澄清法》） • 反垄断政策的转向：终止 IBM 反垄断诉讼 • 对外贸易政策 　　"超级 301 条款""特别 301 条款" 　　第一次《美日半导体协议》	英特尔、微软、苹果
网络时代 （1994~2006 年）	• R&D 政策：军事科技的商业化 • 知识产权政策（《数字千年版权法》） • 反垄断政策：微软反垄断诉讼 • 对外贸易政策 　　第二次《美日半导体协议》 　　TRIPs	微软、网景、红帽（Linux）
智能手机时代 （2007 年至今）	• R&D 政策（《2009 美国恢复和再投资法案》《减税与就业法案》） • STEM 政策 • 对外贸易政策（《跨太平洋伙伴关系协定》）	苹果、谷歌

表 1-2　1995 年至今中国政府科技与贸易政策简述

数字科技时代	政　策
网络时代 （1994~2006 年）	• 政府采购（十二金工程） • 吸收外资（所得税减免、内销配额限制） • 对外贸易政策 　　高关税壁垒、外汇管制措施、产品内购比例 　　加入 WTO
智能手机时代 （2007 年至今）	• R&D 政策（《科技成果转换法》） • 知识产权政策（《中华人民共和国专利法》） • 对外贸易政策（《区域全面经济伙伴关系协定》、"一带一路"）

　　在数字科技发展的四个阶段，美国联邦政府对外贸易政策事实上交替运用了自由贸易与保护主义，并配合国内的科技与产业政策，以维持美国在数

字科技发展中自始至终的先进者优势。以第一个阶段的大型主机时代为例，大型主机与网络最早起源于美国与苏联竞争所产生的军事安全需求，政府大量的采购与研发支出使 IBM 等美国企业在数字科技"商业化"的过程扮演了重要角色。二战结束后初期，美国政府以全球独霸的地位，推动多边自由贸易体系，以 IBM 为首的大型主机企业则近乎独占了全球计算机市场。美国政府虽在国内以反垄断政策抑制 IBM 的扩张，在国外却帮助 IBM 一同打开日本市场。尤其在石油危机之后，失去独霸地位的美国开始警觉，国家出口竞争优势已经由产品导向的工业经济转向以数字经济为代表的知识密集型产业，对外双边经贸谈判经常以保护美国高科技产业的海外竞争力为目标，而这种政策主张下，IBM 其实是最大的受益者。事实上，美国政府始终以美国的国家利益为中心，企图让数字科技的发展为美国国家整体利益服务，以追求美国在国际体系内的独霸地位；美国企业则依公司利益来运作，政商双方对于国家创新体系的驱动，最终将数字科技形塑成对双方都有利的结构，并对其他国家的政府和企业产生不同程度的影响。美国政府与企业如何通过各自的理性运作在数字科技发展的各个阶段打造了今日的数字经济结构，并一步步扭转世界经贸规则，将利益导向自己，这是本书的分析重点之一。

在数字科技发展的后两个阶段，中国政府对外贸易政策从保护国内产业逐步转向自由贸易，整合国内科技与产业政策，由后进者逐渐转为先进者优势。以第四阶段的智能手机时代为例，智能手机与移动互联网最早不仅属于经济战略，也有军事安全的需求；5G 时代的移动互联网等基础设施建设促使小米、华为等企业不但在数字科技商业化的过程扮演了重要角色，同时有能力主导产业发展，并竞争海外市场。本国企业受到美国的贸易壁垒限制，中国开启了与美国在贸易摩擦下的经贸谈判，同时加入《区域全面经济伙伴关系协定》等多边自由贸易框架。我国如何在中美贸易摩擦背景下整合国内科技与产业政策，并战略性地开展对外贸易，建立长期数字经济产业的国家竞争优势，是本书最重要的主题。

1.3 研究架构

本书主要分为 3 个部分，共 7 个章节。第一部分为绪论，第二部分第 2 章到第 6 章为正文，第三部分的第 7 章为结论和建议。本书依照数字科技发展的不同阶段，分析各国和经济体科技治理体系的演变、各国和其他国家政府与企业的博弈，以及我国未来的科技战略规划。

第 2 章阐述美国大型主机时代（1945~1980 年）与个人计算机时代（1981~1994 年）的数字科技战略与治理体系。美国大型主机时代的数字科技战略主要是在冷战时期美苏两强对峙的军事竞争格局中取得先发优势。联邦政府的研发和军事采购政策由军方主导，其对科技发展的大量投资不但刺激了技术的进步，也扶持了以美国本土企业为主体的数字经济产业。IBM 是美国大型主机时代的代表性企业。1974 年所订立的"301 条款"，把美国政府协助企业垄断海外市场的面向加以制度化，成为此后美国与贸易伙伴双边经贸谈判的基调。进入个人计算机时代，美国的科技战略转以经济发展为导向，由商务部门主导。美国政府对内鼓励大学技术转让，加强知识产权保护，并放宽反垄断政策，对外则开启了多次以保护美国企业国际竞争优势为目的的双边经贸谈判。微软（Microsoft）与英特尔（Intel）两家公司联手打造的"Wintel 联盟"成为个人计算机产业的平台标准，知识产权也成为美国国家竞争力的核心。在美国企业的游说之下，"301 条款"于 1979 年和 1984 年做了两次重大修正。1986 年，与日本签署第一次《美日半导体协议》。在美国的推动下，知识产权议题始成为国际经贸的焦点。

第 3 章探讨美国网络时代（1994~2006 年）与智能手机时代（2007 年至今）的数字科技战略与治理体系。美国网络时代的主要数字科技战略是通过网络商业化和数字经济的发展，让美国重回国际经贸的超强地位。美国政府以商务部门为主导，对内以研究发展政策鼓励冷战时期军事科技的商业化，同时继续加强知识产权保护。以微软为首的美国软件企业，则横扫全球软件市场。美国政府尽管一度以反垄断诉讼抑制微软在国内的独占势力，但在国外却不遗余力地为美国企业创造有利的国际竞争环境。在双边贸易层面，美国政府继续实施"301条款"与《美日半导体协议》；在多边贸易上，成功将《与贸易有关的知识产权协定》置于WTO架构下。而到了智能手机时代，美国主要的数字科技战略则是鼓励军民两用的科技发展。对内军方与商务部门同时主导了研究发展政策，对外则通过双边与多边贸易谈判，维持美国对通信技术与知识产权的掌控。美国在3G领域落后于欧洲，却通过从3G到4G的转换重回数字经济的领先地位。美国企业苹果与谷歌引领了智能手机软件与硬件的主流规格。在美国5G部署再度落后于中国之际，联邦政府决定对中国企业实施贸易制裁，企图继续捍卫美国在数字经济的领导位置。

第4章分析中国网络时代（1994～2006年）与智能手机时代（2007年至今）的数字科技战略与治理体系。中国网络时代主要的数字科技战略是追赶国际数字科技的发展，逐渐在国际数字经济供应链中占有一席之地。中国政府以工业数字部门为主导，对内以研究发展政策鼓励数字科技的萌芽，对外则以关税保护等方式避免国内刚萌芽的数字经济产业与国际企业激烈竞争。以联想和中科红旗为首的国有企业，则逐步站稳国内市场。到了智能手机时代，中国数字科技的发展战略逐渐由追赶转向领先国际通信技术的发展。中国政府以工业数字部门为主导，对内进行移动互联网等基础设施建设，对外则开启与美国的双边贸易谈判，并促成多边自由贸易协议。小米、华为等企业不但站稳国内市场，在海外市场竞争的实力也不断增强。

第5章主要探讨日本、欧洲等先进国家和地区以及韩国、中国台湾、印度等后进国家和地区的数字科技发展战略，还包括中美两国与这些主要国家和地区的战略联盟和互动关系。其中，日本和欧洲各国的数字科技发展横贯了大型主机时代到智能手机时代四个阶段；韩国、中国台湾和印度则在个人计算机时代和网络时代始进入全球数字经济产业的供应链，并成为主要行为者。这些主要经济体与中美两国长期的互动关系与国际发展战略是本章的主轴。

第6章探索数字科技的全球演进。本章以数字科技四个发展阶段为主轴，论述从大型主机时代到智能手机时代数字科技发展的全球整体图像，以及各个时期的全球竞争与战略结盟关系，着重分析不同时期中美两国对于数字科技主流规格和标准制定背后的博弈关系，及其与其他主要经济体的战略互动。

第 7 章归纳中美数字经济产业政策与对外贸易关系的反复规律，以及数字经济的未来。美国的对外贸易政策始终在自由贸易与保护主义之间往复摆荡，而政策主张又与美国国内的科技发展与产业政策执行有共同演进的关系。美国政府的研究发展政策，始终鼓励大学技术转让以及军事科技的商业化；知识产权政策则不断强化，以保护大学和企业的研发成果。反垄断政策与对外贸易政策随着美国国力的起落适时调节。当美国企业拥有全球性的竞争优势，美国政府便采取自由贸易的政策，协助企业扩张国际市场，但同时严格执行反垄断政策，促进国内技术由大型公司向中小企业转移。相反，当美国国力衰落，联邦政府便放松反垄断政策，同时配合对外的贸易保护主义，以政治实力压制贸易对手的竞争。我国的对外贸易政策逐渐由保护国内幼稚产业朝自由贸易转向，而对外的政策主张也与国内的科技发展与产业政策执行有共同演进的关系。中国政府的研发政策同样鼓励大学技术转让，与美国不同的是，由于历史的因素，我国并未鼓励军事科技的商业化。此外，我国的知识产权政策也不断强化，以保护大学和企业的研发成果。与美国不同的是，我国少有执行反垄断政策。当中国企业开始拥有全球性的竞争优势，政府同样采取自由贸易政策协助企业开拓国际市场。中美科技竞争的格局下，中国如何发展软件与硬件兼具的科技实力，同时综合应用对内科技政策与对外贸易关系，将是本书结尾所要探讨的重要议题。

第 2 章

美国数字科技战略与治理体系 I:
大型主机时代与个人计算机时代

本章阐述美国大型主机时代（1945~1980年）与个人计算机时代（1981~1994年）的数字科技战略与治理体系。

数字科技的大型主机时代，最早可以回溯至计算机科技在美国的诞生。为了应对第二次世界大战及冷战的国际军事竞争格局，联邦政府颁布大量采购与研发政策，扶持了当时尚不成熟的计算机产业，使其在美国生根。早在20世纪50年代，美国企业便在政府的协助下抢先进入计算机市场，IBM则是代表之一。在国内，美国政府以反垄断诉讼抑制IBM的独占势力，促成更为活泼的产业结构；在国外，美国政府却反过来利用政府实力协助以IBM为代表的大型主机企业扩大对外出口，打开日本市场。1973年的《关税及贸易总协定》（General Agreement on Tariffs and Trade，GATT）谈判，在美国的坚持下首次将知识产权议题纳入议程，这是美国比较利益转向知识密集产业的过程中联邦政府积极引导全球交易规则向无形知识产权倾斜的开始。1974年制定的"301条款"，则是TRIPs通过之前国际上最主要的、实际运行的知识产权保护机制。

美国计算机企业IBM与苹果之间的竞争，促使数字科技由大型主机向个人计算机转变。尽管计算机产业的主导权由IBM转向微软与英特尔，但是个人计算机时代的数字经济商业盟主地位，仍旧掌握在美国企业手中。在个人计算机革命的同时，随着美国整体竞争力下降，国家竞争优势的核心逐渐转向无形的知识产权。因应美国每况愈下的国力，里根政府实行了对内有助于科技创新、对外以双边经贸关系为主的保护主义政策。不论是"301 条款"的修订或《美日半导体协议》，都在企图加强美国高科技企业的海外竞争力。多边贸易方面，美国则从未放弃将知识产权议题推入 GATT 架构的努力。

本章的第一节及第二节，将分别探讨大型主机时代美国联邦政府与 IBM 在计算机产业初期发展所扮演的角色。美国政府如何利用国内外政策制造本土企业的先发优势，IBM 又如何利用自身的经营战略和政治资源来获取全球性的领先地位，这是本章前半段所要讨论的主题。第三节及第四节阐明个人计算机时代美国政商互动模式与利害关系的转变。第三节主要阐述美国企业的部分，包括英特尔与微软；第四节则以里根政府所推行的政策为重心。第五节总结两个时期美国政府与企业在与其他国际行为者互动之下，不断动态变迁的国际竞争地位以及所采取的政策回应。

2.1　大型主机时代联邦政府政策
与大型主机的发轫

计算机发明于二战期间的美国，如同核武器与其他科技的发明，计算机设计的原始目的是满足国家在国际竞争中生存与安全的需求。作为军事相关的科学与工程计算工具，计算机从 20 世纪 40 年代直到 70 年代末期一直是被安装在大型玻璃屋中的昂贵机器，并由一组专家利用 Fortran 与 Cobol 等较符合计算机逻辑的程序语言负责操作。这就是大型主机。该时期也是计算机发展的第一个时期（熊民敏，2015）。

2.1.1　政府研究发展政策与军事安全

美国国防部于 1943 年以合约委托宾夕法尼亚大学摩尔学院（University

of Pennsylvania's Moore School of Electrical Engineering）制造的第一台计算机大型主机 ENIAC（Electronic Numerical Integrator and Computer）于 1946 年问世，主要用于美国军方弹道研究，以增加野战炮弹道与轰炸的精准度。1944年，以宾夕法尼亚大学为主的团队又投入制造了内建储存程序（stored-program）的第二台大型主机 EDVAC，并于 1947 年交付。随着 EDVAC 储存程序概念的发展，在通常有政府补助的情况下，许多大学、政府相关实验室与私人公司开始于 20 世纪 40 年代晚期设计并制造能够自行储存程序的大型计算机主机（Fisher 等，1983）。

二战后紧接着进入冷战时期，来自苏联的战争压力迫使美国联邦政府出于安全需要成为早先计算机科技最重要的研发赞助者，两强相争的军备竞赛结构则让美国政府内部的国防单位不但获取了可观的资源，而且主导了美国当时整体 R&D 政策的发展。

二战期间，联邦政府已经在 R&D 预算上大幅扩张；战后 1950 年的《国家科学基金会法》（National Science Foundation Act of 1950），将联邦政府的研发预算限制在两个领域：夯实国家科学根基的基础研究，以及提升私人公司研发能力的应用科学，即使是应用在国防方面亦可。二战后直至 60 年代中期，联邦政府的直接研发经费支出呈现稳定增长的局面；1945 年，R&D 经费支出仅占联邦政府总预算的 1.7%，1965 年却高达 12.6%，成为历年来的最高峰（Leyden，1992）。其中，大部分的资源给了国防部门。以 1964 预算年为例，联邦政府支出 150 亿美元用于研发，几乎占全美 2/3 的研发资源（66%），当中有 134 亿美元由三大国防部门共享，包括国防部 77 亿美元、NASA 42 亿美元和陆军电子司令部（Army Electronics Command，AEC）15 亿美元。换句话说，1964预算年内，美国有 58% 的研发资源集中在国防单位，最大宗的是国防部。这三大国防部门资助了全美一半以上的产业研发支出以及 60% 的大学和非营利组织的研发经费。在当时的美国，每四位科学家或工程师当中，就有一位受聘于产业界、大学或政府非营利组织从事与国防相关的研究（Rivkin，1968）。美国国家安全局（National Security Agency）对于计算机发展始终起到积极作用，其影响力甚至持续了整个 20 世纪 60 年代（Misa，2016）。

美国一流大学及实验室接收了国防部的大量经费，在计算机硬件早期发展历史中占据了领导性地位。第一台计算机是美国国防部委托宾夕法尼亚大学完成；麻省理工学院则在 50 年代参与了多项重要的计算机应用研究，尤其是防御导弹攻击的塞奇（SAGE）与 Whirlwind 计划，这是发展空中战略系统的两大关键计划（Fisher 等，1983）。其他的研究机构还包括林肯实验室、加利福尼亚大学洛杉矶分校（UCLA）、斯坦福大学、哈佛大学（Harvard University）等，它们所进行的各项研究工作不必然以国防为目的，但若能为美国军事做出独创的贡献则是国防部乐见的结果（Castells，2007）。美国大学在计算机硬件发展上的地位于 50 年代之后逐渐被私人公司如 IBM 所取代，转而在计算机软件领域也就是日后计算机产业的主体之一继续扮演重要角色（Campbell-kelly，1995）。事实上，如同计算机硬件，美国政府与大学也是计算机软件发展初期最重要的推手，美国日后能在软件产业"一枝独秀"与早期政府军方和大学的合作关系密不可分。以麻省理工学院承接的 SAGE 计划为例，该计划网罗了当时全美仅有的 1200 名程序设计师中的 700 名。这项计划持续了 13 年，在 1956 年后开始纳入多家外部软件公司，总共耗资 80 亿美元，打下了美国软件产业的基础（Hoch，2000）。

除了大学及实验室，美国政府也鼓励且赞助企业从事最尖端的科技研发工作，IBM 是极具代表性的案例。该公司在 20 世纪 40 年代至 50 年代曾经接受政府的研发补助而从事国防相关的研究工作，包括 B-52 轰炸机与航海系统。另外，Cray Research 公司在与洛斯阿拉莫斯国家实验室（Los Alamos National Laboratory）的合约下发展超级计算机（National Academy of Sciences，1992）。

美国政府大力推动研发是早期计算机科技发展神速最主要的原因。20世纪 50 年代晚期至 60 年代早期，政府对创造最先进计算机科技的支持让武器系统的建置、核武器的试射与建设成为可能。军事的需求同时促成体积更

小而更有能力的计算机的制造，以应用于航空器、导弹以及卫星等（Schnee
和陈德顺，1980）。

2.1.2 联邦政府的采购政策与计算机的商业化

2.1.2.1 美国政府的军事采购计划

美国联邦政府不仅是计算机研发最重要的赞助者，也是当时世界上最重
要的计算机采购者与用户。20世纪50年代，政府的军事部门是计算机市场
上最重要的消费者，它们往往拥有大量而繁复的数据处理需求，也唯有当时
拥有庞大资源的美国军事部门有能力负担大型主机所需的开支（万如意，
2013）。军方大量的采购费用创造了最早期的计算机市场，同时保障了美国
本土的计算机企业能够在计算机产业萌芽的时候便毫无障碍地获取竞争
优势。

20世纪50年代到60年代早期，美国政府购买了大量半导体用于导弹
导航系统（missile guidance system），支持了美国半导体产业最初的发展。
从1953年到1955年，IBM所生产的18台701号计算机（IBM计算机最早
的机型）中，就有6台供应美国政府单位与实验室。IBM参与的其他军事
计划，例如SAGE与STRETCH，更让该公司的技术水准处于领先地位并用
在商业产品上（李燕、朱春奎，2016）。政府的早期投入对于美国日后能
够在计算机以及半导体产业称霸功不可没。

2.1.2.2 政府采购与计算机民生用途的推广

美国政府在扩张计算机的民生用途上亦是重要的推手。20世纪50年
代，以IBM和兰德（Sperry Rand）为首的数家美国大型主机公司不仅为政
府和国防工业设计计算机，同时致力于增加计算机的其他功能以推销给政
府以外的企业客户。早在50年代计算机就被应用于商业领域以处理会计、
薪资计算、存货等数据；经过整个60年代，美国公司研发出越来越精密
复杂的机器（陈厚云、王行刚，1983）。而联邦政府作为计算机产业最主
要的顾客，其重要的责任之一便是通过采购政策，鼓励计算机向民生用途
发展。

20 世纪 60 年代，随着美国联邦政府对计算机大型主机需求的迅速增长[①]，1972 年国会通过《布克法》（Brooks Act）以规范联邦政府各部门的计算机采购行为。鉴于联邦政府往常对于大型主机的采购有去集中化的倾向，由各部门依照特定的需求购买特定的计算机并不符合经济效益，于是该法案规定联邦政府各部门的计算机采购必须集中由"公众服务部门"（General Services Administration，GSA）统一主管调度（王元慎，1998）。

1966 年，美国总统约翰逊提出，计算机的发明应该对联邦政府有更大的影响。他指示联邦政府各部门应该积极参与计算机化作业，以"发现和利用计算机所有可能的功能"，"善用计算机以利于作业"，并且"在最低的可行成本下管理计算机活动"，包括太空计划、医疗研究、税制管理、社会保险与安全、国防后勤、核能与高速公路设计等（Schnee 和陈德顺，1980）。

美国很有可能是世界上最早提出"电子政务"（digital government）概念的国家。在计算机还十分昂贵、使用不普及的当时，联邦政府毅然大量使用计算机，最主要的目的除了提升政府行政效能外，还企图以政府力量扩大计算机的应用范围和市场规模，鼓励更多美国企业投入。以政府为主要客户等于保障了企业的稳定销售，配合 R&D 补助政策，政府将可以协助企业降低制造成本和进入门槛（李燕、朱春奎，2016），而更多的研发与用途又将刺激计算机用户的增长，形成良性循环。

2.1.3 反垄断政策与 IBM

反垄断法的目的在于移除不公平竞争的障碍，不论是政府还是私人公司向法院提起的反垄断诉讼，都有促进国内市场竞争的作用。美国政府通过反

---

① 根据 GSA 的统计资料，1952 年时联邦政府只有 3 台计算机，1960 年为 531 台，1964 年为 1862 台，1970 年则为 5277 台（Fisher 等，1983）。

垄断法促进产业竞争以激发创新、增加竞争力的历史悠久[1]，而在 20 世纪 60 至 70 年代，反垄断同样被美国政府视为移除创新障碍最重要的手段。最受瞩目的例子便是美国司法部（Department of Justice）对 IBM 提出反垄断诉讼。

1964 年，随着 System 360 销售的火爆，IBM 在计算机大型主机市场的占有率飞升，竞争对手纷纷败退。1967 年，IBM 高达 70% 的市场占有率终于引来联邦政府的反垄断诉讼。1969 年，美国政府司法部于约翰逊政府任内的最后一天开始对 IBM 进行反垄断调查，同时期也有多家美国私人公司协同欧洲共同体对 IBM 提出反垄断诉讼（Fisher 等，1983）。

美国政府首先指控 IBM 拒绝将计算机软件从硬件中分开计价，这种让使用者只能以单一价格购买整套系统的营销手段违反了反垄断法体系中的《谢尔曼法》（Scherman Act）第二条有关搭售的规定。经过 1973 年一家专门销售与 IBM 计算机兼容零件的公司 Telex 对 IBM 的诉讼之后，美国政府在状词中又将 IBM 的罪名加入了"垄断三个市场"一项，包括磁带机、磁盘驱动器与即插即用兼容内存（Fisher 等，1983）。

从 1969 年至 1982 年里根政府以"毫无法律意义"为理由撤销对 IBM 的诉讼，IBM 一直活在联邦政府依法强制分裂的阴影中（Gerstner，2002）。美国政府施加于 IBM 的反垄断压力不利于 IBM 发展，却有助于在美国本土建立更为活泼的产业结构。1969 年，IBM 在反垄断调查与内部无法控制软

---

① 反垄断法针对的是反垄断集团的行业垄断行为，因此又名"反托拉斯法"。美国是反垄断法的先锋。19 世纪末，美国经济开始由自由竞争走向垄断。面对大企业垄断势力的威胁，竞争中处于劣势的中小企业只有选择被大企业兼并或挤垮。随着大企业逐渐垄断市场，物品价格逐渐上涨，公众开始对托拉斯不满。在这种情景下，参议院中的共和党员 John Scherman 于 1888 年提出反垄断法案，1890 年通过，定名为《保护贸易和商业抵制非法限制与垄断法》（An Act to Protect Trade and Commerce against Unlawful Restrain and Monopolies），简称《谢尔曼法》。这是美国历史上第一个反垄断法案。此后，经历百余年的变迁，一个以《谢尔曼法》、《联邦贸易委员会法》（Federal Trade Commission Act，1914）、《克莱顿反垄断法》（The Clayton Antitrust Act，1914）和《罗宾逊—帕特曼法》（Robinson Patman Act，1936）等四个实体法规范为主的美国反垄断法律体系逐渐完善（郭建安，2000）。

件开发成本的双重因素下，被迫将软件与硬件分开计价，创造了美国独立的软件产业，完全改变了计算机产业结构（Dedrick 和 Kraemer，1998）。

在此之前，软件搭在硬件价格内整体销售已有数十年之久，且一直是 IBM 等硬件公司锁住客户的法宝。然而 System 360 推出之后，在 IBM 平台上发展应用系统的独立软件公司已经越来越多。一旦硬件与软件分开销售，独立软件企业即可通过价格战略与 IBM 竞争，客户便能更清楚地了解 IBM 软件的真正成本。这种做法帮助美国独立软件企业迅速成长，同时改变了客户原本将软件视为系统中一部分的观念并使其逐渐接受软件有独立价值的看法（Dedrick 和 Kraemer，1998）。

这个态度上的转变，造就了许多拥有数十亿美元身价的计算机软件新贵，例如微软的比尔·盖茨（Bill Gates）与艾伦（Paul Allen）、甲骨文（Oracle）的艾里森（Larry Ellison）等。美国的软件产业之所以能在 20 世纪 80 年代之后成为全球霸主并为后来转战网络时代的知识经济做准备，与 60 年代末期政府反垄断政策的执行密不可分。反观日本，其大型主机企业直到后期才将软件从硬件中分开计价。长久以来，日本用户可使用应用软件的数量非常少，因而在使用数字科技改善生产方面落后美国公司许多年，结果是日本的软件产业一直较为薄弱，而且缺乏美国软件公司的活力（Dedrick 和 Kraemer，1998）。

2.1.4 贸易与知识产权政策的结合

2.1.4.1 多边自由贸易建制及其转折

二战后，美国取代欧洲各国成为领导全球经济的火车头。由于美国是二战后的工业霸主，因此在国际上不畏惧任何竞争。以美国为领导中心，依照自由主义原则建立的 GATT 以及布雷顿森林体系（Bretton Woods System）下的国际货币基金组织（International Monetary Fund，IMF），成为二战后管理全球贸易与金融最主要的国际政经机构。一个以美国政经权力为支撑的多边自由贸易体制将有利于美国经济部门以全球为范围施展其无远弗届的影响力。关税壁垒是工业经济时代最重要的保护措施，倚仗强盛的国力，美国在

战后初期积极推行以关税减让为主要方式的自由贸易，使得以 IBM 为首的
计算机企业横扫了全球计算机市场。负责管理全球贸易的 GATT，在 1947~
1961 年最初的几轮谈判中削减了 73% 的关税，1963~1967 年的肯尼迪回合
（Kennedy Round）谈判则将工业品的贸易壁垒减少了 33%，美国在逐渐降
低的关税方面显然获得巨大的成功。负责管理全球金融的国际货币基金组织
的主要任务是推行固定汇率的"金本位"制度。各会员国将其本国货币与
美元挂钩，而美元又与黄金挂钩。美元同时扮演国际储备和交易货币的角
色，奠定了美国在全球政治和经济中的地位（李若谷，2009）。

冷战来自苏联扩张的压力，除了促使美国政府对本国科技研发进行大量
投资之外，也使美国政府通过马歇尔计划（Marshall Plan）重建西欧经济，
并在财政和其他方面帮助日本重建以平衡苏联的威胁。美国身为世界上最重
要的债权国，动用了自己的金融储备将部分财富转移至西欧盟友，把西欧当
作阻止苏联扩张的缓冲地带，同时将日本纳入西方体系。因此，冷战初期，
国际经济秩序与国际安全秩序是紧密结合的（Gilpin，2001）。

20 世纪 60 年代，美国因为卷入越南战争而国力大伤。相对的，日本与
西欧经济却在美国的协助下渐渐复苏。欧洲与日本依照二战后的金本位制
度，需要动用大量的美元作为储备，然而获得美元的方式，不管是接受美援
还是增加对美国的出口，都造成美国国力的下降。加上美国政府为了国内的
福利开支，并对民众隐瞒越南战争的财政成本并拒绝增加税收，反而采用具
有通货膨胀倾向的宏观政策来支付战争和社会福利的费用。到了尼克松政府
时期，美元的通货膨胀已经恶化到不得不解决的地步。为了打击对币值被
高估的美元的投机性炒作和扭转美国贸易赤字的激增，1971 年尼克松宣布
美元贬值。美国抛弃"金本位"制度迫使美元与黄金脱钩的措施，标示了
70 年代美国国际经济地位的下降。然而，当美国经贸实力转弱的时候，日
本与西欧的实力却日渐增强（Gilpin，2001）。

1973 年的石油危机终结了美国二战后经济的独霸地位，开启了与日本、
西欧"三分天下"的局面。美国直到此时才警觉自身经贸已经转型的问题。
20 世纪 70 年代之后，美国出口的比较利益已经由传统的农工产品转向知识

产权产品，计算机产品贸易则是美国经贸转型过程中最具代表性的产业之一。

1972 年，美国公司产制的计算机已经占全世界的 92%，而这些美国制造的大型主机当中绝大部分又出自 IBM 之手（Dedrick 和 Kraemer，1998）。美国政府协助 IBM 等企业向海外扩张以获取国家竞争优势的方法成为理性的选择。美国能与日本、西欧势均力敌，靠的是以"知识"为基础的经济形态，如果能够在全球塑造出以知识为中心而非以产品为中心的经济模式，将有利于美国摆脱日本与西欧的竞争，重回经济霸主的地位。美国尽管到了90 年代克林顿政府时期才完成这个目标，但自从 20 世纪 70 年代就已经开始积极扭转世界贸易规则。

1973 年，美国第一次把知识产权议题带入 GATT 的东京回合（Tokyo Round）谈判（Vaidhyanathan，2001），以讨论"消除不公平贸易障碍"为主要任务的东京回合谈判相当程度地反映了美国国力的衰落。面对日本强势工业产品的竞争，美国开始强烈要求各国重视"剽窃"等"不公平贸易"的问题，而脱离了战后支持"自由贸易"的立场。

因为当时的国际条约对国家专利与著作权政策的强制性明显比 GATT 更弱（Ryan，1998），美国贸易代表办公室因此希望将保护知识产权纳入 GATT 之下，以美国强势的经贸制裁为后盾，强制其他国家保护美国在海外的知识产权。随着日本与西欧等强大竞争者的崛起，尤其是日本凭借有效的政府政策与产业结构在科技上逐渐追上美国，美国国内因为普遍对于经济衰落和非工业化的担忧而兴起了"新保护主义"势力，以非关税障碍为手段保护国内产业。由于国力衰落，美国更不愿意用自己的政治与经济资源支撑整个国际经贸体系（Gilpin，2001）。

与美国愿违的是，20 世纪 70 年代的 GATT 已经不再是有着共同利益和共同意识形态的北大西洋国家俱乐部（Gilpin，2001）。大量发展中国家加入 GATT，使得美国当时对保护知识产权的提议由于发展中国家的群起反对而未获通过。这种发展自然引起美国的强烈不满。因多边架构不再由美国所主导且不符合美国的利益，1974 年美国订立了国内贸易法——《1974 年贸易法》的"301条款"。当时在经济上尽管不再是超强，美国却仍能善用其二战后的政治霸权地位，以国内法规范国际经贸的运作，尽力保护美国海外的知识产权和国家经济竞争力的根源。

2.1.4.2 20世纪70年代国内知识产权政策与《1974年贸易法》的"301条款"

20世纪70年代，美国经贸转型的同时，也是美国国内开始全面修改著作权法的时期。美国政府认为，60年代美国人在国际上专利申请量及授权量的逐渐减少而贸易赤字明显增加是竞争力衰退的表现，因而以加强知识产权保护的方式鼓励企业创造有价值的知识资产（张吉豫，2013）。

自60年代工业界广泛使用计算机后，美国政府对大型主机硬件的专利权保护一直颇为重视。1969年IBM为了减轻政府反垄断的压力做出软件与硬件分开销售的决定，创造了独立的软件工业，70年代以著作权保护计算机软件也因此被广泛地讨论（陈起行，2002）。政府也逐渐扩大知识产权的解释范围，以保障新兴计算机工业的趋势。

美国国内大力开发知识产权的同时，各公私机关负责人也不断向美国联邦国会议员及政府机构抱怨，要求政府拿出有效的应对策略，解决美国海外知识产权的保护问题（吴嘉生，2001）。70年代，美国对内的知识产权政策与对外的贸易政策在本身的比较利益改变之下呈现前所未有的深度结合，体现了美国产业变革之后新的国家利益。

美国众多具有影响力的大型私营企业的法律咨询顾问、联邦国会议员及政府中的经贸决策者一致认为，外国对美国知识产权产品的非法侵害是美国出口贸易的主要障碍。《1974年贸易法》的"301条款"就在美国国内保护主义的浪潮中出台（崔鑫生，2010）。

"301条款"规定，对于外国政府所实行的贸易措施，在性质上如果是歧视性（discriminatory）、不合理的（unreasonable）或是不正当的（unjustifiable），导致美国贸易负担（trade burden）的增加或因此限制了美国的出口贸易，美国总统可以采取单方行动遏止这类贸易措施发生，包括：①限制或保留贸易伙伴与美国之间有效现行贸易协议的预期利益；②对贸易对手国

输往美国的货物课征额外关税或附加某些进口限制 (毛和文、毛定云,
2013)。

2.2 IBM:大型主机时代的美国企业代表

从大型主机时代开始,美国的计算机企业便与联邦政府保持密切的关系。IBM 及 "一小撮"① 计算机公司,除了以政府为主要客户参与各项招标及研发工程之外,也致力于开发计算机的商业用途来增加企业界的用户。美国的大型主机企业在计算机科技商业化的过程中具有举足轻重的地位。

联邦政府长期的采购和研发计划创造了高度集中化的计算机产业结构:由约十家美国公司供应全球计算机市场的大部分订单,新的非美国籍企业则在其本土市场挑战 IBM。其中,最著名的是英国的 ICL、德国的西门子 (Siemens) 与法国布尔集团 (Groupe Bull),以及日本的富士通 (Fujitsu) 和 NEC 等。这些挑战者的影响在 20 世纪 70 年代日本公司严重威胁 IBM 时显得特别重要 (Dedrick 和 Kraemer,1998)。

2.2.1 大型主机的产业经济与 IBM 的经营战略

IBM 于 1911 年由托马斯 · 沃森 (Thomas J. Watson) 所创。1950 年朝鲜战争爆发,为 IBM 提供了进入计算机产业的契机。50 年代,由于 IBM 与政府尤其是军事部门的关系密切,不论是接受研发补助还是提供政府采购,都使 IBM 早期的经营显得相当顺利 (Dedrick 和 Kraemer,1998)。

与大型主机时代主要的计算机企业如数字设备公司 (Digital Equipment Corporation)、闪迪公司 (Sandisk) 和苹果公司等一样,IBM 也是一家供应计算机硬件的 "垂直整合型" 企业。当时的计算机产业中,竞争多半产生于垂直整合的企业之间,个别企业自己投入研发、生产、营销等活

① 美国当时主要的大型主机企业 Burroughs、UNIVAC、NCR、Control Data Corporation 和 Honeywell 的首字母缩写为 BUNCH,即 "一小撮" (Dedrick 和 Kraemer,1998)。

动，每家企业和每个市场也都拥有自己内部的生产网络：从芯片到操作系统，再到应用程序和服务，所有的计算机组成部分都来自同一家供货商。硬件制造商销售计算机时搭配固定的软件，然而这些软件的功用只是为了增加硬件的销售，硬件才是公司真正的营收来源。由于专属的软件不能在竞争对手的硬件上进行，计算机公司等于绑住了客户，接下来就是不断研发新技术，设法让已经是"囊中之物"的客户不断花钱更新原有的系统。客户若要更换不同品牌的计算机则必须更换整套计算机系统，硬件供货商便能从客户身上获得多几成利润（山阳，1993；Bank，2001）。

IBM 可以说是当时实行封闭式专属系统战略中的佼佼者，其早期建立市场领先地位的方式与它的组成结构有直接的关系。

首先，由于大型主机相当昂贵，IBM 以出租而非卖断计算机主机的方式减少客户引进计算机设备的风险。此种租赁政策不仅可以降低投资风险而吸引许多新客户，而且可以确保在经济不景气的时候，即使新设备安装增量趋缓，IBM 仍能保有相对稳定的收入来源（Dedrick 和 Kraemer，1998）。

其次，IBM 相当重视与客户建立关系，这种做法与其他企业不同。计算机客户在建制及维护新设备时、运用计算机以及训练员工等都需要外界帮助。不同于竞争对手仅将计算机硬件售予客户，IBM 在客户服务上的表现成为其价值取胜的金字招牌，也因此建立了良好的客户忠诚度（山阳，1993）。

再次，IBM 的战略是结合各项服务。譬如将训练、维护及售后服务等都算入硬件价格，客户只要付一次款就无须再为额外的支出伤脑筋。这种方法也使 IBM 不必直接与对手在硬件、软件及服务手册上的每一个项目都进行价格竞赛（北正满，1987；杰克·沃特曼等，2004）。提供全套服务的构想与能力也成为日后 IBM 在硬件收入不断亏损之际毅然转战数字服务业最大的筹码。

最后，善用知识产权制度。整套销售的计算机系统意味着大型主机公司将拥有计算机硬件设施所有的专利权。在实务上，IBM 公司活用了权利金制度作为控制市场和选择合作伙伴的武器。为了控制整个计算机市场，IBM 通过对全球计算机企业收取权利金来决定竞争对手，再将授权问题一步步慢慢解决，一方面增加权利金金额，另一方面避免美国政府的反垄断诉讼。IBM 一家公司就拥有 3.2 万个以上的专利，该公司对其他计算机公司收取的权利金为计算机售价的 1%~5%，制造 IBM 兼容计算机的公司每年必须支付的权利金总额超过 1 亿美元。而小型计算机公司，在既没有雄厚的资本也没有能力与 IBM 协商知识产权的情况下，很容易自生自灭（吴嘉生，2001）。

2.2.2　System 360：模块化、标准化大型主机的出现

直到 20 世纪 60 年代早期，新兴的大型主机产业因为每家计算机公司都采用专属技术平台而显得支离破碎。不但每家计算机公司的平台彼此无法兼容，即使是同一家公司的计算机彼此之间也无法一起运作，因为每套计算机系统都有本身的周边装置，如打印机。系统不兼容的特性不但造成客户的负担（因为客户如果对计算机的需求增加或想要利用一些新技术，就必须舍弃之前的一切软件和硬件投资，重新来过），也造成 IBM 本身的困扰。IBM 本身在市场上就有七种分离的、不兼容的系统同时销售，售后服务和维修的成本负担庞大。这使 IBM 开始思索并致力于设计出能在不同系统上使用的处理器及接口设备，并推出模块化且能够升级的家族系列计算机系统（李春田，2007；Gerstner，2002）。

1964 年 IBM 推出的 System 360 便以标准化、模块化接口的特色出现，成功地将许多竞争者逐出市场。第一，System 360 以现代高性能的集成电路制造，因此比市场上其他产品功能更强、更可靠，成本也更低廉。第二，System 360 创造出一个可在其上发展服务、软件及接口设备等互补性资产的标准平台，升级变得更容易：IBM 的客户仅须更换或改变系统中的部分零件，而不需要换掉整套系统。除此之外，System 360 具有多功能的用途而非为特殊目的而设计，既可以支持商用，也可以支持科学用途，降低了用户采购特殊计算机的风险（Fisher 等，1983；

Gerstner，2002）。

IBM 的 System 360 逐渐改变了计算机产业的整体结构，吸引了一批制造 System 360 兼容设备与接口设备的代工者。同时，自动数据处理公司（Automatic Data Processing，ADP）、麦克唐奈自动化中心（McDonnell Automation Center）与中央数据公司（Central Data Corporation，CDC）等独立的计算机服务企业，因研发出特定用途的行业应用软件（如薪资报账系统、高阶科学运算），以及为小型企业销售提供数字处理服务而快速成长（Fisher 等，1983；Dedrick 和 Kraemer，1998）。

兼容性后来成为大型主机、迷你计算机与个人计算机产业竞争及技术改良逻辑的基石。规模经济及产品开发成本的降低快速提升了计算机性价比。标准化与模块化也使外国竞争者无须负担巨额的初期成本就能进入市场，使计算机产业全球化的可能性提高（李春田，2007）。其中，日本能够长期成为美国零组件的供货商即是一例。

然而，IBM 虽然在市场上获得成功，但高达 70% 的占有率引起美国政府的反垄断调查。IBM 决定在垂直生产体系中部分开放的决策不尽然是市场力量或公司竞争战略的结果，也有来自联邦政府的压力。在大型主机垂直型产业结构逐步解体的当下，美国政府的政策带来了计算机产业向水平结构转变的契机。

2.2.3 IBM 与高科技产业利益团体

直到 20 世纪 60 年代末，IBM 都是世界上最大、利润最高的公司之一，但也正因为如此，它成为 20 世纪六七十年代美国"左派"最自然的把柄。为了应付 1969 年以来美国政府的反垄断调查，加上劳工团体以及社会运动者对 IBM 的反对，1975 年 IBM 公司决定在华盛顿设立专门的公关部门，即"IBM 华盛顿办公室"（IBM's Washington Office）。自此，高科技产业不再专属于一群白领阶层实验室里的科学家，而是属于确确实实的大公司以及利益团体（Hart，2002）。IBM 公关部门的成立是美国知识密集的高科技产业以现代公关手段介入政治的开始，而不再如早先一般仅依靠与军方和政府官员的私下交易获取政治利益。

IBM 华盛顿办公室成立后，很快在政治环境中以利益团体的姿态出现。IBM 将自己装扮成相当中立的政策专家，并且形成跨越意识形态与党派的联盟。IBM 动用政治资源，将本来已经有利于高科技产业的政府政策进一步导向自己利益的做法为日后众多高科技公司所仿效，包括微软、英特尔等。随着知识密集产业在美国经济贸易中的比重日增，高科技产业涉足政治的程度也不断提升。在美国政府做后盾的情况下，这些高科技公司逐渐形塑了美国国际经贸议程。IBM 于 20 世纪 60 年代和 70 年代的选择对高科技产业整体产生深远的影响（Hart，2002）。

2.3 个人计算机革命与 Wintel 联盟的建立

2.3.1 IBM 的决策失误与个人计算机时代的来临

20 世纪 70 年代末，一种新型计算机的诞生，改写了全球计算机产业的历史。一群名不见经传的电子玩家和业余人士，利用微处理器（microprocessor）和大型计算机中的二手零件，制造了个人计算机（周荷琴、吴秀清，2006）。苹果公司便是由计算机玩家所创立的公司，也是第一家将个人计算机商业化的公司。

苹果计算机创始于 1976 年，由乔布斯和沃兹尼克共同创立。1978 年该公司推出苹果二号，首次亮相即大受欢迎。1980 年，苹果计算机已经成长为一家年销售额超过 10 亿美元的企业（惠苏渊，2006）。

直到苹果的计算机已经卖出超千套，身为大型主机业界盟主的 IBM 才开始正视个人计算机的新兴市场。尽管当时美国政府仍旧在处理 IBM 的反垄断案，然而由于苹果计算机的竞争，1981 年 IBM 大举进军个人计算机市场，首次推出自行研发的个人计算机。IBM 的举动将个人计算机革命推入了新阶段，成为个人计算机革命的分水岭。有了 IBM 的推进，个人计算机从此离开了计算机玩家、家庭、学校以及小企业，跃上由大企业和广大消费者所构成的舞台。个人计算机能够成为企业界普遍接受的桌上设备，最后成为一个大众化的产品，IBM功不可没（胡显章、曾国屏，1998）。

在个人计算机革命里，IBM一反常态，不靠自己的生产线来生产整套个人计算机，而是和苹果等个人计算机的先驱一样，向外购买零件来组装个人计算机。IBM首次推出个人计算机的"开放式架构"，使个人计算机的各个零件得以高度标准化（Gawer等，2002；郭跃进，1997）。

所谓"开放式架构"，是由多家企业利用共同标准制造与IBM个人计算机兼容的零组件，包括零件、周边设备及软件等。由于这些零件均可从市场上轻易获得，因此任何人只要使用相同或类似IBM的零组件，就可以自行拼装成与IBM功能相仿的个人计算机。IBM在个人计算机领域所拥有的不过是外壳上的"IBM"商标，任何竞争者都可以借用标准化的零组件，复制出一模一样的机器。由同一家公司凭借自身拥有的零件、周边设备及软件，以供应全套计算机运作的垂直整合模式的大型主机时代，从此崩解。个人计算机革命使得计算机产业转变为水平式架构：数千个生产不同零件的企业分散于世界各地，再将所生产的零件集中组装成最后的个人计算机产品（芮艳华、衣书伟，2007）。

尽管IBM个人计算机在技术上没有任何过人之处，但其在技术上所做的决定却影响深远。它将个人计算机中最关键的两个元素即硬件的微处理器与软件的操作系统，委托两家新公司来承揽。硬件方面，IBM采用了英特尔16位的8088微处理器；软件方面，IBM委托微软为其开发个人计算机的操作系统MS-DOS。无论是微软还是英特尔，都不曾与IBM签订产品专属合约，因此，英特尔可以自由出售8088微处理器，微软则可以将DOS以MS-DOS之名，授权给其他计算机企业，无须向IBM支付权利金。这个开放授权的决定推动了英特尔与微软成为个人计算机的既定标准。由于允许英特尔与微软授权自己版本的产品给其他厂家，IBM丧失了个人计算机中最重要的控制权（Langlois和Robertson，1992）。

尽管 IBM 在个人计算机的竞赛里依靠开放式架构，短期内赢过了劲敌苹果[①]，然而 IBM 却发现大量廉价的兼容性计算机出现在市场上与 IBM 竞争。为与 IBM 个人计算机兼容，康柏（Compaq）及其他公司仅须向英特尔购买 8088 微处理器及向微软取得授权使用 MS-DOS 即可。而控制了系统中最关键元素的两家公司——英特尔与微软，因为并不直接与个人计算机制造商竞争，所以非常乐意销售或授权其产品给新加入的公司（Freiberger 和 Swaine，1984）。

在 IBM 开放授权的决策下，Wintel 平台成为个人计算机时代最重要的产业标准。英特尔与微软接替了 IBM 的地位，在微处理器与操作系统领域凭借几近独占的市场结构，赚到 IBM 当年在大型主机时代的巨额利润。除此之外，其他市场却呈现残酷的竞争景象。为了寻找廉价的零组件和周边器材的供应以降低成本、增加削价竞争的本钱，美国计算机企业开始通过投资及采购等活动，逐渐将个人计算机零件的制造部分移往东亚，从事相对廉价的代工工作。通过硬件代工，除了日本以外，亚洲"四小龙"也搭上了顺风车，在个人计算机时代成为计算机产业的主要竞争者。继大型主机之后，新一波计算机产业的全球化就此展开（李健等，2008）。

2.3.2 英特尔：个人计算机时代的硬件代表

2.3.2.1 半导体产业与英特尔的经营战略

英特尔公司于 1968 年由罗伯特·诺伊斯与戈登·摩尔所创，最早的产品是计算机存储器芯片（memory chips）（Jackson，1998），主要供应政府和军方。1971 年，英特尔的工程师霍夫开发出市场上第一个 4004 微处理器。1979 年，英特尔不但成为 IBM 个人计算机最大的存储器供应商，同时它所

[①] 直到 20 世纪 90 年代中期以前，苹果仍一直拒绝将其操作系统授权给其他硬件公司生产。结果是苹果计算机必须自行负担开发硬件与软件的全部成本，因而价格居高不下。相较之下，IBM 的个人计算机因为有兼容制造商与零组件供应商全面的竞争，此项创新得以广泛散布并持续降低成本，价格更有下降空间。

研发的 8088 微处理器成为 IBM 个人计算机所采用的微处理器架构。正如微软可以把 MS-DOS 卖给任何人，英特尔也可以自由销售 8088 微处理器，而不需给付 IBM 任何权利金（Yu，2000）。除了 IBM 的决策失误，英特尔采取的几项战略助其成为半导体产业的先驱。

英特尔首先采取量产战略。早在英特尔草创时期，创办人之一摩尔便为英特尔发展方向设定了"量产原则"，这个原则使得整个微处理器与个人计算机产业趋向大量生产。有了 IBM 作为最大的买主，英特尔同时在存储器与微处理器市场取得了非凡的占有率。在半导体工业的产业经济里，产量大、市场占有率高的芯片规格，就能成为业界标准。不为特定客户定制的"泛用产品"，能够在大量生产的过程中降低生产成本，并将利润投资于研发下一代技术，采用更先进的制程，进而再次增加产量（Yu，2000）。

英特尔也极其重视产品研发。半导体产业的形态使得制造企业必须不断提升自己的技术能力：设计新型芯片、引进新型制作工程，而后扩大产能并设法提升产品的良率，降低瑕疵品所带来的损失。半导体的领先企业来自技术优势，密集研发与应用技术的结果是半导体企业生产芯片的每个环节都十分依赖知识产权保护。英特尔不断研发、创新技术，在"独领风骚"之余，为了阻止其他可能威胁自身地位的对手出现，英特尔在知识产权保护的问题上采取了令人敬畏的模式。

知识产权保护是英特尔采取的重要战略。英特尔只为客户提供关键技术，让自己成为芯片"唯一的供应商"。此举改变了半导体产业的整体发展模式。其他竞争对手原本可以经由英特尔授权的方式，利用英特尔的技术开发出与英特尔品牌相同规格的产品，这些公司称为"次要供应商"（Minor supplier），然而英特尔通过授权，使得次要供应商的模式不再可行。一旦没有英特尔的广泛授权，碍于不能掌控技术标准，其他公司要跟上英特尔的技术脚步将会更加困难。英特尔不仅独占了利益，还开始采取一系列法律行动来对抗任何一个可能威胁自身地位的团体，包括其他芯片设计团体、离职的员工、创业投资者等。英特尔庞大的法律部门花费了数以十亿美元计的经费保护自家的知识产权。首先选择最有可能威胁英特尔地位的公司为目标，再完成所有的评估，以便能在下一季开始新的诉讼。"先整理法令再提出疑问"的战略，让英特尔能够比别的公司获得更长久的独占地位（Jackson，1998）。

除了量产、产品研发与知识产权保护之外，英特尔第四项竞争战略在于营销。20 世纪 80 年代末期，英特尔公司就发现把竞争对手远抛于后的做法，便是使消费者将英特尔的名字与高质量和信任度画上等号。该公司首先实施"红色 X 行动"（Red X），将公司想要撤换的过期芯片喷上红色的"X"，接下来又不惜成本举办"Intel Inside"的品牌认知宣传活动，以创造一个与其技术架构标准一样著名的品牌专属地位（曹智娟，2003；Jackson，1998）。

2.3.2.2　英特尔的政商联盟

英特尔身为个人计算机 Wintel 联盟的硬件盟主，打从 IBM 选择该公司作为原始 IBM 的计算机核心开始，就以 70% 以上的占有率称霸微处理器市场。通过对个人计算机硬件标准以及知识产权的控制，英特尔创造了专属Windows 系统的一种对照关系。在英特尔推出 386 微处理器之后，英特尔与微软两家公司便保持密切的合作。微软开发软件的时候，将采用英特尔的硬件规格作为开发操作系统的标准。两家公司定期会商，讨论双方的新技术，分享市场需求情报以及产品未来走向。除了微软之外，英特尔也和其他软件大厂密切合作，包括 Adobe、Intuit 等（刘戒骄，2011）。

除了业界联盟，英特尔也十分懂得利用与华府之间的政商联盟关系。英特尔创办人之一诺伊斯，可以说是高科技产业中十分懂得利用利益团体的领导者。早在 1979 年，英特尔便认定公司的未来必须强力保护知识产权，而强力的知识产权保护必须依靠政府的力量。由于当时美国法律对于知识产权的保护不足，英特尔必须以自身的力量尝试修改法律，动用该公司在华府的政治筹码，游说众议院议员提案。英特尔的努力在 1984 年 "301 条款"的修正案当中实现（Jackson，1998）。

1983 年起，英特尔公司开始雇用正式的公关人员，以确保英特尔以及与其事业息息相关的美国半导体协会的利益，可以充分为华盛顿官方所了解。1986 年的《美日半导体协议》可以说是英特尔带头游说政府的结果；1988 年，诺伊斯成为政府所资助的半导体研究计划——SEMATECH（Semiconductor Manufacturing Technology Research Program）——的第一任总裁，同时与半导体产业协会（Semiconductor Industry Association）联合，共同协助《美日半导体协议》的制定（Hart，2002），保证该协议可以朝对美国半导体产业有利的方向发展。

2.3.3　微软：个人计算机时代商用专利软件的代表

2.3.3.1　专利软件开发与软件产业的规模报酬递增

所谓专利软件，指的是封锁源代码①的软件，由公司内部的雇员从事大规模团队开发（马文方，2001），通常在开发阶段投入大量资金，聘请程序设计师撰写软件的源代码，经过无数的失败、测试，最后把开发完成的产品写进光盘里，申请知识产权保护之后上市。

专利的源代码在法律上属于商业软件公司的财产。这些商业软件公司封锁住源代码，以政府为后盾保护知识产权，向使用者收取权利金；使用者一般在未授权的情况下只能看到软件的表面，无法检视商业软件的源代码。这些商用软件公司便通过控制软件的源代码，掌握软件开发的核心，在向使用者收取权利金的同时还要想办法让使用者升级，以维护公司利润增长，平衡开发时所付出的费用，进而投入下一轮的开发（张韬略，2004）。

规模报酬递增则是软件产业的另一个特性。软件产业的成本持续下滑，一旦研发成功，第二片的边际成本就只是一张磁盘或光盘的价格。因此，软件产业的规模报酬十分庞大，并且趋向于市场高度集中，能以远低于成本曲线运作的企业将有更大的优势（Moschella，1997）。

---

① 源代码是以 Fortran、Pascall、COBOL 与 C++等语言写出的指令，再借由可编控程序的计算机将源代码转译成机器语言。一般而言，人类能读的只有源代码，只有机器能读取计算机语言（Vaidhyanathan，2001）。

专利软件的开发模式，加上软件规模报酬递增的特性，造就了软件产业"强者越强"的效应。资金雄厚的软件大厂比起小厂，更能在研发初期大量投资，并承担风险与不确定性，而在上市之后又有更大的规模经济。在美国政府以反垄断法迫使 IBM 将软硬件分开销售之后，美国成为最早发展独立软件产业的国家。在一波竞争淘汰过后，仅存的软件企业从既有的基础向上发展，在整个数字产业拥有空前巨大的话语权，微软就是这种软件发展模式的代表。

2.3.3.2 水平整合的威力与微软的经营战略

微软由比尔·盖茨创立于 1975 年，自 1981 年推出 MS-DOS，并被 IBM 允许广泛授权以来，逐渐在市场上崭露头角。1981 年苹果推出的"麦金塔计算机"，在以图形用户界面（user graphical interface，GUI）横扫个人计算机软件产业的同时，微软也将图形用户界面应用于 Windows 1.0 版。微软打算将麦金塔的一些图形特色纳入 Windows，譬如控制台、下拉选单等。1985 年苹果与微软的协议中，苹果大意地授权微软可以自由运用原本由施乐公司开发出来的图形用户界面[1]，换句话说，微软可以全盘借用麦金塔操作系统的任何视觉特色，而不需要向苹果支付权利金[2]。苹果的做法等同于将自己个人计算机软件霸主的地位白白让给了微软。

微软于 1990 年推出的微软 3.0 和 1992 年的微软 3.1，便以图像化的操作系统满足了大多数消费者的需求，加上该公司在 90 年代早期推出的 Office 软件（包括 Word、Excel、PowerPoint），微软在市场上差不多"消灭"了大

---

[1] 图形用户界面最早在 1970 年由施乐公司的帕洛阿尔托研究中心（Palo Alto Research Center，PARC）开始构想。施乐当时看到世界的走向，认为人们将日益仰赖无纸的计算机，于是希望以技术领先者的地位保持自己在复印机市场上的优势，然而施乐却始终没有用到这样技术。反倒是苹果计算机的创办人之一乔布斯在 1979 年参观施乐计算机实验室时，立即察觉到这项技术的重要性，令苹果计算机内部开始开发拥有图形用户界面的个人计算机（Gawer 等，2002）。

[2] 1985 年的合约中，苹果给予微软一个非独占、全球性、免权利金、永久、不可转让的授权，将衍生的各种功能运用于现在或未来的软件程序上。依据法院判决的结果，所谓"运用于现在或未来的软件程序"代表了这份合约上的窗口版本所衍生出来的所有版本后续窗口版本。这个裁决结果对个人计算机产业产生了深远的影响，若当初苹果如此授权，今日个人计算机的软件霸主将是苹果而非微软（Gawer 等，2002）。

多数竞争对手（孙晓岭，2004；Heilemann，2001）。

如前所述，早期的大型主机企业都是"垂直整合型"的组织，硬件制造商销售计算机时搭配固定软件的目的只是增加硬件的销售，微软的出现改变了这种销售模式。不同于传统计算机企业以硬件搭配软件的做法，微软只卖软件（南星恒等，2016）。软件依附硬件销售的大型主机时代一旦过去，个人计算机将逐渐由软件带动硬件的发展。正如比尔·盖茨和保罗·艾伦很早认知到的那样：计算机由应用程序界面（包括操作系统和应用软件）来执行工作，如果能控制这些界面，实质上也等于控制了一个逐渐受控或依赖计算机的世界。

微软创造出一种通用的软件平台，可以在不同的硬件上执行。比尔·盖茨了解到：若有越多的厂家使用同一套微软的软件，微软在这个产业就越有举足轻重的地位。微软于是停掉一系列的客制化（customize）计划，并坚持所有的计算机厂家必须购买同一套 MS-DOS，有效避免了个人计算机朝专属系统发展的趋势。1981 年，IBM 允许微软将 MS-DOS 授权给 IBM 的竞争者使用，让软件从硬件中解放出来。硬件制造商竞争激烈，不管是增加新功能或降低价格，这些计算机都同样使用微软的软件，即使是 IBM，也终究不得不与其"平起平坐"。此外，软件公司的产品将向微软的平台看齐，不再针对硬件制造商设计产品（Bank，2002）。

微软水平整合式的做法，与同样是个人计算机先驱的苹果形成对比。尽管身为个人计算机的先行者，苹果采行的却是以往大型主机时代垂直整合式的产业结构。直到 20 世纪 90 年代中期以前，苹果仍一直拒绝将其操作系统授权给其他的硬件公司生产，结果是麦金塔计算机从未获得在产业中广泛的支持力量，而苹果也必须负担麦金塔平台大部分的研发成本（刘刚、熊立峰，2013）。

微软从只供应操作系统到最后主宰计算机最基本的应用程序，从文字处理器到浏览器，且从旧模式中的垂直整合型供应商到退守更高档的产品，推出功能更强大而仍能索取高价的计算机，虽然这样做导致微软个人计算机的利润较低，却能以销量来弥补，这就是微软有源源不断的动力去推广其市场的原因（Bank，2002）。

一个平台的使用者越多，越能吸引外部的程序设计师为这种平台开发更多的软件，而有了更多的软件可使用，又将进一步提升这个平台的吸引力与销售量。这就是比尔·盖茨所称的"正反馈循环"（Positive Feedback Loope）（Bank，2002）。

正反馈循环加强了软件产业的"强者越强"效应。应用程序设计企业永远只会针对最多人使用的操作系统设计软件，以确保自己软件的销售量。使用率最高的操作系统软件将形成业界标准，短期内并不容易被打破。微软只要仍保有高度的市场占有率，就会是软件的标准制定者，并保持其独占地位。

2.3.3.3 微软与政治利益团体

直到 20 世纪 90 年代初，高科技产业已经成为美国具有一定知名度的利益团体。IBM 的公关部门几乎囊括所有议题，其他如苹果、甲骨文等公司，也纷纷在华盛顿特区成立了较小的公关部门。如同许多其他的高科技公司，微软选择将贸易议题作为经营公共关系的开始（Hart，2002）。

1988 年，微软大力出资协助成立美国商业软件联盟（Business Software Association，BSA），与其他软件公司同步支持打击盗版等直接挑战公司利益底线的政策；1991 年，比尔·盖茨开始对政府的软件加密政策进行游说，并且以个人身份与克林顿政府高层密切接触，包括总统克林顿、副总统高尔以及国会众议院议长纽特·金里奇等。虽然并非完全忽视政治参与，微软却始终希望与华盛顿特区的政界保持距离，因此直到 1995 年，微软才正式成立自己的华盛顿特区办公室。1998 年，在比尔·盖茨被美国司法部提起反垄断诉讼，被迫在法庭作证之后，微软才真正开始重视与政府的公共关系，并且大幅卷入政治事务（Hart，2002）。

相较于微软在 20 世纪 90 年代初期与中期的政治参与仅换来微弱的成果，1998 年以后微软在联邦政府的参与程度可以说是日益加深。依照微软公司所呈报的资料，微软用于游说的政治献金从 1997 年的 200 万美元大幅上涨为 1999 年的 500 万美元；由公司基金所支出的"软钱"，由 8 万美元大幅上升至 90 万美元。微软同时斥巨资以广告塑造自己的形象，以正直的公司法人面貌探讨与高科技产业有关的公共议题，如教育、数字鸿沟等。种种努力的结果，使得微软的形象焕然一新（Hart，2002）。

2000 年后，由共和党小布什阵营领衔的联邦政府，不再似民主党那样喜欢对微软等企业动用反垄断法。微软努力经营公共关系，以史上最高额与政府和解，结束了反垄断调查，同时避免了被"肢解"的命运（Hart，2002）。这种做法对微软而言无异于"死刑"。

2.4 里根政府政策

20 世纪 80 年代个人计算机革命之际，也是美国成为世界上最大的债务国之时。相较于以日本为首的东亚地区经济持续高速增长，以美国为首的西方国家却由于长期经济不景气，饱受失业及财政赤字之苦。显然，战后美国的国际竞争力面临"江河日下"的局面（吴嘉生，2001）。美国传统的制造业，如汽车、电子消费品不及日本，因此就更依靠具有高度竞争力的计算机等高科技知识密集产业来支撑美国在竞争性国际体系中的经济地位。美国政府也期待通过各种国内政策，促使高科技部门成为税收的重要来源。

联邦政府对内必须推行有效的产业政策，尤其是刺激技术创造的 R&D 以及保持技术领先优势的知识产权政策；对外则须协助美国具有竞争优势的产业向海外扩张。20 世纪 80 年代的许多公共政策，其实从卡特政府任期内就已经展开。卡特政府后期，鉴于美国经济的衰退已经十分明显，美国国内普遍形成共识，期望通过 R&D 政策协助美国企业创造出更有竞争力的产品与工业工程。到了里根政府时期，尽管"里根经济学"（Reaganomics）在口号上倡导"自由主义"，里根却在国内层面推行了比历任总统都积极而明确的科技政策，旨在重建企业的竞争力（Rahm，1992），在国际层面，由于美国的出口产品已经起不起自由竞争，产业保护主义色彩愈加浓厚（Stern，1994），这种情况于 1988 年达到巅峰。

2.4.1 联邦政府的 R&D 政策与技术转让

联邦政府首先鼓励大学和政府实验室，通过专利授权等方式，对产业进行科技移转：由政府先进行一般企业不愿进入的基础研究工作，再以公私部门共同研发的方式，缩小产业与大学和实验室的差距，加速科技的商业化。为了达到此目的，政府在美国国家科学基金会（National Science Foundation，NSF）成立了电子研究中心（Electronic Research Centers，ERC）及科技研究中心（Science and Technology Research Centers），对新出现的科技从事广泛的基础研究，再于适当的时机转让给私部门（李玲娟等，1997）。

1980 年的《史蒂文森-威德勒技术创新法》（Stevenson-Wydler Technology Innovation Act of 1980），主要完成于卡特政府时期，为政府的技术转让提供了最初的法源。1986 年，里根任内又通过《联邦技术转让法》（The Federal Technology Transfer Act of 1986），鼓励所有的政府实验室与其他实验室、各州与地方政府、产业、大学和非营利组织合作从事研发工作。1989 年，布什政府出台《国家竞争力技术转让法》（National Competitiveness Technology Transfer Act of 1989），则进一步加强了《史蒂文森-威德勒技术创新法》中政府技术转让的功能（胡家强、司羽嘉，2019）。

政府的技术转让措施，吸引了许多美国计算机大厂于 20 世纪 80 年代参与政府的研发计划。素负盛名的 SEMATECH 结合了联邦政府的研发资金与 14 家美国半导体制造商，由英特尔的诺伊斯出任第一任总裁，主要目标是协助启动美国的芯片工业。政府资金主要来自五角大楼，出于国家安全利益的考虑，美国必须维持本土的芯片制造实力，以供应军事系统需求。另一个例子则是 IBM 与布鲁克海文国家实验室（Brookhaven National Laboratory）的共同研究计划。布鲁克海文国家实验室制造了美国第一个大规模同步加速器，它授权 IBM 使用该仪器研究 X 光平版印刷术，试验是否可以增强计算机芯片的功能（巫英坚，1993）。

除了通过大学和实验室，政府也积极降低反垄断的标准，鼓励企业合作研发。例如，微电子计算机公司（Microelectronic and Computer Corporation，

MCC）就是由 12 家以上的计算机制造商共同创立，半导体研究公司
（Semiconductor Research Corporation，SRC）则由 IBM、Hewlett-Packard 与英
特尔共同出资建立（周建军，2017）。

2.4.2 知识产权政策

与技术转让和共同研发直接配套的，是知识产权制度。1980 年《拜
杜法案》允许接受联邦政府补助的小企业与非营利组织申请专利权，但是
主持和赞助计划的政府单位保有以自己名义取得专利且不授予私人公司的
权利，除非参与计划的公司同意在美国生产。1984 年《商标澄清法》
（Trademark Clarification Act of 1984）中规定，参与联邦实验室合作研发计
划，或接受联邦政府研发补助的企业，必须在两年内申请到专利，如果该企
业无法成功提出类似的申请，联邦政府会将技术转让给其他利益团体（肖
尤丹，2019）。

1980 年，软件产业逐渐独立，但美国传统著作权法并未向计算机提供
软件明确的保障。[①] 美国国会依据国家版权作品新技术应用委员会
（National Commission on New Technological Uses of Copyright Works）的建议，
修订著作权法，将计算机软件明确为著作权保护项目。此后，著作权正式成
为保护计算机软件的主要方式（张吉豫，2013）。

2.4.3 反垄断政策的转向与小型企业的扶持

放宽反垄断政策，是美国政府提升竞争力的另一个重要方式。为了
增强美国大企业的国际竞争力（尤其以日本为主要假想敌），1982 年里
根政府终止了 1969 年以来美国司法部对 IBM 长达 13 年的反垄断诉讼。

---

① 1969 年 IBM 为了减轻政府反垄断的压力，做出软件与硬件分开销售的决定，虽然创造了独
立的软件工业，但以著作权保护计算机软件在早期并没有受到重视。在软件工业开始蓬勃
发展、著作权取得却不顺利的情况下，软件产业的著作权渐受到重视（陈起行，2002）。
20 世纪 70 年代又是美国全面修订著作权法的年代，以著作权保护计算机软件也因此广泛
地被讨论。

政府大幅放宽反垄断的标准，以期与当时正如火如荼展开的合作研发计划紧密配合。

1984 年，国会通过《国家合作研究法》（National Cooperative Research Act of 1984），企业之间的合作关系只要是基于研发，并且在联邦贸易委员会（US Federal Trade Commission）和司法部登记，将可以彻底免于反垄断法的起诉。根据新的原则，司法部对反垄断也做了新的解释，采用比之前更宽松的标准，因此由美国计算机企业成立的微电子计算机公司与半导体研究公司，都未被起诉过（Rahm，1992）。

不同于 60 年代美国政府以打击大企业的垄断行为刺激创新，20 世纪 80 年代，随着反垄断政策放宽，政府转而以支持小企业的方式激发创意。小企业被视为提升美国创造力最重要的引擎。1982 年的《小企业创新发展法》（Small Business Innovation Development Act of 1982）中规定，联邦政府必须拨出 0.2% ~ 1.25% 的研发预算，支持小企业的成长（夏孝瑾，2011）。

2.4.4 海外贸易与货币政策

国内积极创新的同时，联邦政府也不遗余力地支持美国计算机企业向外扩张。美国的高科技大厂发动了个人计算机革命，巧妙地改变了数字产业的经营模式，政府则适时做坚强的后盾。

在货币方面，里根第二任期抛弃了强势美元的政策，以免美国工业在飞升的美元负担、日益增加的进口竞争以及乏力的出口中踽踽不前。1985 年，美国与贸易伙伴签署《广场协议》（Plaza Accord），促使美元贬值（Stern，1994），日元及马克则相对升值，对日本整体的经济及科技发展造成重挫。

在贸易方面，美国政府于 20 世纪 80 年代所采取的贸易保护主义政策[①]，显

[①] 贸易保护主义的实质内容就是对进入美国的外国产品课征高关税，并对外国企业加强实施反垄断法，另外还要制定特别的方法用以保护美国对外贸易的主要输出品——知识产权（吴嘉生，2001）。

示出政府一边在有形的产品交易上与企业共同抵抗外来压力，一边试图
在无形的知识产权交易上扭转世界经贸规则，全力扩张知识垄断的
取向。

随着个人计算机时代来临，计算机的软件与硬件已经成为两相独立的产
业。相较于硬件而言，软件产业纯粹靠工程师的"想法"与"知识"来营
利，因此更加依赖国家对知识产权的保护。美国拥有独占鳌头的软件产业，
保护知识产权其实就是在维持美国软件的独霸地位。而硬件产业（尤其是
计算机核心的半导体）除了设计专利之外，还牵涉制作工程、产能及成品
输出等问题。日本以及后来的韩国、中国台湾地区，都与美国硬件产业的竞
争息息相关。

软硬件不同的产业模式及市场竞争，造就了企业对于国家保护的不
同需求，美国政府也因此对保护软件与硬件采取了不同的战略。联邦政
府在高科技企业的游说下，于 20 世纪 80 年代初积极筹划 GATT 新一轮多
边贸易会谈，并力主由 GATT 来处理国际知识产权保护的问题。关于美国
的主张和态度对后来开启的乌拉圭回合谈判结果的影响，本书在第 3 章
做全面性的阐述。在知识产权正式纳入 WTO 的多边架构前，美国对外保
护高科技产业的方式都是以双边协商为主。"301 条款"的使用则成为双
边贸易架构的基调，甚至在里根任内有逐渐加强的趋势。

2.4.4.1 "301条款"：双边架构下的软件保护战略

2.4.4.1.1 美国利益团体与"301 条款"的修订

80 年代初期，美国政府便希望能够建立一套新的知识产权法以及在发
展中国家也可施行的知识产权保护制度，着眼于兴起中的第三世界市场的制
造与销售。为了长远的利益，不论是专利还是著作权公司都了解：它们必须
想办法在兴起中的市场建立一套可行的制度，以保护它们的知识产权。由于
许多发展中国家政府或企业领导者完全反对这种政策，这些以知识产权生存
的美国公司，势必请政府出面，想办法让保护知识产权成为美国政府外交政
策的一部分（Ryan，1998）。

在"301 条款"的双边贸易架构下，受益最多的是美国以著作权为主的

企业，包括美国主要的软件公司与影音书籍出版商。它们大都对国际法上保护著作权的《伯尔尼公约》（The Berne Convention for the Protection of Literary and Artistic Works）的规定感到满意，但对于《伯尔尼公约》在发展中国家的执行力感到不满（Ryan，1998）。美国政府所提供的"301 条款"刚刚好补足了执行力不足的问题。

这些以著作权为主的公司于 1984 年底组成了美国国际知识产权联盟（International Intellectual Property Alliance，IIPA），重要成员包括 1988 年微软大力出资与美国主要软件公司合作成立的美国商业软件联盟，以及由计算机游戏企业所组成的交互式数字软件协会（Interactive Digital Software Association，IDSA）等（王联合、叶建英，2009）。

IIPA 成立的首要目的，是针对《1984 年贸易法》（Trade Act of 1984）中"301 条款"的议程对美国贸易代表办公室提出建议。出版商与娱乐业企业致力于使《1984 年贸易法》的"301 条款"在内容上扩张了《1974 年贸易法》所规定的"不公平贸易"的范围。为了使美国贸易代表办公室更了解知识产权贸易保护的重要性，IIPA 于 1985 年交给美国贸易代表办公室一份白皮书及一份报告，说明各个发展中国家的盗版问题使美国企业每年遭受的损失，还建议美国政府应该在双边架构下积极使用"301 条款"从事调查与谈判（Ryan，1998）。

1989 年，IIPA 成功游说国会修改了 1988 年《综合贸易与竞争法》；美国贸易代表办公室被要求每年报告并公布下一年度的知识产权外交议程，也就是所谓的"特别 301 条款"（Special 301 Trade Policy）。IIPA 每年都会为美国贸易代表办会室准备厚重的报告，内容包含各国的著作权政策以及盗版率。20 世纪 80 年代末至 90 年代，该组织收集、发布数据的能力已日趋成熟，并且与世界各地的会员形成固定的网络收集资料。IIPA 的方式也为专利企业所仿效，美国药品研究与制造商协会（Pharmaceutical Research and Manufacturers of America）每年会为美国贸易代表办公室提供各地专利政策分析、其会员在发展中国家收集到的情况以及推荐的优先行动（王飞，2019）。

2.4.4.1.2　1988 年《综合贸易与竞争法》

"301 条款"在利益团体的游说下，经历 1979 年与 1984 年两次重大修正，1988 年的《综合贸易与竞争法》（Omnibus Trade and Competitiveness Act of 1988）则进一步将美国国内的科技政策与国际贸易政策结合。

在科技政策上，依《综合贸易与竞争法》下的《技术竞争法》（Technology Competitiveness Act），成立美国国家标准与技术研究院（National Institute of Standards and Technology），其职责为进行应用计算机科学、材料科学、数学、物理学等领域的研究，帮助产业发展科技，并促使新产品和制作工程商业化。商业部《先进技术计划》（Advanced Technology Program）的任务，则是协助商业应用一般性的科技，并且对工业技术和新商业产品进行调查（陶蕊、翟启江，2018）。

在贸易政策上，《综合贸易与竞争法》可以说是美国贸易保护主义的极致表现，当中增列了今日所谓"超级 301 条款"，以"贸易报复"或"贸易制裁"的方式来解决不公平贸易的相关问题，并且增列"特别 301 条款"给"超级 301 条款"做后盾，达到保护美国海外知识产权的目的（吴嘉生，2001）。

如果说"特别 301 条款"是美国对外知识产权保护的法源，"超级 301 条款"就是美国为了保护知识产权而制裁贸易对手的方式。前者企图把美国对知识产权的认知和保护标准强制推广成世界各国保护知识产权的"国际标准"；后者则是从 1988 年开始，随着国力下降，美国正式放弃了 1974 年"301 条款"所实行的"自由贸易"理念，改为"公平贸易"。依照美国的观点，公平贸易的推动必须以"超级 301 条款"为后盾，以美国国内贸易法的力量规范国际贸易的运作方式（陈鼎庄，2019）。

2.4.4.1.2.1　"特别 301 条款"

"特别 301 条款"的制定是基于两个理念：首先，知识产权国际保护对于提升美国知识产权的国际竞争力相当重要；其次，各国对美国的知识产权缺乏足够与有效的保护，严重损害了美国知识密集产业的利益，并对美国企业的出口、海外经营、促销和运作产生巨大的影响（陈翀，2013）。

国会制定"特别 301 条款"的目的，是借美国的政治力量迫使世界各国的知识产权保护制度与美国统一步伐，并由美国政府督促他国政府真实有效地执行符合美国利益的知识产权保护政策。"特别 301 条款"规定了当美国的贸易伙伴对美国及外国的知识产权保护不周时，美国贸易代表办公室必须于 6 个月内与该国协商解决，若谈判不能解决问题，美国将依"301 条款"予以制裁（汪涌，1996）。

"特别 301 条款"在每年 2 月由美国政府与企业联合提出，参与的企业包括 IIPA、软件出版者协会（Software Publisher Association）等，这些利益团体会对世界上知识产权的政策与施行做出细致的评估，并且对美国贸易代表办公室"特别 301 条款"的宣布提出建议。由于美国贸易代表办公室本身仅是一个小型的政府机构，因此需在一定程度上依赖这些利益团体所提供的数据才能做出判断。美国贸易代表办公室善于保护美国具有国际竞争力的企业，如药品、影音产品、计算机软件等企业，因此这些企业也推动了美国贸易代表办公室进入保护知识产权问题上的议程（Ryan，1998）。

2.4.4.1.2.2　"超级 301 条款"

"超级 301 条款"是在"301 条款"的基础上增加的强制条款，目的是增强"301 条款"表面上的威信力及实质上的制裁力。换言之，它是"301 条款"的武器，企图让"301 条款"如虎添翼（何力，2017）。

"超级 301 条款"强制美国贸易代表办公室必须对美国贸易伙伴的歧视性贸易政策或不公平贸易措施采取"301 调查"（刘卫锋，2020）。此外，美国贸易代表办公室必须每年向国会提报各国贸易障碍，并选定"优先国家"及"优先实践"进行协商，且于三年内迫使该贸易伙伴改善其自由化措施、撤除受指控的障碍，或签署贸易协定、承诺修改该国内法令。如果协商效果不能令美国满意，美国贸易代表办公室可依"301 条款"实施制裁行动（汪涌，1996）。

2.4.4.2　1986年第一次《美日半导体协议》：双边架构下的硬件保护战略

2.4.4.2.1　美国政商与第一次《美日半导体协议》的背景

美国是半导体制造业的始创者，英特尔、AMD（Advanced Micro Device）等企业，让芯片（而非真空管）成为计算机硬件的核心组件。相对的，日本直到20世纪60年代，才凭借有效的政府政策与产业结构开始发展半导体产业。到了70年代末，日本的制作工程技术已经超越了美国公司，这意味着相同质量的芯片，日本可以卖到更低的价格。① 1979年，美国国内因为半导体供不应求而大量由日本进口，导致日本对美出口剧增，日本半导体对外贸易开始由逆差转为顺差。1984年，日本在芯片研发及设备制造领域的实力已经超越了美国。在英特尔开始生产64K动态随机存取存储器芯片（DRAM）之后的半年内，256K芯片也开始量产；同时期的日本企业，除了富士通发展出256K芯片之外，连日立公司也有能力生产（冯昭奎，2018）。

64K以上DRAM的出现，让半导体竞争力的决定因素由过去的技术开发能力转为制造技术、设备投资能力与质量。这个转折，让善于制造成品的日本企业比起善于半导体设计而不善量产的美国企业，有更大的优势（王绍媛、冯之晴，2021）。

1980年，美国与日本半导体的贸易首度产生逆差。1983~1984年，当许多美国企业在经历过经济大萧条之后开始新的研发工作，日本企业则继续投入资源于半导体制造。当全球的存储器芯片出现生产过剩，市场价格便逐渐下跌。日本企业面对生产过剩的做法，显然与美国企业不同。美国企业英特尔与AMD希望能以稍微低于成本的价格销售，以便能够维持

---

① 首先，日本企业员工的忠诚度高于美国，大部分员工会在同一家公司待到退休。由于长期的磨炼，日本员工可以很轻易分辨出受污染的晶圆；日本员工同进同出加工厂的习惯也减少了开关门次数所可能产生的对晶圆的影响。其次，日本芯片制造商与生产设备制造商能够紧密结合，它们能够尽一切努力使所有的生产程序几乎达到完美。最后，日本企业认为，在制造过程中要降低成本，最好的方法就是提高质量，因为与其事后再花费大量资源处理瑕疵，不如一开始就防止瑕疵出现，而这个理念一直到20世纪80年代才为美国企业所采用（Jackson，1998）。

工厂的正常运作，日本企业却以近乎"视死如归"的精神进行减价竞赛。这是一个新的游戏规则，显然，最后只有拥有最多资本可供消耗的企业能够活下来，而日本企业在这场游戏中比美国企业拥有更多的筹码。由日本大企业经营的半导体产业，芯片的损益只占总收入的一部分，日本财团很容易能从其他事业中获得补偿，这是美国专业分工的企业所没有的能力。当美国企业以低于成本的销售价格作为最后手段时，日本企业却将这种手段当作进入市场的方法，DRAM 的价格在一年内下跌了 70%（Jackson，1998）。

既然无法凭企业本身的优势与日本竞争，英特尔最终决定动用华府的政治资源。依照美国半导体企业的看法，日本应该降低关税，以消除关税差距。① 尽管日本政府同意自 1982 年起将半导体关税税率降为 4.2%，由英特尔等美国主要半导体企业所组成的美国半导体协会，仍于 1985 年违背《1974 年贸易法》，指控日本政府限制美国半导体产品进入日本市场。除了通过美国半导体协会的集体行动之外，个别美国半导体企业亦向美国政府控诉日本的不公平贸易行为。1985 年 6 月，美光科技公司（Micron Technology）向美国商务部指控日本生产的 64K DRAM 倾销；同年 9 月，英特尔、AMD 及 National 等三家半导体公司联合控告日本制造的唯读存储器（EPROM）倾销美国。美国商务部对此展开反倾销调查（徐梅，2014）。

1985 年，日本企业降价竞争的方式成了美日两国半导体大战的导火线。美国政府接受了美国企业的指控，认为日本利用政府采购、巨额补贴、减税，甚至限制科技数字的流通等方式扶持半导体产业，这种政策违反公平竞争原则。美国于是威胁日本动用"301 条款"，并且对唯读存储器产品提出倾销诉讼（李勇，2020）。

日本政府对此提出抗议，认为日本企业只是"战略性定价"（strategic pricing）而非削价竞争，这是高科技产业的正常市场现象而非倾销。随着技术

---

① 1981 年日本半导体关税税率为 10.1%，美国为 5.6%（蔡宏明，1999）。

的不断进步，企业的学习曲线将会不断下移，预期未来还有相当的降价空间，而现在的定价战略只是反映长期的生产成本曲线而已。美国政府这种动辄诉诸"301 条款"的单边制裁行动，并不符合多边国际规范（蔡宏明，1999）。

2.4.4.2.2　第一次《美日半导体协议》结果

1986 年，美日两国的半导体贸易经过一番争执及摩擦之后，最终签署了第一次《美日半导体协议》。日本政府帮助美国打开日本半导体市场，并且对半导体出口自我设限，美日两国政府间的半导体协议达到了美国政府原先的目标，即开放日本的国内市场。外商公司在日本国内半导体市场的占有率由 1986 年的 8.5%增加到 1991 年的 14.3%，1995 年达 30.6%（王仁宏，1997）。

《美日半导体协议》相当程度影响了日本国内半导体产业的发展，却依旧不能扭转美国企业在存储器芯片上的劣势。1986 年，第一次《美日半导体协议》的同一年，英特尔退出了存储器市场，并成功研发出 386 微处理器（唐飞、宋学锋，2007）。从 386 微处理器之后，英特尔决定结束微处理器第二供应商的地位，让自己成为世界上唯一的 386 供应商，并试图以一切法律手段阻止其他企业分享该公司在高阶微处理器领域的利益（Jackson，1998）。1987 年，386 微处理器在市场上供不应求。1993 年，随着 486 微处理器的上市，英特尔终于超越日本电气股份有限公司（NEC），成为世界上最大的半导体制造商（李浩东，2018）。换句话说，美国的半导体产业能在后来超越日本，其实是依靠微处理器市场的崛起，同一时期日本因泡沫经济破灭而陷入了长期的泥沼。奇怪的是，虽然《美日半导体协议》是美国与日本之间的条约，但获利最大的却不是两者之中的任何一个，反倒为韩国与中国台湾的半导体工业带来发展契机。

2.5　小结

大型主机与网络最早起源于美国与苏联竞争所产生的军事安全需求，

政府大量的采购与研发开支，促使 IBM 等美国企业在计算机科技商业化的过程中扮演了重要的角色。二战后初期，美国政府以全球独霸的地位推动构建多边自由贸易体系，以 IBM 为首的大型主机企业则近乎独占了全球计算机市场。尽管美国政府在国内与 IBM 于反垄断议题上有显著的利害冲突，但帮助 IBM 向海外市场扩张却更符合两者的共同利益。尤其是在石油危机之后，失去独霸地位的美国政府开始认识到，国家出口竞争优势已经由产品导向的工业经济转向以数字经济为代表的知识密集型产业，往后美国政府对外的双边经贸谈判经常以保护美国高科技产业的海外竞争力为目标。这种政治经济体系下，IBM 其实是最大的受益者。为了与严密合作的日本政商体系竞争，美国政府选择与 IBM 联合敲开日本市场则是大势所趋。

20 世纪 80 年代个人计算机革命的同时，美国在国际体系的竞争力也大体处于持续衰落的局面。美国制造业在有形产品贸易领域的竞争实力不敌日本，以微软和英特尔 "Wintel" 联盟为首的个人计算机企业对无形知识产权的控制，却成为美国国家竞争力最重要的来源。保护知识产权成为个人计算机时代美国政商最大的共同利害。

知识产权是一种具有特别意义的财产，它所保护的对象并不尽然是实体财产，而是包含无形的创作思想所产生的权利（吴嘉生，2001）。财产权从有形到无形的过程改变了政商之间的互动模式。在 "知识交易" 的市场里，由于私人财产完全来自政府的授权，企业与政府利益的结合将达到前所未有的紧密。这是以 "无形知识" 为交易主体和有形产品贸易最大的差异。20世纪 80 年代，美国政府所采取的种种贸易保护措施体现了政府一方面在有形的产品贸易上协助企业共同抵抗外来压力，另一方面促使全球经贸向 "无形知识" 财产转型、积极扩张技术垄断的倾向。由美国企业在全球市场打前锋，美国政府以双边经贸谈判为后盾。

美国政府与企业从大型主机时代到个人计算机时代，逐渐通过各自的理性运作，打造了今日的数字经济结构，并一步步扭转世界经贸规则，在经济与科技变革当中将利益导向自己。知识产权在个人计算机时代之后逐步成为美国数字经济产业的核心利益，并在网络时代和智能手机时代获得进一步巩固。美国政府与企业如何联手形塑了数字经济在网络时代和智能手机时代的面貌，并企图长期巩固在数字经济产业全球供应链和价值链顶端的位置，则是下一章所欲探讨的重要问题。

第3章

美国数字科技战略与治理体系Ⅱ：
网络时代与智能手机时代

本章探讨网络时代（1994～2006年）与智能手机时代（2007年至今）美国的数字科技战略与治理体系。

克林顿政府时期，美国基于时代变化发布了"国家信息基础设施"（National Information Infrastructure，NII）战略，1994年决定将网络商业化，推动了数字科技网络时代的到来。美国政府在技术层面控制了网络协议的根本架构，监督着全球互联网最终的范围及扩张方向，在商业层面则确立了由政府在幕后主导，却交由私部门打前锋的原则。由于知识型经济的成功，美国的经济实力于20世纪90年代再度称霸全球，然而，这次成功绝非偶然。美国对网络通信标准的主控权，必须回溯到二战后冷战氛围下国防科技的发展；美国在网络经济方面的优势，则可溯及1973年石油危机以来联邦政府不断将知识产权议题推入双边与多边国际经贸议程的努力。在1993年乌拉圭回合谈判订立TRIPs之前，美国政府奋斗了20～30年的时间，彻底扭转了国际经贸规则。

在美国企业方面，网络时代美国新兴计算机公司崛起，并对数字科技产生冲击。网景（Netscape）与微软之间有关浏览器的竞争，确立了网络时代微软继续保持计算机产业的领导地位。然而，不论是网景还是微软，网络时

代的数字经济将继续由美国公司主导。网络同时带来了以 Linux 为首的自由
软件运动的兴起。尽管美国公司红帽（Red Hat）曾经是全球最大的 Linux
公司，但在开放源代码的趋势下，软件产业弱势的国家与企业拥有更多的机
会参与数字经济竞争。

2000 年，在数字科技发展处于网络时代的同时，移动通信技术也正步
入 3G 时期。手机可以上网，个人计算机可以拨打电话，电话网络与电脑网
络逐渐呈现双网融合的趋势。美国在 3G 领域的优势不如欧洲其他国家，
却在 21 世纪第一个十年利用 3G 向 4G 的转换重新赢回长达十年之久的数
字经济主导权，直到 21 世纪第二个十年，在 4G 向 5G 的转换中面临中国
的强势竞争。美国联邦政府与本土企业利用政策组合与企业战略，驱动
3G 向 4G 转换，并试图继续维持 5G 时代的优势。有关美国与其他国家在
全球移动通信标准方面的竞争，本书将在后文进行探讨，并综合分析电脑
网络与电话网络双网融合如何带来新的国际竞争与合作，重构全球价值链
的分工地位。本章对于美国智能手机时代的分析，则将重点放在数字科技
战略与治理体系。

当今智能手机软硬件的主流规格，其实是美国企业定义的。2007 年，
美国苹果公司上市了第一台 iPhone，同一年，美国谷歌公司正式发布安卓系
统，开启了 3G 手机发展的新时代。[①] 新的智能手机结合了传统手机和个人计
算机的实用性（Dahlgaard 等，2007），使用传统电话网络与电脑网络融合的新
通信标准（即 3G 到 4G 的通信网络），成为新一代数字经济的主流产品
（Cecere 等，2015）。美国数字公司领导智能手机发展，而非传统的电信运营
商。苹果公司采取差异化发展战略，坚持软硬件完全融合的垂直模式，让 iOS
系统只能在自家的硬件上运行，成为智能手机时代封闭系统的典型。谷歌的

---

① 有学者认为，1999 年末，摩托罗拉生产的天拓 A6188 是第一部智能手机，它采用的是
摩托罗拉公司自主研发的龙珠（Dragon ball EZ）CPU，使用 PPSM（Personal Portable
Systems Manager）操作系统。然而，摩托罗拉所生产的全套软硬件产品，却未成为日后
智能手机的主流。摩托罗拉此后先是加入谷歌所主导的安卓阵营，2011 年以 125 亿美元
被谷歌收购。

安卓系统却广泛授权给全球各地，包括亚洲的手机硬件制造商，企图快速扩张市场，以扩大自身的搜索引擎与广告业务，是智能手机时代开放系统的典型。两家公司不同的发展战略和竞争模式，最终在苹果与谷歌的专利大战中激烈碰撞。尽管两者专利诉讼中的一部分以和解收场，但无论孰为赢家，智能手机时代的数字经济模式以及核心技术和利益，仍由美国企业主导。

美国企业走在前线，负责智能手机终端的研发与销售，而联邦政府始终站在背后，通过制定全球通信标准以及推动对外双边与多边贸易谈判，进一步塑造美国对通信标准的掌控权，加强国际知识产权保护，从而使智能手机时代的整体科技与经济发展更好地继续为国家利益服务。美国早在 3G 时期，即电脑网络与电话网络融合之际，便与欧洲和日本等开展竞争；美国企业如苹果公司等，更深度参与 4G 标准的制定，成为 4G 时代最大的数字经济赢家。然而，在美国 5G 领域开始落后之际，中国通过有效的政府政策与企业战略奋起直追。在 21 世纪第二个十年后期，美国对以华为和中兴为代表的中国企业实施贸易制裁，企图捍卫美国在全球数字经济领域的主导地位。

本章的第一节及第二节分别探讨网络时代联邦政府与美国企业在网络发展过程中所扮演的角色，包括美国如何利用对网络通信标准的掌控权，并将知识产权议题推入双边与多边国际经贸谈判，微软等美国企业又如何利用自身的经营战略和政治资源来获取全球性的领先地位。第三节及第四节则阐述智能手机时代美国政商互动模式与利害关系的转变。第三节主要介绍美国企业的部分，包括苹果与谷歌；第四节以特朗普政府所推行的政策为重心。第五节总结两个时期美国政府与企业在与其他国际行为者互动之下不断动态变迁的国际竞争地位及其所采取的政策回应。

3.1 网络时代克林顿政府的国内外科技政策

3.1.1 克林顿政府与互联网革命

1994 年克林顿政府关于网络商业化的决定，开启了以个人计算机和互联网为中心的网络时代。美国政府不仅联合美国企业主宰了网络的商业层面，同时借着网络管理组织和通信标准的制定形塑了网络的根本走向。

今日我们所熟知的全球互联网，除了网络接口层的网线及电缆之外，还包含网络层、传输层及应用层三个层次。前两个层次的"TCP/IP 协议"与应用层的 DNS（domain name system），决定了整个网络传输的基本架构，应用层的商业软件接口则是一般计算机用户最熟悉的范围。

美国能够由主导网络的通信标准，最后成功转战网络的商业应用，要归功于联邦政府在冷战时期对于国防科技的研发投资，以及后冷战时期对科技政策的灵活运用。

3.1.1.1 网络的萌芽与联邦政府政策

如同大型主机，架设网络最初的目的也是回应美国政府在美苏两极争霸中军事安全的需求。1969 年，在美国国防部高级研究计划局（Defense Advanced Research Project Agency，DARPA）网络计划的资助下，美国学术界主导通过计算机连接当时全美各地科学实验室里系统不兼容的大型主机，让所有的学者都能共享资源，这是网络最早被发明的原因（Hafner 和 Lyon，1998）。

1973 年末，美国计算机科学家 Cerf 与 Kahn 完成了"网络封包通信协议"的论文，确立了传输控制协议（Transmission Control Protocol，TCP）；1978 年 Cerf、Postel 及 Crocker 三位计算机科学家，将传输控制协议处理封包路径的部分独立出来，另外设置网际协议（Internet Protocol，IP）（Hafner 和 Lyon，1998）。制定网络通信协议的同时，这些计算机科学家设立了一系列由美国政府资助的网络管理机构，包括互联网架构委员会（Internet Architecture Board，IAB）[1]，及其下的互联网工程任务组（Internet Engineering

---

[1] IAB 得到的资助来源除了美国国防部外，还包括美国国家科学基金会、能源部（Department of Energy，DOE）和 NASA，由联邦网络研究委员会（Federal Research Internet Coordinating Committee，FRICC）统筹来自美国政府对 IAB 以及其下组织资助的网络研发预算。1990 年，FRICC 改组为联邦网络协会（Federal Networking Council，FNC）（Cerf，1990）。

Task Force，IETF）与 互 联 网 数 字 分 配 机 构 （Internet Assigned Numbers Authority，IANA）① 等组织。

　　相对于美国政府自创网络技术与管理体系，欧洲各国政府当时也在进行类 似 的 研 究 计 划②。欧 洲 支 持 的 是 1976 年 联 合 国 国 际 电 信 联 盟 （International Telecommunication Union，ITU） 认 可 的 国 际 标 准 X. 25，这 是不与 TCP/IP 兼容的系统。这是"故意如此"，而非纯粹在技术层面的思考。第一，X. 25 是以国家中央化管理设计的网络组织，主要由公共网络供给者掌管网络的控制与责任，且由私人计算机拥有者来支付费用（Castells，2007），这是欧洲各国政府可以受惠的原因；第二，ITU 是欧洲创设的组织，长期由欧洲各国控制。欧洲国家当时在电话、电报与移动通信发展方面都领先美国，将网络管理议题置于欧洲主持的联合国多边电信架构下，比起由美国一手创设的组织，欧洲国家显然更具有影响力。

---

① 1979 年，尖端网络计划的主持人（DARPA program manager），也是 TCP/IP 的发明人之一Cerf，发起了一个由网络专家构成的顾问团网络管理委员会（Internet Configuration Control Board，ICCB）（Cerf，1990）。该组织于 1984 年 9 月改组为 IAB。IAB 曾经多次改组，其名称包括 Internet Advisory /Activities/Architecture Board，但始终维持 IAB 的缩写不变。目前为 Internet Architecture Board（Castells，2007）。
　IAB 由美国政府资助，主要任务是规划网络长期的发展与研究。1989 年 IAB 下设两个机构：网络工程小组与网络研究小组（Internet Research Task Force，IRTF）（Cerf，1990）。1992 年 1 月，由 Cerf 领导的理论上代表全网络用户的国际组织网络社会（Internet Society，ISOC）成立。自此，IAB 的工作名义上被纳入国际组织，由 ISOC 理事会通过了 IAB 的"新宪法"。网络治理体系于焉告成。
　整个网络标准制定的决策体系，最上层的是国际组织 ISOC；中间的 IAB 自成立以来就受美国的管辖；最下层的 IETF，虽然目前开放给全网络社群参与，但仍旧是美国政府资助的范围，其内部的实际执行机关 IESG 对外界提案有实际的裁量权。
　美国政府对网络决策机构的管辖权，被纳入联邦网络协会（Federal Networking Council，FNC）。如前所述，FNC 之所以成立，是为了统合联邦政府各单位对网络活动的预算；目前已经有 18 个联邦机构参与。FNC 的工作包括监视、合作和管理联邦政府对网络参与的部分，并且在经济上资助许多网络管理机构，包括 IETF 秘书处，以及 IANA。此外，FNC 更一度代表美国政府部门，对 DNS 行使所有权（Johns，1995）。
② 主要是国家实验室，如英国国家物理实验室（Britain's National Physical Laboratory，NPL），或政府资助的研究计划，如法国的 French Cyclades（Castells，2007）。

当国际标准化组织（International Standards Organization，ISO）失败于调解计算机企业与各国政府之间所有不同的利益冲突后，它认可了OSI参考模型（Open System Interconnection，又称"OSI七层模型"）为正式的国际标准。20世纪80年代，欧洲曾出现过数个区域学术网络采用OSI参考模型，形成与美国TCP/IP协议的竞争。由于UNIX操作系统在欧洲的风靡，而此系统直接将TCP/IP协议写入操作程序，才决定了TCP/IP协议风靡世界。欧洲开始使用TCP/IP协议，连接美国的骨干网络（Hafner和Lyon，1998），而美国政府辖下的网络管理组织也顺势成为全球网络标准的制定机构。

诸如ISOC、IAB、IETF、IANA等非政府组织，与美国政府有很深的渊源。这种以美国为中心管理全球网络的不平衡的组织设计，先天隐含着冲突。只是当时还在大型主机时代和个人计算机时代，网络并非计算机产业的主流，因此潜在的竞争并未浮出水面；直到1994年进入网络时代之后，网络通信标准与管理争议，始在IANA转轨到ICANN（Internet Corporation for Assigned Names & Numbers）的过程中爆发，并成为争议焦点。

3.1.1.2　美国政府与网络通信标准的制定

网络通信协议指的是一组规则，其主要功用是管理计算机主机在网络同一层进行信息交换的形式和意义（Kurose和Ross，2002）。

如前所言，现今网络所采用的TCP/IP协议是一套美式架构。TCP和IP协议分别处于网络的第三层（网络层）和第四层（传输层）。IP是数字形式的计算机地址，是计算机记忆彼此的主要方式。网络时代大多数网络依旧使用IPv4（IP第四版），这是美国创设网络时便使用的协议，有别于之后提到的IPv6（IP第六版）。本章所提到的IP，都是指IPv4。与IP紧密配合的，则是应用层DNS的文字计算机地址。

为了方便记忆，人们只需将文字地址输入，再由计算机把文字转为数字，便可寻找到另一台计算机。IP与DNS相配合，好比网络上的电话簿。整个网络的通信协议，其实是一套单一的体系（尤其是最常使用的

DNS）；既然是单一的体系，先天即具备了集中管理的要件（Lui 和 Albitz，1998），而其实际上也是由单一机构管理，即由 IANA 到 ICANN 管理。控制管理网络的中央机构，也等同于控制了整个网络的中枢神经。借由分配或移除地址，中央管理机构可以将特定的计算机纳入，也可以将某些计算机排除在网络之外，不论是排除还是纳入的过程，都充满了政治性。

最早的网络中央管理机构是 IANA，成立于 1981 年，主要负责网络 IP 的设定与分配（刘静怡，2001）、保管 DNS 根目录，以及协调 DNS 的实际运作等事务（Harris，2001）。IANA 所有经费来源都是美国政府。因为对 DNS 的分配拥有最高权力，IANA 顺理成章地成为管理全球网际网络运作机制的中枢。该组织由网络的创始者之一 Postel，在美国政府的雇用下负责管理，美国政府则拥有网络的最终决定权。这项安排等于将其他政府置于从属于美国政府的地位（薛虹，2016）。

1998 年 Postel 逝世之后，克林顿政府随即发布了关键性的白皮书（Harmon，1998），宣示美国政府将继续维持 IP 分配和 DNS 运作的政策，由商务部通知 IANA，将网络统辖管理的机制转交 ICANN 执行。1998 年 11 月，商务部正式宣布 ICANN 开始运作（薛虹，2016）。

ICANN 依照美国加利福尼亚州的法律成立，理论上是私营性的非营利组织，代表网络社群在全球的公众利益（Bernstorff，2003），然而这样的组织将自己的最高权威置于美国政府之下，商务部将拥有对根目录（root）的最终控制权。换句话说，虽然网络表面上已经实现了国际化和私有化，美国政府却仍旧保留了最终监督网络发展的权力（沈逸，2016）。ICANN 组织其实是延续了以美国为既得利益者的架构。

国际上，尤其是欧洲国家，极度批评美国对于 ICANN 的支配关系，例如 ICANN 拒绝了 "eu" 域名。欧洲国家所表达的立场中，主要有两点关切：首先，在现存网络统辖管理机制下，欧洲国家的代表性是否被充分呈现；其次，目前网络统辖管理机制，能否不同以往出现某种程度的独占性质，且不再以美国为中心。

ICANN 实际运作之后，因应欧盟与澳大利亚政府的要求，ICANN 将政府咨询委员会（Governmental Advisory Committee，GAC）纳入它的组织架构（Mueller，2002）。各国政府想要通过对顶级域名（country code top-level domain，ccTLD）的控制，获得类似美国政府所拥有的对网络根目录的否决权。[①] 换言之，各国政府希望将国内分配 DNS 资源的权力，置于该国主权的管辖下，反对 ICANN 插手他国网络资源分配的事务。ICANN 最后同意了 GAC 的要求，将各国 DNS 的分配权下放给各国政府（刘杨钺，2012）。

尽管美国之外的政府在国内 DNS 的管控上获得了部分胜利，却无法阻止 ICANN 与美国政府政策"形影不离"的趋势。ICANN 已经逐渐成为美国政府国家政策的工具，尤其是在反恐战争期间，许多反对美国的国家发现自己从网络上被移除。ICANN 与美国国家政策已逐渐靠近：美国商务部批准了巴勒斯坦以".ps"的域名注册，却拒绝了苏格兰国家层级域名注册的要求（Mueller，2002）。由此看出，不只 ICANN 在执行美国国家政策，美国也正是利用 ICANN 在网络上的影响力为美国对外关系服务（Bernstorff，2003）。

除了各国政府，ICANN 已经取得不少跨国大企业，诸如 IBM、MCI WorldCom 等的支持，甚至获得某些公司的捐款（刘静怡，2001）。ICANN 在政治上由美国政府主导之外，美国大企业在商业上也介入了主管技术标准制定的组织。

3.1.1.3 "国家信息基础设施"与网络商业化

20 世纪 80 年代，美国经贸转型的趋势已十分明显。以 Wintel 为首的美国企业，即使掌控了计算机软硬件关键技术的知识产权，硬件制造业却不如日本；日本强于硬件制造业，软件产业却不如美国。美、日不同的发展战略，使得发挥软件与知识密集产业的竞争优势成为美国非常

---

① 全世界每一台计算机所使用的 IP 地址，都"只有一组"DNS 来对应，此组 DNS 必须经由 ICANN 或各国政府授权，才能在网络上和其他计算机连接。根目录记录着每一组 IP 和每一组 DNS 的对应关系。目前全世界计算机的根目录都由美国政府管辖。

理性的选择。

1992 年，克林顿肩负着振兴美国经济的使命当选总统。1993 年，副总统高尔发布"国家信息基础设施"计划时，明确将发展网络视为美国国家经济战略的一部分。既然无法在制造业领域与日本进行普遍性的竞争，克林顿政府决定善用美国既成的产业优势，通过发展网络进一步刺激硅谷原先强势的软件与高科技知识密集产业。美国计算机企业（尤其是软件企业）能够将个人计算机时代的优势转移至网络时代，政府在背后的积极支持是关键因素。

依据 1993 年联邦政府公布的行动动议，"国家信息基础设施"以推动经济发展、提高生活水平、政府为公众更好服务为目标。在达成美国经济增长，又不大量增加政府开支目标的前提下，美国政府战略性地选择在网络的商业层面扮演辅助性角色，而让美国企业在数字发展中居于主要地位。由硅谷的数字高科技企业在台前从事科技研发，获取市场占有率，政府则在幕后利用税收和监督政策（如反垄断政策），努力确保有足够的激励促使私人部门投资。政府主要的工作在于保护企业的知识产权和科技转让、促进信息基础设施的技术革新及应用，并与企业建立合作关系，打开海外市场。所有的这些努力，反过来又将促进企业对于国家信息基础设施的投资与应用（徐峰，2014）。

美国政府在网络商业化领域所扮演的辅助性角色，是自身理性决策的结果。由美国跨国科技大厂所领导的网络经济，以美国政府权力为后盾展开，美国政府从未放弃数字经济市场的最终管理权，以及对全球信息基础设施的监控权。

3.1.2 联邦政府的国内外科技政策

20 世纪 90 年代，美国联邦政府的国内外科技政策围绕着"国家信息基础设施"的各项配套措施展开，以确保网络向符合美国国家利益的方向发展。克林顿任内，联邦政府介入科技与经济发展的积极程度，与前几任总统相比可谓有过之而无不及。美国政府不仅大幅调整了国内政策，同时运用政治实力积极扭转全球经贸的整套法律与架构设计，好为美国软件产业和知识产权创造更有利的国际经营环境，最终目的则是维持美国长期的竞争优势。

3.1.2.1 联邦政府的 R&D 政策

随着冷战结束，国家间竞争的焦点转向经济发展，联邦政府于是在 R&D 政策上积极鼓励军事科技的商业化。照克林顿政府的看法，过去美国对民生用途的 R&D 支持过少，阻碍了美国企业国际竞争力的提升，并导致了国内经济疲弱以及失业问题。因此，美国政府不仅有能力，也应该在领导经济发展上扮演更具建设性的角色（Pages，1996）。

联邦政府将科技发展政策集中在两大目标：第一，加速科技的商业化发展及应用；第二，促进军民两用科技的发展。为实现第一个目标，克林顿政府将主要的科技计划集中在商务部，并且继承了布什政府依据 1988 年《综合贸易与竞争法》在商务部所设的《尖端科技计划》。商务部和《尖端科技计划》的预算在 1992～1995 年上升了 2 倍。为实现第二个目标，联邦政府用于国家实验室和国防部研发军民两用科技的预算在五年内上升了 250 亿美元，其做法是邀请私人公司和国家实验室的人员一同从事研发工作，以加速冷战时期美国投资国防研究的成果转化，以科技转让的方式改作商业用途。

克林顿政府的科技政策倾向以渐进改革，而非推翻前任政府政策的方式呈现。政策实施上，克林顿政府将新的科技政策并入旧有的政府机构，避免成立新组织。例如，将《尖端科技计划》归入同属商务部的美国国家标准与技术研究院，《技术再投资计划》（Technology Reinvestment Project，TRP）则由美国国防部高级研究计划局管辖。政府也不反对将部分公部门的科技政策交由私部门主导，如半导体研究计划（SEMATECH）虽由政府出资，研究方向却由私人公司决定（Pages，1996）。

3.1.2.2 知识产权政策与《数字千年版权法》

在网络商业化之前，专利软件保护都是依赖传统的知识产权立法，包括营业秘密、专利权与著作权等（王佳勋，2003）。软件的知识产权远比硬件更容易被剽窃①，网络的发展一方面启动了新商机，另一方面却增加了软件被盗用的机会。要确保网络的发展能为美国企业带来利益，而非让企业开发出来的知识产权更容易被剽窃，美国政府势必要采取更严格的保护知识产权的措施。

因应网络的兴起，克林顿政府 1998 年批准了《数字千年版权法》（Digital Millenium Copyright Act），修正了美国原先的著作权法，以 "禁止规避科技保护措施" 等大幅加强对著作权人的保护。以数据库为例，在美国政府的计划下，数据库将受到 25 年的保护，这个期限在每次增添更多数据的时候都可以延展（Vaidhyanathan，2003）。换句话说，数据库的保护期是无限延长的。

至此，网络时代的知识产权法不再扮演美国宪法上平衡著作权人与消费者的角色，而完全向知识产权的拥有者倾斜。美国政府以鼓励产业为名，使美国高科技大厂获益的同时，却不惜以牺牲美国广大消费者的权益为代价。

3.1.2.3　反垄断政策与微软

20 世纪 80 年代，美国政府鼓励企业共同研发以抵抗外来竞争，大幅放宽反垄断政策。到了网络时代，由于美国企业的实力日益增强，不再需要共同研发，且放纵特定企业自由地独占市场反而会带来扭曲经济和阻碍创新的恶果。有鉴于此，克林顿政府一反里根政府时期宽松的反垄断政策，再度回到二战后以打击独大企业为刺激竞争和创造力的手段。最具代表性的案例就是美国司法部对微软的反垄断诉讼。

1995 年网景上市第一天，股价一鸣惊人，微软才如梦初醒，察觉到网络革命的威力。1995 年 11 月起，微软免费赠送 IE 浏览器以消灭网景的做法，终于引来美国司法部的反垄断调查。为萌芽时期的网络打造自由竞争的市场，并为潜在的创新提供发展环境，成为美国当局的重要目标，如网景不被微软利用不公平的竞争手段压垮（Rohm，1999）。

---

① 只有具备一定规模的工厂才能够仿冒美国企业的芯片设计，但即使是一般消费者，都有完美复制一个软件光盘的能力。

依据美国政府提出的计划，微软必须分裂成两家公司："Windows 公司"
将只能出售操作系统，并受到严格的限制，不得出售相关产品；"应用程
序"公司则经营 Office 和 IE 浏览器等应用软件产品。政府计划让微软分裂
出来的这两家公司激烈竞争，甚至提出更激进的要求：微软释出最高机
密——Windows 的源代码（Bank，2002）。

在微软案中，华盛顿特区联邦地方法院的杰克森（Jackson）法官，本
来已经于 2000 年做出最终判决，基本上采纳了政府的提议，决定将微软一
分为二（胡国成，2000），但之后微软经过上诉程序，上诉法院废弃了原审
中垂直分割的判决。2001 年 11 月 2 日，司法部与微软宣布达成和解协议：
微软必须把 Windows 操作系统用来与微软浏览器软件沟通的通信协议授权他
人，让软件开发企业能够撰写可能与 Windows 竞争的浏览器软件（周德邦，
2003）。

3.1.2.4 对外贸易政策

美国是全球最大的知识产权生产者，内容包括计算机软件、硬件、药品
及电影（Shulman，1999）。20 世纪 90 年代末，世界上 50% 以上的软件来自
美国，而全球排行前二十软件公司里，美国公司占了 18 家（UNCTAD，
2002），如果单计算套装软件，美国的市场占有率将高达 75%（Carmel，
1997）。

由于世界上软件使用者与制造者之间巨大的鸿沟，许多国家政府缺乏加
强知识产权保护的动力（Shadlen 等，2005）。然而软件产业"高制作成本，
低复制成本"的特性（王佳勋，2003），使知识产权问题变得格外敏感。加
强对知识产权的垄断，促使国际贸易向无形的财产交易转型，成为网络时代
美国政商最大的共通利害。

美国高科技大厂强势攻下一个又一个的海外市场，美国政府则灵活地交
互运用双边与多边国际经贸架构。当美国出口产品再度恢复国际竞争优势，
克林顿政府便抛弃了里根所推行的贸易保护主义，积极推动区域与全球范围
内的自由贸易。在确保美国企业海内外的知识产权都可以得到保障的前提
下，美国政府不断要求贸易伙伴撤除知识产权贸易藩篱，并且开放他国国内

金融与服务业市场，进行自由竞争。在双边经贸议题上，克林顿政府保留了以"301 条款"为主基调的双边贸易关系，让美国有充分的行动自由，以单边力量压制贸易伙伴进入美国设计的多边经贸架构；在多边经贸议题上，美国实现了 1973 年东京回合谈判以来的愿望，将知识产权的规范纳入 WTO。1995 年订立的 TRIPs，为美国发展网络与软件贸易创造了良好的国际竞争环境。美国企业在有利的立足点上与别国竞争，此种知识产权贸易体系之下，美国软件及高科技大厂（包括微软）其实是最大的赢家。美国政府以双重标准衡量国内与国外的反垄断和公平贸易的尺度，保护美国整体产业利益的任务却从未松懈。

3.1.2.4.1　网络时代美国对外贸易的双边选择

3.1.2.4.1.1　"301 条款"在克林顿政府时期的使用

依据美国 1988 年《综合贸易与竞争法》所订立的"超级 301 条款"，原本应于 1990 年到期，但克林顿政府以"与贸易伙伴缔结贸易协定，并消除贸易障碍"为由，于 1993 年以行政命令第一次延展"超级 301 条款"的有效期限。该行政命令虽然至 1997 年已经失效，但到了 1999 年，联邦政府为了寻求国会支持①批准 WTO 的承诺，由美国贸易代表办公室宣布克林顿政府再度以行政命令恢复"超级 301 条款"直到 2001 年，以便协助美国企业拓展外国市场。换言之，不论多边经贸架构如何制定，美国随时有采取单边行动的自由，以消除贸易屏障，拓展美国企业海外的出口业务（蔡宏明，1999）。典型案例便是美国政府利用"301 条款"与双边协议，打开日本的半导体市场。

3.1.2.4.1.2　第二次《美日半导体协议》与世界半导体理事会的成立

美国针对日本使用的不只是"301 条款"，还有《美日半导体协议》。第一次《美日半导体协议》于 1991 年届满，于是同年 6 月，美日双方在华盛顿签订第二次《美日半导体协议》，并于 8 月生效。根据该协议，日本必

---

① 在美国国会、媒体和大众眼中，除非经常账上贸易赤字减少，否则顺差国必然有不公平贸易存在（蔡宏明，1999）。

须在 1992 年底之前完成日本国内的外国半导体市场份额提高到 20% 的指标
（李勇，2020）。

1994 年，克林顿政府以"超级 301 条款"威胁日本购买更多美国产品
的举动，引起日本的愤怒，却也无可奈何。日本主要半导体企业组成的日本
电子工业协会（Electronic Industries Association of Japan，EIAJ）与美国英特
尔等企业所组成的美国半导体协会，于 1994 年发表联合声明：双方同意要
共同努力，开辟出以普及个人计算机为主的半导体市场。

1996 年，当第二次《美日半导体协议》届满，美国再次对日本提出延
续协议的要求，却遭到日本的拒绝。日本认为，外国芯片必须占日本市场
20% 的条文，可能违反 WTO 的规定，主张应该由多国共同解决贸易冲突；
另外，外国企业已占日本近 30% 的半导体市场，证明此协议已充分发挥作
用，无须延长。美国则对此提出反驳。依美方观点，1996 年要评定 1991 年
协议是否充分发挥作用仍显太早，全球市场环境，包括供过于求和需求减
少，仍显现了日本海外倾销的威胁（蔡宏明，1999）。

对于美国动辄以"301 条款"威胁日本打开国内半导体市场，非但日本
不能接受，欧盟也十分不满。欧盟极力主张，外国芯片的销售量不应该只由
日本与美国双方讨论决定，因为倘若任由美日两国达成半导体协议，欧盟将
再度在半导体产业沦为配角（木佳，1996）。

为了将半导体议题纳入多边架构，取代美日双方的半导体协议，1996
年 6 月，日本主要的半导体企业 NEC 和东芝，在欧盟执行委员会和日本通
商产业省的支持下，于伦敦和德国的西门子、荷兰的飞利浦（Philips）及法
国与意大利合资的 SGS-Thomson 公司集会，讨论借由设立一个全球半导体
理事会来加强产业合作的构想。为了得到更广泛的支持，日本与欧洲的半导
体制造企业不但同意合作促进全球半导体贸易组织化，同时决定由欧洲企业
邀请美国企业参与此协商，随后再与韩国和中国台湾的制造企业进行接触
（蔡宏明，1999）。

在日本与欧洲的坚持下，1996 年美国主要半导体利益团体，美国半导
体协会与日本电子工业协会签署了国际合作协议，由美国、日本、欧盟、韩

国和中国台湾企业共同成立民间交流性质的世界半导体理事会（World Semiconductor Council，WSC）。全球重要的半导体企业每年至少集会一次，就产品标准、环境问题、知识产权、开放投资等全球性问题进行讨论与合作。

除了企业间成立的 WSC 之外，在政府方面，《美日半导体协议》于 1996 年 7 月 31 日终止之后，美日两国政府新成立全球政府论坛（Global Government Forum，GGF），以国际多边论坛的形式取代已有 10 年之久的双边条约。通过每年至少举行一次会议，成员方负责半导体政策的官员可以就各国半导体市场以及政策动态交换意见，内容包括贸易投资自由化、反倾销、知识产权保护、环保和技术标准化等问题（刘大年，2000）。

企业间 WSC 和政府间 GGF 的成立，表明全球半导体贸易其实是各国政府与企业相互竞争互动的结果。政治上，欧盟与日本联手将半导体议题推入多边会谈，抵抗美国的单边制裁；经济上，1986～1996 年，当韩国、中国台湾等的半导体生产企业加入竞争之后，美日两国逐渐不再双边独占，而不得不让其他国家和地区半导体生产企业加入政府和企业的多边论坛，并由企业自行协调、战略联盟，而政府部门则由原先主导半导体产业国外贸易的角色逐渐转为监督的角色。

3.1.2.4.2 网络时代美国多边贸易的选择

3.1.2.4.2.1 美国的谈判立场与高科技利益团体

美国贸易政策与谈判顾问委员会（ACTPN）在《1974 年贸易法》基础上建立，是美国企业对美国贸易政策提供建议的机构。20 世纪 70 年代，ACTPN 由美国大型药商 Pfizer 和 IBM 主持，ACTPN 认为，东京回合谈判于 1979 年结束之后，美国政府应提议新回合的谈判。此建议促使美国政府提出了 1986 年开始的乌拉圭回合谈判（Grasstek、钟传水，1991）。

ACTPN 强调，美国具有竞争力的工业，就是以创造力为基础的工业，正受到发展中国家的侵蚀：这些发展中国家通常会拒绝专利权与营业秘密的有效保护、强制美国公司将专利权授予其他本地的公司、鼓励剽窃药品与化学产品等。对政府的游说上，ACTPN 试图教育美国国会以及行政部门，尤其是美国贸易代表办公室，保护知识产权对于促进发展中国家投资的重要性。在 ACTPN 的游说下，美国贸易代表办公室承诺将动用可观的影响力，推动知识产权保护议题进入乌拉圭回合谈判（刘诚，1993）。

谈判伊始，Pfizer 与 IBM 便组成知识产权委员会（IPC），创始的 13 个会员包括美国各大药厂以及计算机企业等，IPC 从此成为以知识产权为基础的企业的发言人（Sell，2003）。

而相较于以专利为基础的企业极力将知识产权议题纳入国际多边架构，以著作权为基础的企业却偏好双边谈判。它们认为，美国通过"301 条款"双边架构，迫使贸易对手有效执行美国所期待的著作权政策，已经足以保障现存的著作权企业的利益，不需要在 GATT 架构下多订立一个国际知识产权保障的条约（沈鑫，2012）。

新回合的 GATT 谈判开始于 20 世纪 80 年代早期，当时已经有减少农产品与纺织品障碍的倡议，这对发展中国家而言至关重要。在专利企业的游说下，美国贸易代表办公室同意 GATT 谈判可以达到联合国架构下世界知识产权组织（World Intellectual Property Organization，WIPO）所不能达到的境地，因为 GATT 可以提供以降低农产品与纺织品的关税换取南方国家对北方工业国家所倡议的知识产权保护的支持（Ryan，1998）。

事情正如美国贸易代表办公室所料，美国政府所遇到的最大的障碍，是来自内部的国际知识产权联盟（IIPA）。如果美国政府要在 GATT 多边谈判的架构下保护知识产权，此举将必然包括专利权与著作权在内，但是著作权企业却不希望将自己的利益置于不确定的 GATT 多边谈判中。著作权企业担心，如果将著作权与专利权一并放到多边架构下，将会使它们失去双边政策的选择，甚至乌拉圭回合谈判结束后，将出现多项利益损失。对此，美国贸易代表办公室召开了数次会议，尽力说服著作权企业接受多边谈判架构，并且保证其利益不会在乌拉圭回合谈判中消失。在美国政府的努力下，著作权企业最后勉强同意支持乌拉圭回合谈判（沈鑫，2012）。

要将知识产权议题纳入新一回合的乌拉圭谈判，并不是件容易的事。美国贸易代表办公室判断：要纳入议程，欧盟的支持是必要条件；日本的支持也将很有帮助。因此，美国贸易代表办公室建议 ACTPN 的主席 Pfizer 与IBM 策动两企业的欧洲与日本分部，去游说欧洲各国与日本政府以及欧洲共同体秘书处（European Community Secretariat）对于美国提案的支持。而事实正如美国所愿，欧盟与日本最终都支持了美国的立场。

3.1.2.4.2.2 乌拉圭回合谈判结果与"301 条款"的互动

历经七年的乌拉圭回合谈判中，知识产权议题始终是发展中国家与发达国家争议的焦点，主要包括"是否有必要在 GATT 内建立一套新的系统保护知识产权""保护范围""保护期限""强制授权的规定""过渡期的安排""争端解决"等。

以是否建立新的组织为例，发展中国家初始便不赞成将知识产权议题纳入乌拉圭回合谈判，仅打算澄清 WIPO 现有的规定，但发达国家普遍表明将知识产权保护纳入 GATT 框架的决心，对于不遵守知识产权的国家将实施"交叉报复"（沈鑫，2012）。这种分歧直到 1988 年底还不能消除。此后，在美国贸易代表办公室对韩国、巴西采取"301 条款"贸易制裁的施压下，发展中国家慢慢走回谈判桌。

1995 年乌拉圭回合谈判结束时，依 TRIPs 订立的知识产权国际保护架构，几乎全数反映了发达国家的利益，确立了一个相对于过去标准更高的知识产权保障国际规范，然而美国仍然对乌拉圭回合谈判的结果不满意。美国的建议是针对所有知识产权的保护和执行，建立一个客观的国际超高标准，但在 TRIPs 中，只对知识产权做出相对于美国要求较低的保护（吴嘉生，2001）。新的架构显然不完全符合美国既得利益。

美国过去一直以 GATT 未能为知识产权提供保护为由，拒绝通过 GATT解决美国与成员之间的知识产权纠纷。随着 TRIPs 的签订及《关于争端解决规则与程序的谅解》（Understanding on Rules & Procedure Governing the Settlement of Disputes，DSU）适用于解决与 TRIPs 相关争议的条款的施行，美国应该已经没有理由再使用"301 条款"来解决贸易伙伴知识产权保护不足的问题。虽然如此，美国并不愿意放弃"301 条款"的运作，即使是配合乌拉圭回合谈判所立的国内法，也以能够和"301 条款"配合、维护美国国家利益为优先。美国更倾向于以国力形塑一套真正在世界上运行的规范。

《乌拉圭回合协议法》（Uruguay Round Agreement Act，URAA）是美国为了配合乌拉圭回合谈判结果所立的国内法，其一方面要履行乌拉圭回合谈判的结果，另一方面却加强了"301 条款"的威力。除了任何国家如果拒绝给予知识产权"足够与有效的"保护，会受到"301 条款"的制裁以外（吴嘉生，2001），《乌拉圭回合协议法》更进一步让"301条款"的规定适用于开放外国市场方面，特别是有关知识产权的外国市场。美国政府已然明白要如何利用对各国政府施以制裁的威胁，提升美国高科技知识密集企业在国外的市场占有率，而不管此举是否违反TRIPs 原先的规定[①]。另外，依 DSU 的规定[②]，美国使用"301 条款"的单方制裁，已经很明显缺乏合法性，美国政府的《行政行为声明》（Statement of Administrative Action）[③] 却显示：美国会继续使用"301 条款"所赋予的单方制裁手段。

毫无疑问，即使世界贸易组织已经订立了 TRIPs 和 DSU，美国的态度依然故我。被美国依照"301 条款"制裁的国家，或许可以被 WTO 授权来对美国采取"反报复"，但对美国而言影响不大；相对的，美国具有足够的实力来抵挡较小的发展中国家能够对美国采取的各种报复性措施（郭雳，2001）。

[①] TRIPs 仅要求各国必须对知识产权提供"足够与充分的"保护，并未要求各国贸易自由化（吴嘉生，2001）。

[②] "当一个贸易事件被规范在乌拉圭回合谈判协议之条文中时，任何一个国家的国内争端解决程序是不适用的，而且任何一个国家针对上述贸易争端事件所做出的独立或单一的决定，违反《争端解决议定书》的规定，亦违反国际法"（吴嘉生，2001）。

[③] 美国政府的《行政行为声明》指出，针对那些知识产权保护不足的国家，美国有可能对各该外国的贸易措施或作为，启动"301 条款"的"调查"，而不论此调查对象或主题是否被涵盖于《争端解决议定书》之中（吴嘉生，2001）。

3.2　网络时代的美国企业

网络开放商业化的结果，是让计算机软件以及伴随网络发展而产生的金融、服务等知识密集产业，成为全球经济的主流，数字经济的发展自此由工业经济正式过渡到知识经济的范畴。对软件产业而言，网络的兴起其实是让传统个人计算机的市场扩大，旧的产品加进新的联网功能，而使新旧产品有融合的趋势。

网络时代的全球软件，应该包括个人计算机时代本来就有的操作系统、应用程序市场，以及网络时代新加进来的互联网软件与内容供货商等四大市场区块。微软光凭 Windows 操作系统就已经掌握了 90% 的操作系统市场，其Office 应用软件与 IE 浏览器，则在应用程序与互联网软件两个市场有压倒性优势。其他的美国公司，网景、闪迪、Adobe 等在应用软件市场表现亮眼；网景在浏览器市场凭借美国政府与其他企业（如 IBM、闪迪、甲骨文）的支持，勉强和微软平分秋色。除了内容供货商市场由于各地本土因素使美国无法独占之外，美国几乎占有了全球软件的各个区隔市场（孙平，2008）。

以标准体系来看，美国软件产业具有强势领导权，成为世界软件产业许多标准的推动主力（Moschella，1997）。这个层面主要是微软控制了操作系统程序。如果说操作系统像计算机软硬件的总管，那么应用程序就是负责不同事务的手下，依照总管的指挥做事。也就是说，应用软件企业要依据个人计算机操作系统的规格来撰写程序，主流的操作系统将成为应用软件标准的制定者，这也就是微软可以维持垄断的原因。而在游戏规则方面，带动水平整合模式改变的，也几乎全是美国企业，包括康柏、英特尔、微软、甲骨文等（孙平、丁伟，2009）。

商业性软件将利益导向美国软件大厂，这些软件的专利成为美国掌握全球软件产业核心技术的关键[1]。以 Linux 为首的开放源代码运动，则代表了

---

[1]　美国企业掌握着全球软件产业的关键技术。许多后起之秀如中国、印度等，虽然在软件外销上也能有亮眼的成绩单，但是这些国家主要从事软件产业的"外包"工程，只负责生产的部分。大部分软件产业的上游企业仍位于美国（曹方，2003）。

另一种利害关系的兴起，亦象征着网络对微软独霸的个人计算机时代的挑战。然而，网络时代不论是浏览器的新市场还是服务器市场，仍以美国企业为主。在浏览器市场，不论是网景还是微软，都是美国公司；在服务器市场，美国公司红帽是 Linux 服务器代表性的企业。

3.2.1　Linux 与红帽：网络时代自由软件的代表

要从根本上区分开放源代码和商业软件，应该说是它们的开发方式不同。商业软件由一家企业或组织，由公司雇员或是特定的伙伴合作开发软件，并用知识产权保护；开放源代码，则通过网络链接形成的社群（非正式组织）自愿性地参与软件开发，不用传统的知识产权保护其研发成果（王佳勋，2003）[①]。

以开放软件为原始要求的自由软件运动，可以视为对商业专利软件的反动：反对软件的著作权，要求软件的解放以及使用软件的自由。直到 1999 年，占有 Linux 最大宗市场的红帽上市，股价扶摇直上，自由软件才引起外界的重视（Young，1999）。但事实上，自由软件运动行之已久，只是长期以来流传于黑客之间，不为常人所知而已。

3.2.1.1　自由软件的发展

Linux 社群起源于 1991 年，当时就读于芬兰赫尔辛基大学的托瓦兹（Linus Torvalds），为了满足软件 Minix 的需求，开发了一套类似 Unix 的操作系统，就是现在 Linux 最早的源代码[②]。1992 年 Linux 0.12 版问世，此为 Linux

---

① 开放源代码指可以被免费地用于研究、修改和再分配的源代码，是软件产品最直接、最完整的技术描述，开发人员可以对这种软件随意进行修改、修复或者增加功能。获得一个软件的源代码意味着掌握了软件的全部"秘密"。商业软件公司通常采取申请版权或者商业秘密的方式对软件源代码实施严格保护，以防止其技术思想被窃取，从而保证软件的销售赢利，其发布方式称为"专利源代码"，它只以二进制文档发布（杨剑，2012）。

② Linux 的前身是 Unix，它的第一个版本是 AT&T 贝尔实验室（Bell Lab）的研究员汤普生（Ken Thompson）在 1969 年所写的，主要目的是解决 AT&T 公司内部不同厂牌大型主机及迷你计算机之间操作系统不兼容的问题。AT&T 公司认为，如果它能为公司内部不同厂牌的计算机开发出一套单一的操作系统，要将这些大型主机及迷你计算机链接起来将会容易许多，这个 AT&T 系统项目就叫作 Unix（Young，1999）。　　（转下页注）

发展的转折点，因为 Linux 从这个版本起，开始比较适合广大使用者，它同时采用斯多曼（Richard Mathew Stallman）的 GNU/Emacs"通用公用授权"（General Public License，GPL）系统①。这个关键性的举措，让 Linux 从此成为自由软件运动的代表（李伦，2002）。

Linux 采用的"通用公用授权"系统②，让使用者可以免费下载与使用软件，同时也可以对软件进行修改，修改后的版本继续免费流通。凡是自由软件社群的程序所开发的软件，也应供用户自由使用。同样的，程序设计者对相对于版权（copyright）的"逆版权"（copyleft）（见图 3-1）程序所做的修正，也须视同"逆版权"，所以应供用户自由取得。再者，依 GNU/GPL 公布的软件，若与专利（非自由）的程序代码结合，最后结合产品也应依 GPL 公布（夏晶，2007）。

（接上页注②）当时，AT&T 正面临美国政府反垄断诉讼威胁，美国政府要求 AT&T 不得涉足计算机或任何其他行业，但是允许该公司在受管控的情形下垄断长途电话。当各大学及研究机构要求准予加入 Unix 项目时，AT&T 也乐于将源代码免费送给它们，好能从这些机构所做的贡献中获益（Young，1999）。

在 AT&T 受政府监督的情况下，Unix 源代码于 20 世纪 70 年代很快就在各大学及研究机构流行起来；有扎实计算机科系的美国大学，如麻省理工学院和加利福尼亚大学柏克莱分校，成为建构 Unix 操作系统的重要贡献者（Young，1999）。

1991 年芬兰赫尔辛基大学学生托瓦兹为了使其个人计算机上能够使用流行于大型计算机中的 Unix 操作系统，试图将 Unix 移植到英特尔架构的个人计算机上，他创造了一个 Unix 内核，将基于 Intel-386 的 Linux 内核放在互联网上，呼吁更多的计算机爱好者加入其中。通过数百万程序员的努力，最终他们创造了一个全新的 Unix 操作系统：Linux。Linux 操作系统各项指令都是公开可见的，所有用户都有机会了解所使用的产品究竟在哪里出了问题。只要遵循 GNU 协议，任何个人和机构都可以使用 Linux 的所有源代码，也可以修改和再发布。大多数 Linux 系统还提供图形化操作界面，多数人直接使用 Linux 的发行版，而不是自己整合各种组件（何正方、梁宇，2019）。

① 斯多曼于 1984 年启动 GNU 工程，创建自由软件基金会（FSF），提出了 Copyleft 原则，制定 GPL 协议（李伦，2002）。开放源代码目前主要通过 Copyleft 机制和相关法律手段来保护开放源代码软件所有的公开和免费的权利，即任何人对软件都拥有与原开发者完全相同的使用权和管理权，对软件可以进行自由使用和修改。

② 开放源代码软件的发展伴随独特的开放许可制度，其软件发布必须经开放源代码促进会（Open Source Innovation，OSI）认证的开放源代码许可。一般包括：许可授予的对象；可使用软件的设备及地点；能够使用软件的范围；是否提供源代码或目标代码；许可是独占的还是非独占的；被许可方能否转让许可证；许可的期限；保密条款；免责条款。

图 3-1 Copyleft 和 Copyright 标识

开放源代码的开发社群是很彻底的虚拟组织，开发者大多彼此不认识，因此需要一些沟通工具来完成开发的工作。这些工具主要包括：邮件名单（mailing list）、新闻组（Usenet）、网站和开发者聚会。如果没有网络，绝不会有 Linux，它的诞生和成长几乎与互联网交叉发展。Linux 出现于 1991 年互联网萌芽之初，当时网络才刚走出学院准备进入主流，Linux 的发展正好赶上互联网的快车。网络链接让全球的黑客不分区域，都可以参与 Linux 工程。因为附有源代码的，黑客可以探查程序内部。也正因为有互联网，这些解决方法可以直接传给托瓦兹，后者也可以利用同样的媒介提出答复。随着 Linux 的流传渐广，使用者和除错的人越来越多。Linux 的功能越佳、用户越多、除错的人越多，改善的速度也就越快。这种良性循环，不断促使 Linux 以令人目不暇接的速度发展（张彦，2015）。一种崭新的流通开发模式，于焉展开。[①]

3.2.1.2 Linux 商业化与红帽的经营战略

既然开放源代码软件与专利软件以两种完全不同的方式与构想进行开

[①] 开放源代码运动的发起者埃里克·雷蒙德（Eric Raymond）在其著作《大教堂与集市》中，对开源软件发展机制进行了详细介绍，被称为开源软件的"圣经"（王广凤、刘文慧，2018）。雷蒙德指出，软件开发主要有"大教堂"（cathedral）和"集市"（bazaar）两种模式。"集市"模式就是指开放源代码模式。"大教堂"模式则是专利源代码模式，即程序员在细致的计划和管理下孤立地开发软件，源代码只能在项目开发组人员间相互交流和共享。它强调严格控制与管理，在代码提交之前要进行测试，软件的演进是缓慢的、有计划的且极少返工。

发，在 Linux 商业化以后，自然也形成完全不同的软件经济模式①。简言之，自由软件公司和传统商用软件公司不同的是：传统商用软件公司主要收入来自出售专利软件②；而新兴的 Linux 公司主要收入来自提供与自由软件相关的服务并收取费用（因为这些企业所使用的软件本来就是可以免费取得的）。Linux 备受争议的特点就是专业性太强、用户接口不够友善。尽管开放源代码给了使用者较大的空间，但并不是每一个使用者都有意愿或能力自行开发或修正软件。如何让 Linux 更符合大众的需求、更容易操作，正是红帽一类的新公司所积极处理的问题（王佳勋，2003；Moody，2001）。

红帽公司是尤英（Marc Ewing）于 1993 年所创，一开始公司就把目标放在技术能力较弱的使用者的新市场上。该公司写的全部是 GPL 软件，亦即新增到 GNU/Linux 系统的全部功能都在 GNU/GPL 的规范下，连竞争对手都可以自由取得。由于企业用户需要稳定的技术支持，这些需求促使红帽和 GNU/Linux 开始提供免费与付费的产品服务。红帽公司大部分的利润来自提供 GNU/Linux 系统支持，包括训练、教育、客户支持、咨询服务以及电子商务，而非出售软件。提供 GNU/Linux 系统支

---

① Linux 的出现给系统软件市场竞争格局、厂商竞争方式等带来了巨大的影响和冲击，主要表现在 Linux 对微软构成了巨大的威胁。统计数据显示，1999 年在服务器操作系统市场上，Linux 操作系统超过 Novell 的 Netware 操作系统，成为紧随 WindowsNT 操作系统的第二大服务器操作系统，而同年微软第一次出现销售萎缩，销售份额从 1998 年的 36% 降至 1999 年的 33%。在随后的 4 年中，Linux 平均增长幅度更是达到 84%。Linux 之所以能够与微软在系统软件市场上相抗衡，是因为其采取了不同于传统价格、差别化策略的开放源代码模式（即源代码随执行程序一起发行），这一模式使 Linux 获得了微软所不及的竞争优势（王广凤、刘文慧，2018）。当时世界上前 500 台超级计算机，99% 以上都运行 Linux 操作系统，最快的前十名超级计算机都运行着 Linux 操作系统，可以看出 Linux 的强大之处。

② 20 世纪 70 年代末，微软创始人比尔·盖茨发表了《致电脑业余爱好者的一封公开信》，引领软件进入 Copyright 时代（王广凤、刘文慧，2018）。微软公司指责开放源代码对知识产权的摧毁，认为知识创新需要大量资金和智力的投入，只有保护源代码才能保证企业的收益，进而保证研发者持续创新（杨剑，2012）。微软公司认为开放源代码软件是"反美国的、反产权的"。反对者认为，到处散布软件程序源代码，扼杀了软件开发的创意、压抑了创新。开放源代码运动将会终结知识产权以及研发的动机，是知识产权的摧毁者。总之，专利源代码软件支持者认为软件应当在产权规范之下以交易的方式流通，源代码则作为商业秘密不予流通。

持，表面上看起来是小事一桩，事实上却是相当重要的发展。此举可以让考虑使用自由软件的公司安心，也可以增加出售套件公司的收入。这是新商法，也是自由软件运动更广泛关联到整个计算机市场的初步迹象（刘晓东，2006）。

正如红帽自己所比喻的，如果将操作系统设想为计算机产业的基础设施，如同高速公路是货运产业的基础，红帽 Linux 只是维修公司。它们是"更换路灯灯泡、重铺路面、铲除积雪的人"，而微软则拥有高速公路，可以任意收取过路费（Young，1999）。

3.2.1.3 Linux 的优点

Linux 最大的优势，在于使用者取得了控制权（Young，1999）。对企业而言，开放源代码将使软硬件企业对自己的产品有更大的技术掌控能力，不再受制于专利软件。硬件企业以英特尔为例，倘若微软不愿在技术上提供支持，由于有源代码可以自由使用，英特尔还是可以在 Linux 上自行解决问题。对软件公司而言，通常如果一家大型软件公司想要将应用软件移植到某个操作系统上，在专利软件的架构下，它必须找操作系统企业，与其磋商，签订巨额协议，取得操作系统公司的软件授权；但在自由软件架构下，当应用程序企业（如 Adobe）决定将应用软件移植到 Linux 时，它只需跑一趟计算机商店，就可以取得移植时所需要的一切（刘晓东，2006）。

对政府而言，尤其是美国之外的政府，一个可以自由控制的平台具有政治意义。它象征着其他国家的政府将可以摆脱美国政府和企业专利体系的控制，有主导自己国家软件产业发展的能力。其中，中国以政府力量大举扶持自己的 Linux 版本，就是最佳的佐证。

多平台的适应性，是 Linux 另一个重大的优点。在硬件平台越多元的市场，Linux 便有越高的市场占有率（王佳勋，2003）[①]。当计算机硬件由个人

---

① 至 2006 年底，全球接触和应用开源软件的企业占 50%以上，美国达 80%以上。开源软件已经广泛应用于商业、金融、医疗、通信、交通等行业，改变了世界软件产业的发展轨迹。此外，开放源代码模式不限于软件业，还在图书、新闻等产业取得成功，被人们称为"开源运动"（Open Source Movement）（聂盛，2009）。

计算机转变为以智能手机为核心时，以 Linux 为核心的安卓操作系统即跃升成为主流的操作系统。此外，网络家电所带来的嵌入式操作系统，也为 Linux 提供了一个新的发展空间。本书在讨论智能手机时代与数字经济未来时将会详细展开。

3.2.2 网景与浏览器战争：争霸网络时代的第一战

3.2.2.1 浏览器战争的始末

所谓浏览器战争，是指网景与微软为抢夺浏览器市场所推出的一系列竞争战略。最早的浏览器马赛克（Mosaic）发源于美国政府的公共建设，于 1992 年由服务于美国印第安纳大学美国国家超级计算应用中心（National Center Supercomputing Application，NCSA）的马克·安德森（Marc Andreessen）所研发。1994 年，网络商业化的同一年，安德森和吉姆·克拉克（Jim Clark）共同创办了网景公司，并且发布该公司的浏览器程序——网景导航者（Navigator）。1994 年 10 月，网景宣布下载网景的 Mosaic Netscape 0.9 版不收费，且此程序可供"个人自由使用"。这项宣示完全反映了网景公司出身大学与自由软件界的背景（Cusumano 等，1997）。

1995 年 8 月 9 日，网景上市第一天股价大涨，微软才惊觉互联网革命来势汹汹（鄢显俊，2011）。网景压倒性的市场占有率让其拥有支配网络标准演进的力量，而那些标准在许多不同的操作系统上运作。网景浏览器会"使底下的操作系统商品化"并成为可有可无、利润微薄的产品（Bank，2002）。

1995 年 12 月 7 日，比尔·盖茨在著名的"珍珠港事变"演说中，暗示微软此后的一切战略将以互联网为主、以 IE 为重心（Moody，2001），并会立刻展开大规模的攻势，以赢得市场占有率（Wallace，1997）。

关键之一是微软强力模仿或复制了网景的功能（Bank，2002）。关键之二是既然无法单凭网景的优点击败网景的技术，微软势必要把浏览器与操作系统整合在一起（陆峰，2016），利用 Windows 的市场占有率和对硬件公司的影响力，推动消费者采用它的浏览器（Bank，2002）。这个整合的版本，就是 Windows 98。微软与计算机硬件制造商在合约上注明：如果它们要 Windows，就别无选择，必须接受内嵌于系统中的 IE 浏览器（刘晓东，2005）。

因应微软的攻势，网景在 1998 年 1 月宣布开放其旗舰产品"网景通信家"（Communicator）的源代码。借由网络开放自由授权，网景希望更多基层的软件企业能加入研发，比自己有限的程序设计师更快改进程序。网景建立了一个叫作"Mozilla"的专属网站，但 Mozilla 最后因为整个项目仍属于网景而失败[1]。尽管不成功，但是 Mozilla 的工程逻辑已在 1998 年横扫其他一流的计算机公司。各公司（包括 IBM、英特尔等）的声援宣言，使开放源代码的崛起不但更为清晰可见，也越发势不可挡[2]。

1998 年 6 月，IE 浏览器的市场占有率终于超过网景。表面上微软占了上风，然而该公司将 Windows 98 整合操作系统与浏览器的举动，却成为联邦政府反垄断诉讼的焦点（Bank，2002）。

3.2.2.2 浏览器战争的启示

浏览器战争最后虽然以美国政府的介入收场，但是这场战争至少可以带来两个面向的思考。

第一，这是个人计算机发展到网络时代所爆发的第一场软件争夺战，旧的个人计算机企业（微软）凭借固有的优势，与新的网络企业（网景）在网络时代竞争网络商业软件产业的标准制定权，企图取得网际商业霸主的地位。其结果确定了世界浏览器市场将由两家公司均分，而不论是网景还是微软，都是美国公司，网络时代数字经济的发展依然继续由美国企业所主导。

---

[1] 如果要外界贡献程序代码，源代码本身应该以简洁为上，比较容易让人了解并提出建议。但是网景的程序代码因为是商业软件释出，本身过于复杂，没有参与过开发的人并不容易检视开发，更新的速度自然慢下来。网景公司没有取得公司外部的实质回馈，使得项目进展不如预期（Young，1999）。

[2] 2004 年网景公司正式发布的"火狐浏览器"（Firefox）是 Mozilla 分支出来的实验项目。火狐本身即为开放源代码的浏览器，可以在不同的操作系统上执行，包括 Windows、Linux 等（Moody，2001）。

第二，浏览器战争同时也是第一场专利软件与自由软件的竞争。自由软件以社群为基础的（经常是免费人力）开发方式，比起专利软件代码以资金为后盾，开放源代码的架构先天为软件产业的弱势者提供了新的舞台。网景后期所采用的开放源代码，凸显了自由软件本质上是相对有利于弱者的竞争战略。于是微软的 IE 与 Windows 操作系统"绑"在一起，网景的导航者则开始依附 Linux 操作系统，加入了开放源代码的行列（Gawer 等，2002）。虽然专利软件与自由软件的竞争仍继续进行，但至少可以确定的结果是，微软以 Windows 操作系统的优势转战浏览器市场，IE 的成功显然让微软变得更强大、更耀武扬威。这种情况，直到智能手机时代才有所转变。

3.3　智能手机时代的美国企业

2007 年，苹果公司发布了第一台 iPhone。凭借软件上的 iOS 平台开发、方格型的 App 图示，以及硬件上的多点触控技术、滑动解锁，iPhone 所采取的软硬件技术标准，掀起了智能手机的革命（Isaacson，2011），改变了人们对于手机的传统看法。手机从此离开传统按键而采用触控屏幕，成为日后的主流规格。后来居上的谷歌则以安卓系统掀起了另外一场革命。安卓系统以既有的、新的和低成本的硬件制造商为市场，其开源性的手机操作系统以自由性和灵活性占据了智能手机市场的半壁江山（Shaw，2021）。以谷歌和苹果为首的安卓和 iOS 系统从此平分秋色，甩开了欧洲诺基亚与爱立信（Ericsson）所开发的塞班（Symbian）系统，以及黑莓（BlackBerry）系统等竞争对手，让智能手机再次成为美国企业的天下。

3.3.1　苹果：智能手机封闭系统的代表

苹果公司曾于 1981 年个人计算机时代推出"麦金塔计算机"操作系统，并且授权微软可以自由运用原本由施乐公司开发的图形用户接口，导致将自己个人计算机软件霸主的地位白白让给了微软。2007 年，苹果

公司在推出智能手机操作系统 iOS 的时候，便采取完全封闭的架构。iOS
是基于自由软件 Unix 架构所设计的系统，但是仅在苹果自家的硬件上
运作。

在软件方面，iOS 以其内部 Apple Store 提供应用软件。外部的应用软
件供货商虽然可以依据 iOS 的操作系统来设计软件，但是加入 Apple Store
之前，必须通过苹果公司内部的审核。iOS 同时应用于一系列的苹果产
品，如 iPod、iPad、MacBook、iWatch 等，并且以顺滑的页面操作、简约
美观的页面设计以及高端的定位，得到了大批商务人士的青睐。尽管
iOS 的受众范围比安卓系统小，但是使用者习惯所筑起的高墙使苹果能
够长期从使用者的忠诚度上获取可观的盈利（吴银平，2016）。iOS 的封
闭性尽管带来了参与者较多的局限，但在内部形成统一的开发理念，其
完整度和成熟度都比安卓和 Windows 系统更高，"直接操控"和"一致
性"成为 iOS 系统的首要理念，宏观与微观上的审美体验也是 iOS 系统
的直接卖点（李晓珊，2013）。

在硬件方面，苹果公司积极为 iOS 推进自家芯片的开发。为满足智能
手机的需求，苹果积极引导集成电路产品向低功耗方向发展，设计整机主
导型芯片，自行定制处理器（成卓，2014），并交由以 ARM 为代表的芯
片供货商制造。苹果凭借整机主导型芯片成为这一时期的领导者，特别是
A4 芯片搭载于 iPhone4、iPad 产品上引领了芯片集成发展潮流，后来三
星、ARM、意法半导体等世界级半导体企业都参与过芯片的设计、制造和
应用等。

苹果公司对于智能手机所采取的软硬件垂直整合的发展战略，极度类似
大型主机时代的 IBM。除了垂直整合，苹果公司还采取了两项战略来巩固自
己的市场地位。

第一项是差异化战略，包括产品的差异化、性能的差异化、操作系
统的差异化和内容的差异化。其差异化战略，可以再细分为三个层面。
第一，品牌效应突出。苹果品牌的专一性和产品的高配置得到了众多好
评，产品的更新换代不影响对之前产品的购买和售卖。苹果的品牌吸附

能力比安卓手机更强，效仿奢侈品牌定价的战略来定位生活态度和生活品位，并且每个领域都做 1~2 款明星产品。这对激发消费者的购买欲，以及加强对上下游产业链的整合起到了重要作用，产生了显著的品牌溢价。同时，苹果的成功还得益于超前的发展理念，将电脑的某些功能甚至是支付功能移动到智能手机上。第二，"客户体验至上"理念。21 世纪初，苹果开始对用户体验（UX）设计感兴趣，2001 年，该公司将 iPod 引入市场，随后是 iTunes（Jun 和 Park，2013）。苹果不但以 "iOS + App Store" 的模式在软件操作系统和应用程序领域凝聚了一大批 "果粉"，苹果相关产品之间更通过环环相扣的捆绑营销，在整个生态系统中形成了产品结构价值链。苹果的高明之处就在于用户一旦对其中某一款产品使用形成惯性，就会自然而然地对其他产品形成强烈的依赖感，产生 "1+1>2" 的效果（李正洲，2015）。第三，产品设计革新。此层面主要体现在时尚的产品设计，即人性化和个性化的外观设计。在巩固 iOS 生态的基础上，苹果系统的兼容性也不断提高，通过对手机芯片、移动安全支付、导航地图服务、语音助手、高清照片连拍等智能手机相关企业的收购，苹果逐步补齐了业务短板。2015~2020 年苹果品牌价值变化见表3-1。

表 3-1　2015~2020 年苹果品牌价值

单位：亿美元，%

年份	全球排名	品牌价值
2015	1	1702.70
2016	1	1781.19
2017	1	1841.54
2018	1	2142.41
2019	1	2342.41
2020	1	3229.99

资料来源：根据 Interbrand 公布的《全球最佳品牌》整理。

　　第二项是对技术研发的大量投资，以及对知识产权保护的高度关注。苹果公司同时通过自身研发与向外并购，打破技术壁垒。事实上，苹果公司的研发投入不断增长（见表3-2）。以指纹识别为例，从2008年开始，苹果公司即开始探索指纹识别应用并及时申请相关专利；2012年又收购研究指纹识别和传感技术的奥森泰克，并在指纹识别领域取得了8项核心技术，最终使iPhone在指纹识别领域获得成功并引领智能手机指纹识别的潮流。这是继密码解锁后的又一创新，为后来的人脸识别技术奠定了基础（陈晓川等，2016）。另外一个例子则是手机拍照技术。2015年，为提升有限空间的拍照水准，苹果以2000万美元的高价收购了以色列的Lin X（庞程、唐金湘，2016）。此外，苹果公司在人才战略上也有自己的布局。目前，苹果已经在多国设立研发基地和卫星办事处，如在美国本地的佛罗里达州、西雅图，以及英国、以色列、中国、日本、瑞典等都设有各类设施和卫星办事处，各地的研发中心都有不同的功能。如日本研发中心主要涉及医疗和养老方面的业务，在以色列进行处理器和通信芯片的研发。截至2020年苹果在全球拥有大约2300万名开发人员。

表 3-2　2015~2020 年苹果公司研发投入情况

单位：十亿欧元

年份	排名	研发支出
2015	18	6.0
2016	11	7.4
2017	7	9.5
2018	7	9.7
2019	5	14.4
2020	7	10.6

资料来源：2015~2020 年欧盟委员会发布的全球企业研发投入排行榜。

　　凭借智能手机战略运营的成功，苹果公司不但扭转了1997年以来的巨大亏损（Isaacson，2011），并在2015~2020年，凭借iPhone和iOS系统的运营，连续六年品牌价值位列第一。然而，随着安卓系统智能手机企业数量的增加和质量的提升，苹果公司原先的独占鳌头地位渐渐在 5G 时代被谷歌超越。

3.3.2 谷歌:智能手机开放系统的代表

1998 年，拉里·佩奇（Lawrence Edward Page）和谢尔盖·布林（Sergey Brin）创建谷歌公司，公司自始把业务重心放在搜索引擎与网络广告上，最初进入智能手机系统的业务则靠公司并购来完成。安卓的本意是“机器人”。智能手机的安卓系统，最早由同名的安卓公司所研发，后来在 2005 年被谷歌收购，谷歌基于 Linux 系统将原先的安卓系统加以优化，于 2007 年 11 月 5 日正式公布，同时宣布建立一个全球性的联盟组织——开放手机联盟（Open Handset Alliance），包含 34 家手机制造商、软件开发商、电信运营商以及芯片制造商。摩托罗拉、高通、宏达电（HTC）和 T-Mobile、中国移动等多家企业都被纳入其中，用以支持安卓操作系统、应用软件以及硬件开发。

谷歌在智能手机发展上最重要的战略，就是采取开放系统。这种战略非常类似于个人计算机时代微软对 Windows 操作系统所采取的模式。谷歌公司本身在手机硬件上并没有很大突破，但是安卓系统却可以由世界上任何手机硬件生产商使用。2008 年，中国台湾宏达电代工生产出第一款 Google 手机——T-Mobile G1。根据 StatCounter 统计，此后谷歌每年都会发布新的安卓操作系统版本，新版本包括基础架构和用户界面的主要变化。谷歌的安卓系统可以说是苹果的成功模仿者，只不过苹果的封闭系统已经形成闭环产业链模式，安卓必须另辟蹊径，才能和苹果同台竞争。因此，谷歌和苹果的竞争焦点在于谷歌将手机操作系统面向社会大众，采取的是普及化战略。安卓系统追求开放和多样化，门户开放和免费授权政策让安卓的性价比远高于苹果的 iOS（俞剑红等，2012），以便能以最快的速度推广安卓系统，然后在手机终端推广谷歌核心的搜索引擎和广告业务，包括谷歌搜索、谷歌翻译等多样化的服务，这成为谷歌公司的王牌。

谷歌的普及化战略取得了巨大的成功。作为一款真正的完全开源系统，安卓最大的优势就在于企业和开发者都能够参与系统界面的设计和美化。因此，几乎每个企业都会以安卓系统为基础，并结合公司文化和特点，对手机界面重新设计优化，融合系统的共性与公司的个性，实现了系统与硬件开发的共赢（李晓珊，2013）。此外，安卓系统开放平台给应用软件开发商提供了极大的发展空间。应用软件开发商可以瞄准安卓平台自行设计软件，而无需如 iOS 一般，要通过公司的审核。其成功取决于两个重要的因素，即开发者和用户规模，从供应和需求两方面来满足开发者和消费者的双重需要。尽管不同的硬件产品使用的操作系统不尽相同，非标准化的问题给应用软件开发商带来了极大的困扰（Shivi 和 Niyati，2021），但安卓系统的大量用户市场仍推动了应用软件市场的蓬勃发展（Jean 等，2017）。

谷歌除了智能手机，也开始在业务上积极拓展新兴科技领域，主要采取三种方式进行科技研发。谷歌首先通过内部结构改革促进业务创新，2015 年对企业架构进行调整，成立 Alphabet 的"伞形公司"（Umbrella Company），把旗下搜索、YouTube、其他网络子公司与研发投资部门分离，原子公司和项目架构也发生了一系列变化，包括将 Nest、Fiber、Calico 和 Google X 分拆成独立子公司，推动移动操作系统领域和其他领域精简和超越（敖凯，2016）。

其次，大力投入研发资金，推动虚拟科技变成现实，根据欧盟委员会发布的全球企业研发投入排行榜数据，Alphabet 的研发投入排名从 2015 年的第 6 名升到 2020 年的第 1 名，研发经费六年间涨了 1 倍多（见表 3-3）。谷歌公司研发人员占全体员工的 50% 以上，创造性地提出了"721"①的资源配置原则，解决了公司新开发业务和核心业务之间的矛盾。相对于苹果来说，以安卓系统为代表的谷歌公司专利是后来者居上，特别是通过 2010 年

---

① "721"是指将 70% 资源分配给主要的业务，新兴的业务会得到 20% 的资源配置，而全新的业务只会得到 10% 的资源。

之后的多项专利大战，谷歌开始收购和兼并其他公司以获得大量专利，弥补自己专利不足的缺陷。

最后，积极推进横向领域创新，谷歌与苹果的创新思维存在很大差异，谷歌相信技术改变未来，通过实验室创新制造现在没有的东西，探索下一次科技革命，从而引领时代潮流（李晶，2014），研发专利主要集中工程、计算机、通信等学科，研发领域覆盖运输、光学、高分子、药学、生物技术等21 个学科[①]。谷歌不将创新局限于智能手机和互联网发展，而是进行横向创新，形成一主多元的产业价值链。

表 3-3 2015～2020 年 Alphabet 研发投入情况

单位：十亿欧元

年份	排名	研发投入
2015	6	9.8
2016	4	11.1
2017	2	12.9
2018	2	13.4
2019	2	14.8
2020	1	23.1

资料来源：2015～2020 年欧盟委员会发布的全球企业研发投入排行榜。

3.3.3 苹果与谷歌的专利之战

苹果与谷歌曾经在早期发展阶段互相合作，两者的合作主要是为了共同抵御微软的进攻，从而实现双赢。谷歌为苹果公司的 iPhone 产品提供地图、搜索和邮件功能方面的技术支持，甚至还使自己的 YouTube 视

---

① 经过十几年的发展，谷歌已经从当初的互联网公司变成如今涉及智能手机、模块手机、智能穿戴设备、大数据、云计算、热气球网络、光纤网络、无人机、自动驾驶汽车、抗衰老药物、量子计算机、人工智能、机器人、医用隐形眼镜、电池、高空发电机等各类高科技产品的大型科技企业。

频服务兼容苹果的 Quick Time 播放器。苹果也正面回馈谷歌，2007 年苹果公司宣布新上市的 iPhone 手机允许用户无限流收看谷歌旗下视频共享网站 YouTube 中的内容。然而，两家公司之间的合作却因为谷歌推出的安卓系统与苹果 iPhone 的 iOS 形成强烈的竞争关系而分道扬镳（吴中宝，2011）。

在 3G、4G 时代早期，苹果独占鳌头，谷歌紧跟苹果的步伐，并没有跳出苹果的影响圈。但是随着安卓系统的智能手机企业数量的增加和质量的提升，2010 年苹果决定对谷歌与安卓阵营的智能手机硬件供货商提起专利诉讼①。2010 年 3 月，苹果公司率先起诉中国台湾宏达电公司；5 月，宏达电开始反击。2010 年 6 月 21 日，苹果二次起诉宏达电侵犯其 4 项专利。2011 年 7 月 8 日，苹果又将侵权增加至 10 项。同年 9 月，宏达电通过谷歌公司"转让"出的专利、购买美国 S3 Graphics 公司的专利反诉苹果。经过苹果与宏达电多个回合的拉锯，最终在 2011 年 12 月 19 日，国际贸易委员会做出裁决，苹果对宏达电的起诉只有一项被承认，但实际上宏达电的出口仍然受到此次专利之战的限制，美国禁止其向美国出口侵犯上述专利的手机，并且此项禁令自 2012 年 4 月 19 日起生效。2012 年 5 月，特拉华州地方法院命双方进行调解，11 月，双方终止专利纠纷达成十年授权协议。表面上，宏达电是专利诉讼的胜利者，但此次纠纷消耗了更多的精力与时间。一方面，宏达电无暇顾及研发与市场开拓，导致其销售和业绩急剧萎缩，已无法撼动苹果公司的市场地位（沙柯等，2013）。另一方面，宏达电与苹果达成十年授权协议，根据签订协议内容，宏达电每售出一台安卓手机，就要向苹果支付 6~8 美元的费用（根据宏达电出货量看，在这场专利战中，

---

① 谷歌与苹果在数字行业具有重要地位，其专利数量也互相角逐。2003 年谷歌才有 4 项专利，2011 年谷歌以 125 亿美元收购摩托罗拉，从中收获了 17000 项专利和 700 项专利申请。根据《互联网技术创新专利观察报告（2016）》，谷歌和苹果的专利数量分别为 1334 件和 1218 件。苹果专利数量在逐年增加。根据美国商业专利数据库（IFI Claims）数据，截至 2020 年初，三星电子以 7.66 万件位居全球第一，而谷歌专利总数和苹果专利总数分别为 21084 件和 14849 件。参见中国国际贸易促进委员会网站，http://www.ccpit.org/Contents/Channel_ 3586/2020/0316/1246870/content_ 1246870. htm。

宏达电元气大伤）。

继宏达电之后，苹果又与摩托罗拉展开专利拉锯战。有学者认为，苹果"醉翁之意不在酒"，苹果真正的矛头是谷歌，而起诉摩托罗拉和宏达电则是其战略手段，利用迂回前进与持久战的方式来削减安卓手机制造商的竞争实力，从而维护其手机霸主地位（张甄薇，2012）。2010 年 10 月，摩托罗拉向 ITC（美国国际贸易委员会）指控苹果公司侵犯其 6 项专利，同时分别向两个地方法院提起诉讼，涉案专利共计 18 项。11 月，苹果公司开始正式回击，起诉摩托罗拉公司侵犯其多项专利（张艳红，2015）。由于 2011 年谷歌收购摩托罗拉，专利侵权也由谷歌公司接手，这场专利纠纷一直持续着，双方各有胜负。最终，这场涉及 20 多项专利的大战于 2014 年 5 月达成和解，双方撤销专利诉讼，并将在某些领域进行合作。

2012 年以后，谷歌与苹果的竞争焦点开始转移，从智能手机领域延伸至智能汽车、互联网、穿戴设备等领域。2009 年谷歌开始研发无人驾驶汽车，将自己的人工智能技术、大数据资源和互联网服务进行整合，不断开拓新的发展领域。2014 年，苹果也开始了跨界研究，想要推出自主研发的"Apple Car"，如"泰坦"造车计划（车云、陈卓等，2018）。两家公司未来的发展方向与趋势，将在本书的第 7 章数字经济的未来部分进一步讨论。

3.4 联邦政府政策

3.4.1 R&D 政策

奥巴马政府是近几届美国政府中比较重视 R&D 政策的，尤其重视基础研究（樊春良，2009）。奥巴马政府任内一共颁布了 3 版《美国创新战略》（Strategy for American Innovation），提出重构美国创新体系，使 R&D 战略助力国家长期繁荣和增进民生福祉（樊春良，2018）。

在研发投资方面，2009 年《美国恢复和再投资法案》（American Recovery

and Reinvestment Act of 2009）在联邦 R&D 计划上一次性投入 183 亿美元（樊春良，2018）。在税收政策方面，奥巴马政府将"企业研究与实验税收抵免"（Research and Experiment Tax Credit）从"临时性"政策推向"永久性"政策。在研发投资上的重视，使得美国研发投入常居世界首位。相关研究显示，2013 年美国全社会 R&D 支出 4560 亿美元，占美国 GDP 的比重为 2.72%，占全球 R&D 支出总额的 27%，居世界首位（袁永等，2017）。

在创新网络与成果转换方面，2012 年奥巴马提议建设"全美制造创新网络"，加快美国产学研的有机结合，从而促进就业和提振美国经济。随后2013 年美国总统执行办公室、国家科学技术委员会和高端制造业国家项目办公室联合出台了《国家制造创新网络：一个初步设计》（National Network for Manufacturing Innovation：A Preliminary Design），明确了聚焦重点和相关计划（袁永等，2017）。此外，奥巴马政府还积极推动创新成果转换，推出"创业美国"（Startup America）计划，聚焦扩大创业支持资本规模、加强创业者与指导者双方联系、加速技术创新转移突破和释放重点行业市场机遇。

不同于奥巴马政府对基础研究的高政府投入，特朗普政府认为不应该过多干涉企业研发行为，希望通过市场来引导企业加强研发，将研究成果最大限度地转化为"实用性"的生产力（徐则荣等，2019）。2017 年 12 月，美国国会颁布了《减税与就业法案》（Tax Cuts and Jobs Act），这一法案试图通过一系列的减税行动来增加企业研发投入。在特朗普政府的企业税收改革下，美国企业税由过去的最高税率35%下调至 2018 年底的 20%（苗苗，2020）。特朗普政府尤为关注科学研究如何提升市场组织的经济绩效（徐则荣等，2019）。

特朗普唯一增加的研发经费，是国防研发经费。[①] 2019 年的《国防授权

---

① 在特朗普上任的第一年即 2017 年，联邦政府 R&D 经费总预算占 GDP 的比重为 0.67%，随后在 2018 财年政府预算中，R&D 经费总预算也仅占 GDP 的 0.71%，不仅低于奥巴马执政时期，而且远低于 20 世纪 70 年代同为共和党里根执政时期的平均水平。国防经费在 2018 年预算案中达 661.3 亿美元，比 2017 年增长 13.38%，其中国防科技研发经费在 2018 年预算案中为 169.3 亿美元，与奥巴马时期的 148.1 亿美元相比，增长了 14.31%。

法案》中，特朗普政府提供额外资金研发人工智能和机器学习等项目。特朗普政府不仅鼓励国防研发，同时力主国防科技成果民用化。以 NASA 为例，由于特朗普政府对 NASA 在民用化技术方面的改造潜力持乐观态度，2018 财年联邦预算案中对 NASA 193 亿美元的预算只削减了 2 亿美元。美国国防高级研究计划局希望能够将科研成果运用到民用技术的研发中，因此成立了专门的成果转化机构（徐则荣等，2019）。

3.4.2　STEM 政策

在创新人才培养方面，奥巴马政府致力于推动 STEM（Science、Technology、Engineering、Maths）教育计划，着重培养科技理工人才（袁永等，2017）。2016 年，用于支持优先发展 STEM 教育的预算达 30 亿美元（董艳春等，2017），同时扩大 STEM 受教育群体，鼓励学生探索科学、技术、工程等领域。在国外移民方面，奥巴马政府不断扩充留美 STEM 领域硕士学位的移民申请名额，并且让 STEM 类的毕业生参与"美国企业提供的培训"，并可以在美继续工作 29 个月（袁永等，2017）。

特朗普政府延续了奥巴马政府在 STEM 教育领域的关注和投入，将 STEM 作为教育优先发展的目标。这主要表现在三个方面：一是鼓励更多的女性进入 STEM 领域进行学习；二是增加对 STEM 的投入，并承诺每年至少拨款 2 亿美元；三是推动美国基础教育中的计算机课程教育，提升国民的 STEM 素养（徐则荣等，2019）。

3.4.3　海外贸易与知识产权政策

3.4.3.1　TPP 与多边知识产权的保护

TRIPs 只完成了美国对于知识产权保护要求的 95%，另外仍有 5% 的要求，由美国利用双边贸易及投资保障协议以及多边自由贸易协定（Free Trade Agreements，FTAs）来完成，以追求"TRIPs+"的国际知识产权保护标准（Sell，2011）。在多边关系方面，最具代表性的就是《反假冒贸易协定》与《跨太平洋伙伴关系协定》。《反假冒贸易协定》主要由美国与少数"志同道合"的贸易伙伴签署（其中许多国家已经与美国签署了高于 TRIPs 标准的自由贸易协定）。2007 年，布什政府通过美国贸易代表办公室宣布，美国和贸易伙伴将寻求谈判更高基准的知识产权执法，并强调该谈判不隶属于任何现有的国际组织。除此之外，奥巴马政府于 2009 年加入 TPP 谈判，极力说服发展中国家接受美国"TRIPs+"国际知识产权保护标准，并如实执法，但受到发展中国家的极力反对。特朗普政府遂宣布美国于 2017 年退出 TPP 谈判。

"实用主义"是奥巴马政府一直奉行的对外贸易政策的核心。这主要表现在奥巴马对外贸易政策的两面性：一是抨击自由贸易政策并呼吁贸易保护，对他国施加贸易保护措施；二是认为不能发出贸易保护主义信号。但是，奥巴马政府对华贸易政策有两面性。美政府强调要加强中美两国的贸易和商业合作，中美关系是两国最重要的双边关系，而当前起主导作用的是贸易和经济。但是在奥巴马任期内，美国对华不断发起贸易救济措施调查和提起诉讼（冯远、张继行，2013）。

3.4.3.2　中美贸易摩擦与双边知识产权的保护

如前所述，美国在 5G 领域的部署落后于中国，同时在联合欧洲国家禁用华为设备方面，也未获得全面的支持。2018 年，中美贸易逆差达 6210 亿美元，美国贸易赤字扩大到 4192 亿美元，中美双方的贸易逆差达到近十年的最高水平。奥巴马政府时期的 TPP 无法保障美国利益，特朗普政府遂退出 TPP，改以中美双边谈判的形式，对科技及工业产品加征进口关税，并借口知识产权保护限制本土的高科技行业技术外溢，试图缓解美国高额的贸易赤字（苗苗，2020）。特朗普政府主要的政策有三项。

首先，限制外企对本国高新企业的兼并，尤其是针对中国企业进行严格管制，这样的限制带来两方面的影响，一是保护本国高新科技，二是防止外国企业对本国高新科技的引进。在这种规制中，涉及的主体是美国政府与外国投资委员会（CFIUS），美国以"维护国家安全"为借口，修改外国投资委员审查程序。通过修改审查程序限制外企特别是中国企业对本国重要资产、技术和数字的获取，从而在技术高地占领发展先机。2018 年 7 月 23

日，美国国会达成共识，将 2018 年的《外国投资风险评估现代化法案》
（FIRRMA）纳入 2019 年《国防授权法案》（NDAA），并由总统签署成法。
两项法案的合并形成了政策合力，明确了对 CFIUS 的监管和交易范围，拓
展了法案的管辖范围，并对外国企业的收购和兼并产生直接影响。其中
FIRRMA 授权了更多 CFIUS 的监管权限，将只针对总统对于外企的收购、投
资及合资权力拓展到其他方式以外的监管，以期通过扩大监管网络来打击监
管范围外威胁国家安全的投资。而 NDAA 明确了 CFIUS 的交易范围，对外
国投资者投资的敏感地区的房地产、决策权以及其他投资和其他交易进行严
格限制，从投资及建设方面规避了外资企业对美国国家安全的威胁和渗透。
此外，法案还对外资企业实施强制性申报，明确规定直接或间接参与美国敏
感企业的重大交易时，需按照规定提前向 CFIUS 提交书面声明。从这些防
控措施可以看出美国对本国国防安全的重视，也表明了美国对外企投资高科
技企业并购等交易的防守，避免因并购造成高科技和数字技术的外泄，形成
了一套严密的防守体系。

其次，对技术产品进出口采取严格管制措施，以限制其他国家特别是中
国的科技产品抢占美国科技产品市场份额，从而保护本国高科技产品企业的
经济利益和市场稳定。在中美贸易摩擦加剧之后，美国多次对自中国进口产
品加征高额关税，主要有三项举措：征收关税、经济制裁和禁止销售。第
一，提高对中国进口科技产品关税。2018 年 5 月 29 日美国在白宫发表声
明，表示对自中国进口的价值 500 亿美元产品征收高达 25% 的关税，其中包
含数字技术、航空航天、机器人、电子产品、通信技术等多个科技领域，希
望遏制"中国制造"的发展势头。这一举措出台还没有 3 个月，特朗普政
府又继续出台第二项关税措施，对包含化工产品、金属制品等高端制造业的
商品征收关税，其商品价值总额达 2000 亿美元，并且税率从 10% 提高到
25%。第二，对中国公司进行制裁。2018 年 4 月，美国司法部展开对华为
的调查，伴随司法调查的还有对华为企业旗下商品进行限制，甚至停止销售
其手机。其背后目的是限制华为和中兴在美国智能手机的市场份额，通过经
济制裁等措施阻挠华为等中国智能手机企业的发展，从而为美国的通信业以

及 5G 发展提供契机。第三，禁止销售。2018～2019 年，总统以及美国商务部都明确宣布禁止华为等高科技产品在美国市场的销售，其中商务部将禁止时间延长至 7 年，而总统的行政命令还对中美合作企业进行限制，明确暂停英特尔、高通等芯片供应商与华为的贸易往来（方兴东、杜磊，2019）。

3.5　小结

在美国数字科技主导地位的巩固过程中，联邦政府往往采取了比美国企业更积极主动的角色。

网络时代，知识产权的保护与网络通信标准的制定，成为美国政府与企业利害关系的最佳批注。美国政府掌握了网络通信标准的制定权与监督权等同于控制了网络技术发展的根本。商业应用层面，美国政府在国内虽然与微软在反垄断议题上产生利害冲突，但鼓励微软以全球为范围的扩张却有助于两者共同利益的最大化。美国政府并用双边与多边经贸谈判手段，致力于扫除各种国际贸易障碍；以美国企业的知识产权能够得到保护为前提实施自由贸易，为美国企业创造有利于竞争的国际环境。以微软为首的美国软件大厂则以超高的市场占有率成为全球软件产业标准的制定者。美国政府与企业相辅相成，终将强于硬件制造业的日本远抛于后。

到了智能手机时代，美国尽管曾经在智能手机发展上一度落后于欧洲，却利用国际移动通信标准的转换再次获得数字经济的主导权。知识产权的保护与移动通信标准的制定持续成为美国政府与企业最大的共同利害。美国政府延续了对计算机网络通信标准制定权与监督权的优势，并将美国既有的影响力延伸到 4G 标准的制定与监督中。商业应用层面，无论是苹果还是谷歌，都从未在反垄断议题上与美国政府产生明显的利益冲突，共同向全球范围扩张则有助于两者利益的最大化。美国政府并用双边与多边经贸谈判手段来捍卫美国企业的海外知识产权，创造对美国企业有利的国际竞争环境。由苹果和谷歌领军的美国智能手机企业，则以超高的市场占有率主导全球手机软件操作系统的演进，甚至是硬件芯片标准的制定。美国政府与企业联手，企图将强于硬件制造的中国抛离于后，犹如个人计算机时代美国最终甩开了日本这个竞争对手。从网络时代到智能手机时代，美国政府与企业企图让数字科技的发展为美国国家利益服务，以追求美国在全球供应链和价值链内的领先地位。除了知识产权之外，通信标准的制定越发成为美国数字科技的核心利益，同时，通信标准的制定亦是中国发展数字科技的核心。中国与美国完全不同的发展模式，是第 4 章所欲探讨的主题。

第 4 章

中国数字科技战略与治理体系：
网络时代与智能手机时代

本章探讨中国网络时代（1994~2006 年）与智能手机时代（2007 年至今）的数字科技战略与治理体系。

1994 年 4 月，中关村地区教育与科研示范网（NCFC）经由美国 Sprint 公司接入 64K 国际专线，中国正式接入国际互联网，迈进网络时代。在技术层面，在美国控制了国际网络协议的根本架构，并且掌管全球网络的范围及发展方向的背景下，网络时代的中国主要扮演了跟随者和被领导者的角色，并在美国主导的技术协议中，基于自身的发展需求为本国制定标准化的竞争策略，扶持本国的软硬件产业以谋求发展。直到加入 WTO 前后，中国的二次创新才开始向原始创新转变，并随着中国企业的进出口贸易范围不断扩大，中国在网络经济方面的优势凸显，中国的对外贸易政策才开始从保护国内幼稚产业逐渐走向开放，并且在 GATT 和 WTO 规则的引导下，利用国际贸易规则来维护本国利益，积极参与国际贸易规则改革和重组，从而塑造更有利于本国发展的国际贸易环境。

中国新兴的国有计算机公司开始崛起，并对网络时代的数字科技产生冲击。以联想为代表的国产计算机硬件企业推动了网络时代个人计算机的普及，国际竞争力不断提升。此外，网络带来了以 Linux 为首的自由软件运动的兴起，同时掀起了一阵亚洲 Linux 热潮。中科红旗就是以 Linux 开放源代码架构进行自主研发的软件企业。中科红旗在强势发展的阶段曾得到国际众多科技企业的认可和支持，并预期能给中国的数字经济发展带来巨大的效益。然而在网络时代，不论是联想还是中科红旗，发展势头虽猛，却仍然没有改变以美国企业为主导的数字科技发展格局。网络时代的数字科技仍然由美国企业主导，中国数字经济产业的发展与美国相比仍有较大的差距。

2007 年之后，随着数字科技的发展，中国迎来了智能手机时代。中国的智能手机产业在网络时代的基础上发展，开始由数字科技的后进国家向先进国家转型，与以美国为首的西方发达国家展开国际科技市场竞争。中国政府对内通过实施严格的手机牌照制度和充满竞争性的 R&D 政策等 "有形的手"，为国产手机品牌迅猛发展提供了政策空间。随着本土企业从 2000 年初的 3G 向 5G 过渡，并从缺乏知识产权和有效创新的 "山寨机" 向自主品牌转型，中国对外贸易政策开始采取自由贸易的总体基调。多边贸易方面，中国政府提出 "一带一路" 倡议，参与和推动《区域全面经济伙伴关系协定》，从人类命运共同体理念出发，致力于建立平等互惠的对外贸易合作关系。双边贸易方面，积极应对中美贸易摩擦，通过经贸谈判保护本国智能手机企业的海外利益。

私营企业是中国智能手机产业的主力。随着 2007 年美国苹果公司发布的智能手机开始引领国际潮流，国内优秀的企业家敏感意识到智能手机在国内巨大的市场空间，纷纷投入国产自主品牌智能手机的制造和营销，从而推动了这一时期数字科技的腾飞。2009 年，国内手机企业魅族推出了首款国产智能机 "魅族 M8"，打响了本土品牌智能手机的 "第一枪"，由此，中国手机市场竞争进入了名副其实的 "战国时期"。十多年间，中国涌现出一批具有国际竞争力的优秀智能手机企业，引领了中国智能手机时代的科技发展。依靠电信设备起家的华为公司在 2010 年前后正式进入智能手机终端市场，从低端到高端手机，多方位定位消费人群，全面布局国内外市场，加之其在通信、芯片等其他领域具有竞争性地位，成为本土手机厂商的 "多面手"。

OPPO 和 vivo 专注于以娱乐为内核的智能手机，以中低端手机为切口吸引国内年轻时尚群体。小米则采取更加贴近消费者的营销模式，构建完整的小米"生态圈"，以性价比为定价策略，成为当时最年轻的世界 500 强。传音则更多是一家"天生国际化"企业，通过开拓撒哈拉以南非洲市场，精准定位、服务、适应和绑定非洲消费者，是走向非洲的国内智能手机的最大赢家。

本章第一节及第二节分别探讨中国政府与企业在网络时代所扮演的角色。中国政府如何在发达国家对技术标准的控制下获得发展主动权，并利用国际贸易规则在双边和多边贸易中维护发展权益，联想和中科红旗等企业又如何利用自身发展战略和政策支持与国外科技企业竞争国际市场，这是本章前半段所要讨论的主题。第三节及第四节阐述中国政府与企业在智能手机时代所扮演的角色。第三节主要分析中国政府在智能手机时代的对内科技政策和对外贸易政策；第四节以不同的中国智能手机企业为重心，讨论本土智能手机企业的创新模式和各具特色的市场竞争战略。

4.1　网络时代政策

自 1978 年改革开放以来，中国数字产业从消费性电子产业起家，逐步进入计算机产业零组件制造、个人计算机组装、手机通信产品制造，甚至是软件产业。此后，中国政府实施"以市场换技术"政策，随着外商投资持续增加，中国数字产业快速发展。2003 年，中国已然成为世界第三大数字生产国（高鸿翔，2003）。①

---

① 中国数字产业的迅猛发展足以说明产业政策的正确性。从政府和企业角度来说，中国产业竞争战略的成功是因为双方的积极配合。政府在两个方面推动中国产业竞争的成功。一方面，立足国际视野，制定规模宏大的经济振兴计划，通过引进外商投资，学习日本贸易立国策略，引进高科技企业，并设置高新区为其提供良好的落地环境，鼓励中外科技企业合作，使本土科技企业从模仿学习到并肩作战，再到自立自强，实现中国（转下页注）

4.1.1 硬件产业政策

政府采购政策方面，中国政府自 1993 年起开始实施"三金工程"（金桥工程、金卡工程、金关工程）数字基础设施建设，至 2002 年已经发展至"十二金工程"。中国政府在数字基础设施建设领域庞大的政府采购支出，支持国内个人计算机企业在本土市场取得绝对优势，范围由最早的政府层面逐渐扩及企业经营和民众生活。这种方式类似美国政府大型主机时代利用政府采购培育本土计算机企业的政策，通过不同政策工具的组合，既实现了对外商投资的高新技术的引进，又成功孵化出本土数字产业，实现了从出卖国内市场到竞争国际市场的转变（高鸿翔，2003）。

（接上页注①）通信产业的"引进来"和"走出去"。如在 2008 年金融危机爆发以后，美国超威半导体（AMD）计划于 2009 年将新加坡工厂的全部设备搬迁到苏州工业园区，苏州的芯片产能由占全球的 30% 提高到 70%（彭瑞林，2010）。另一方面，实施积极的扶持政策，其中各项优惠政策如补助政策、税收优惠政策、土地优惠政策和人才优惠政策均能对企业研发投入产生显著的激励效应（李子彪等，2018；白积洋、刘成奎，2020）。

企业也通过多举措提升产业竞争力。首先，在学习模仿阶段以成本获得市场，以廉价土地、劳动力以及低标准的环境保护政策，吸引发达国家将产业链中的中低端产品线转移过来。一方面采用 OEM（Original Equipment Manufacturer），即国内企业以国外委托企业提供的产品设计与规格为参照进行组装制造，也就是通常所说的"贴牌生产"；另一方面利用 ODM（Original Design Manufacturing），即国内企业受国外企业的委托，自主进行全部或部分设计和生产，产品以国外委托企业的品牌进行经营。通过这两种方式提升了国内企业的竞争力，但也对国外产品研发形成路径依赖，限制了自身研发能力的提升（王铮，2015）。其次，在发展阶段，开始注意到通过原创性研发获得国际市场。20 世纪 90 年代以来，中国数字产业大中型企业纷纷建立研发中心，同时加大了对 R&D 的投入，在各个领域都有突破性进展，如局用数字程控交换机、移动交换机、手机、SIM 卡、银河巨型计算机、曙光 3000 服务器、中舟 1 号、红旗 Linux 操作系统，这一阶段逐渐摆脱"质次价低"的刻板印象，产品出口大幅增长，推动中国制造业朝着高层次方向发展（董云庭，2002）。最后，在超越发展阶段，中国取得的成就更是令其他国家震惊。这一时期中国企业开始跨入领导者行列，进一步整合国际资源，获得了部分优势产业的技术控制力。中国企业大多采用 IBM（International Brand Manufacture）模式，即通常所说的国际品牌厂商，主要指那些拥有自主品牌的国内企业开始拓展国际市场，发展成国际知名品牌企业。这样的企业不仅具备完整的制造产业链，而且具备一定的自主研发和国际运营能力，优势产业开始从边缘迈入中心，能够生产出具有尖端技术和高附加值的产品，如中国高铁、5G、航空航天等（王铮，2015）。

通过生产经营许可，如 3C 标志、三包政策等认证制度，以扶持本土企业（高鸿翔，2003）。[①] 例如，两个国家主导产业项目"908 专项"和"909 工程"允许政府从国外购买昂贵的设备，派遣工程师和技术人员到国外接受培训，并积极利用巨大的国内市场，以期提升中国生产集成电路的技术。2003~2008 年，中国半导体制造商（而非外国公司）占全国年产量的 80%以上。在此期间，中国的世界级半导体企业中芯国际（SMIC）作为一家铸造初创企业应运而生。根据第三次全国工业普查数据，1995年计算机及其相关产品的开发、生产、销售、咨询服务的企事业单位已达 15000 家，从业人员 30 万人。根据第三方监测机构的数据，2013 年，仅移动、电信、联通三大运营商的总发货量超过 1 亿部，各大厂商都在争夺运营商的销售渠道，竞争非常激烈（汤飚，2014）。[②]

吸引外商投资政策方面，政府也积极吸引外资设厂。一方面通过所得税减免、换汇补贴等优惠吸引外国资金，另一方面吸引国际大厂在中国投资设厂。为了促使跨国公司持续投资，除了吸引外资在中国设立个人计算机、手机组装厂之外，还鼓励其就近供货。在此情况下，零组件企业来自生产成本的竞争压力不断增大，来自客户对服务本身的需求也不断增长，市场吸引力

---

① 有学者认为无论是功能性产业政策，还是选择性产业政策，都有利于新创企业的生存与成长，更能够提升企业的创新意愿，实现技术突破和产品质量的提升。中国经济进入新常态发展阶段，国内企业的技术实力有了一定的提高，产业政策的方向和侧重点也发生了变化，由单纯的技术引进转变为依靠自主创新来促进工业结构的升级（梁正、李代天，2018）。既有研究也表明，政府补贴、税收优惠等产业政策能够显著提高数字技术企业的创新投入和专利产出（李香菊、杨欢，2019）。20 世纪 80 年代以后的政策对中国计算机硬件产业的发展具有开拓性作用，联想、实达、方正等在 80 年代初期还处于弱势，但由于贸易的保护以及国内市场的迅速扩张，这些企业得以快速发展。中国的计算机市场仍以硬件为主，直到 1997 年，计算机硬件销量仍然占电脑市场的 80%（陈小洪，2000）。

② 在芯片和半导体发展过程中，中国学习日本模式，即重点培养大型国有企业成为国家冠军，保护市场免受外国竞争，在相对更加市场化的经济中鼓励外商投资，并通过与外国企业合作利用中国劳动力丰富的比较优势，实施出口导向战略。李寅（2011）记录了中国半导体的发展历史发现，该行业的成功来自企业和政府投资策略及组织结构的转变，即将战略控制权从国家转移给技术企业家和管理者，采用新的组织结构来支持投资需求。

同时大幅上升（高鸿翔，2003）。中国政府希望建立合资公司，推动国外技术转移到中国，上海贝尔、飞利浦上海、华虹 NEC、首钢日电等先后在中国成立。据 IEEC 估算，中国计算机产业在 1991~1995 年的外商投资总规模为 12 亿~13 亿美元。20 世纪 90 年代中后期，国外的金融投资者，包括风险资本，也纷纷进入中国计算机产业。1997 年，合资、独资、中外合作企业的产值比例分别为 34.7%、42.2% 和 4.3%（陈小洪，2000）。

4.1.2　中国政府的软件产业政策

中国政府在软件产业方面的政策与硬件产业政策既有相似性，又有诸多不同。总体来说，软件产业政策可以分为以下两种：第一，大力推广 Linux 系统；第二，为完善软件产业生态推出各种优惠政策。两种类型的政策中，以 Linux 操作系统应用为底层逻辑，借力国际经验促进软件产业升级和结构优化，实现软硬件产业的交互融合与螺旋上升。

4.1.2.1　大力推广 Linux 系统

第一，在软件产业方面，政府不断推广 Linux 系统。自 1998 年 Linux 在中国正式上市后，中国政府就对 Linux 产生了浓厚的兴趣。Linux 开放源代码的架构，让中国有机会摆脱美国独占的专利体系，建立独立的软件产业。自由软件以社群而非专业雇员为开发人员的模式，让中国企业即使没有美国软件大厂的研发资金，也有机会在市场上蓬勃发展。中国理性地选择了一套先天对弱势者有利的软件架构。

第二，政府为开放的 Linux 系统在中国的应用铺路，从中央到地方、从高科技产业到办公系统，都推广使用免费、开放、兼容性强的 Linux 系统，中国极力发展数字产业，将 Linux 系统作为奖励项目，如建立 Linux 操作系统的数字安全软件包、中文办公室软件包、企业应用服务器软件包等。2001 年中国政府的操作系统采购案中，微软不幸败阵，而中国政府扶持成立的 Linux 企业中科红旗大获全胜。当时中国从中央到地方各级政府的电子政务服务器操作系统大多以 Linux 为内核，尤其是涉及国家安全与国家高科技项目的单位和企业只能采用 Linux，而且政府基于 Linux 的大型科技项目也获得了巨大的成功。2002 年《政府采购法》的颁布更为中国 Linux 系统开发提供了有力的支撑（范璐、周殷华，2009）。

第三，2004 年 4 月，中国信息产业部着手组建 Linux 标准工作组，开始为中文系统的运行提供保障，希望制定统一的开发和应用程序界面的法律规范，包括桌面 Linux 操作系统技术规范、服务器 Linux 操作系统技术规范、用户界面规范、嵌入式 Linux 技术规范、电子政务 Linux 技术规范等（高林、谢谦，2004）。各级学校与政府部门均把 Linux 列为课程与必考科目。2005 年 6 月，政府、企业与院校成立开源高校推进联盟 LUPA，其目的是通过大学生就业和创业实现学校与企业的交流，Linux "浙江模式" 在实践中已初见成效。Linux 因为开源的特点吸引了较多爱好者和用户，除了 Linux 制造商，他们都可以参与 Linux 的开发和修改过程。这些程序员和爱好者绝大部分集中在 Linux 开源社区中，可以这么说，Linux 开源社区才是 Linux 发展的核心动力，推动了扩散型创新（邹震，2004），中国对于软件政策的规划，从人才培育、学校教育、基础建设到软硬件设施环境，一气呵成（周殷华等，2008）。

中国个人计算机在 20 世纪 90 年代的普及率与数字化程度皆在起步阶段，由于绝大多数使用者都是第一次拥有计算机，系统转换成本非常低。Linux 相对较低的导入成本，事实上有助于个人计算机的普及。为促进数字产业健康有序发展，中国各界皆致力于发展自主中文操作系统（贺晶晶，2010）。

4.1.2.2 颁布多种优惠性政策

首先，颁布多种优惠性政策，推动软件产业集聚和产业结构调整。[①] 对

[①] 我国软件产业空间关联度总体上呈递增趋势，但其内在结构不断变化，主要体现在京津与苏浙沪地区的核心位置互换、极化与扩散共存，具有阶段性的特点；在空间上有一种冷热点聚集的现象，即 "先极化、后扩散"；区域间的空间连接由单纯的 "核心化" 向 "去核心化" 的多层次复合网络结构演变。软件业的空间关联性对当地经济发展具有正向作用，对其他区域的发展则会产生负面的影响（黄宾等，2018）。有学者指出，中国软件发展计划由四部分组成，即人才培养计划（大学培养和国外培训）、软件工厂建设计划（在北京、上海等建设）、境外设立公司计划（如在美国设立软件公司）和软件开发工具计划（研发本土软件开发工具）（白杨，2015），这也说明中国软件产业发展的步骤能够满足软件产业发展的技术与人才需求。

软件产业发展影响最大的是 2000 年的《国务院关于印发鼓励软件和集成电路产业发展若干政策的通知》和 2011 年的《进一步鼓励软件和集成电路产业发展的若干政策》，提出对软件产业从投融资计划、财税补贴、研究开发、进出口、人才队伍、知识产权等多方面给予支持。从政策导向可以看出，国家对于软件产业的发展多从需求出发，并且希望通过多方面支持完善产业发展过程所需要素。2020 年 8 月，国务院出台《新时期促进集成电路产业和软件产业高质量发展的若干政策》，鼓励基础软件、工业软件、应用软件等关键核心技术的研发，要求走稳走好当前的路，做大基础软件、做强工业软件、做好应用软件，以顾客满意为最终落脚点，满足国家科技需要和个人生活需要。据统计，中国软件业务收入由 2000 年的 623 亿元增长至2018 年的 61909 亿元，增长了将近 100 倍，软件业务收入占国内生产总值的 6.9%，逐渐成为我国经济发展的新动能（王曦、杨博旭，2022）。

其次，政府补贴及税收优惠政策推动软件新创企业规模的扩大。国家对软件公司提供财政补助，能够推动科技与知识的积累，进而形成行业优势，提高国际竞争力。随着软件公司的日益增多、产品种类的日益多样化，软件厂商扩大规模的同时也面临产业化、市场认可等诸多不确定性，急需政府帮助企业降低技术和市场风险。学者的多项实证研究表明，政府补贴对企业创新绩效有显著的正向影响，能够提升企业创新能力和促进企业研发（王维、李宏扬，2019；刘谊等，2019；熊和平等，2016），政府补贴也能降低企业研发投入的成本与风险（伍建等，2018；柳卸林等，2020）。

最后，通过政府的宏观指导与调控实现软件产业的结构升级和生态完善。从全球范围来看，软件产业链条国际布局明显，形成了多种发展模式，如美国核心技术垄断型、日本嵌入式主导型、印度国际加工服务型、爱尔兰生产本地化型等。①

---

① 《积极推进"互联网+"行动的指导意见》提出通过以云计算为中心的服务，实现软件产业从微笑曲线的低附加值阶段向研发创新以及产品营销发展，在基础研发、产品制造、产品销售、维护服务等方面加强交流合作，保护数字安全和个人隐私，逐渐实现国产软件替代，实现关键软件国产化（谭章禄、陈晓，2016）。

4.1.3　网络时代中国政府的对外政策

网络时代中国政府的对外政策以 2001 年加入 WTO 为分水岭。加入
WTO 之前，为了保护本土企业的优势，以贸易保护政策为主。1994 年中国
第一次接入 64K 国际专线，进入网络时代。美国、韩国、日本在软件、硬
件、芯片、半导体等方面一直具有重要地位，20 世纪 90 年代中国对国外的
技术处于依附和引进的追赶状态。

加入 WTO 之后，中国的对外贸易政策以世贸组织协定为主，逐渐扩大
对外开放。在双边经贸关系中，以 WTO 规则为主，不断修改和完善本国知
识产权法和贸易规则，使之适应国际贸易规则的发展。受美国、日本等发达
国家技术影响，中国也学习国外经验，在国际贸易上秉持公平公正原则，维
护本国企业的利益，成为贸易保护主义的坚决反对者。中国认识到知识产权
保护和核心技术攻关的重要性，在加入 WTO 以后，开始在技术领域扩大研
发投资，培养高技术人才，以推动中国实现技术出口。[①]

4.1.3.1　加入 WTO 前的中国政府对外政策

网络时代中国对外贸易政策跟随改革开放的基调，以 "引进来" 和
"走出去" 为主，放开对外贸易管制。

新中国成立初期实施封闭的对外贸易政策和严格的贸易保护政策，采取
"进口替代" 战略，国家完全干预、自给自足，努力恢复生产，基本建成国
家工业体系，并认识到 "闭门造车" 是不可行的，很可能阻碍本国生产力
的发展。改革开放后，逐渐放开对外贸易管制，广泛吸收外部资源、信息、
技术，同时也对国外出口中国的产品以及外商投资企业进行一定的保护，在
外贸机构设置、法律规定、管理制度以及关税制度、进出口标准和程序等领

[①] 数据表明，2010~2019 年，中国软件出口额从 97.3 亿美元增长至 434.81 亿美元，增长了
大约 3.5 倍，是中国贸易增长速度最快的产业之一。2019 年全球五大云计算服务国家中，
美国以 1246 亿美元排名第一，中国以 105 亿美元位列第二，随后是英国以 100 亿美元排名
第三、德国以 95 亿美元排名第四、日本以 74 亿美元排名第五。中国虽然排名第二，但是
与美国相差了 10 倍以上，表明中国数字技术开发还有巨大的提升空间（杜振华等，2020）。

域都进行了包容性改革（杨丹、缪东玲，2008）。从 1978 年到 2001 年，中国的对外贸易政策可以划分为两个阶段：1978～1992 年是改革开放后有管制的开放型贸易保护政策；1993～2001 年被认为是加入 WTO 之前贸易自由化趋势下的贸易保护政策。

在 1978～1992 年对外贸易政策中，还有几个重点事件值得关注。1985 年，中国出台《中华人民共和国海关进出口税则》，对进出口产品税率做了总体规定。1985 年 3 月，国务院印发《中华人民共和国进出口关税条例》。1986 年，中国正式向关贸总协定（GATT）提交《中华人民共和国对外贸易制度备忘录》，希望恢复中国在关贸总协定中的缔约方地位。1987 年 1 月，颁布《中华人民共和国海关法》，建立了"以正常价格作为评估标准"的海关评估体系。1992 年，修订发布《中华人民共和国海关审定进出口货物完税价格办法》（2001 年废止），我国正式实施 WTO 的"以成交价格作为评估标准"的海关评估体系。根据国际贸易关税的经验调整进出口商品关税，进一步缩小了中国与国际平均进口关税的差距（曹迪，2018）。

这一时期的对外贸易政策从单纯保护转向奖出限入，主要体现在采取出口导向战略、严格实施进口限制措施、鼓励吸收国外直接投资三个方面（刘似臣，2004）。在对外贸易经营权上，从国家统一管理到国有企业自由进出口、国企和外资合资，再到实行对外贸易承包，对外贸易的审批权限不断下放，逐步走向市场化。

在 1993～2001 年对外贸易政策中，中国在各个领域进行了更为广泛的改革，政策调整从微观领域向宏观领域延伸（王艳，2002b）。1994 年，《中华人民共和国对外贸易法》在总则中规定："国家实行统一的对外贸易制度，依法维护公平、自由的对外贸易秩序。"这一法律确定了对外贸易的基调和原则。1995 年 11 月，财政部、国家税务总局联合发布《出口货物退（免）税若干问题的规定》（已废止），在规定中明确了退税环节、退税负担的分担等问题。在外汇管理上，1994 年实行以银行结售汇制度代替央行结售汇，从而为我国对外贸易融资提供了便利，为我国汇率市场化改革打下了坚实的基础。在金融服务领域，1994年以来，中国进出口银行一直为我国企业的对外贸易发展提供政策性贷款（殷晓鹏等，2021）。

这一阶段的贸易政策具有一定的开放性，在进口管制和出口促进方面都进行了一定的改革。在进口领域有三方面的转变：①按照《国际商品名称及编码协调制度》调整关税政策，降低其中225个税目的税率；②进行外汇改革，实施单一的浮动汇率，大量取消产品配额许可证等；③开始对标GATT和WTO规则，对中国的技术法规、反倾销条例等进行修改完善，以便在正式加入WTO之后能够快速适应（刘似臣，2004）。在出口领域，转变也可分为三个方面：①减少出口税收，这类税收主要用于保障国内产业升级，涉及的税种较少；②出口限制及许可，如1999年加强了对稀土产品的配额管理，并适度降低配额总量，有力保护了国内稀土资源，直到2015年才放开限制；③出口退税和减让等相关政策，1997年亚洲金融危机爆发后，中国于1998年和1999年分别进行了6次和5次的出口退税政策调整，推动了出口贸易复苏和增长（曹迪，2018）。

4.1.3.2　加入WTO后的中国政府对外政策

4.1.3.2.1　网络时代中国双边贸易政策选择

网络时代中国双边贸易政策主要以WTO规则为依据，以维护本国利益和国际正义为基本追求，与其他国家建立双边贸易协定。中国与其他国家的双边贸易政策选择类型多样，但都基于和平发展原则。在网络时代的双边贸易政策中，中日、中美的双边经贸关系受到广泛关注。

网络时代，中日经贸关系开始趋于缓和，贸易范围和政策也逐渐友好。改革开放至2000年，中日进入全面经贸合作期，日本政府开始对华实施政府开发援助（ODA），中日在贸易、投资和政府开发援助方面进行全面合作。2001年之后，中日经贸合作进入深化期，在财政、金融以及区域经济一体化领域也展开合作（张季风，2020）。

网络时代的中美双边贸易关系同样值得关注。中国对美国科技产品的依赖程度比较高，中国产品同样对美国的社会生活产生重要影响，中美双方加强贸易合作是现实需要。到了20世纪90年代，中国对美国的出口增加，美国政府对中国的贸易政策提出了更高的要求。中国加入 WTO 以后，美国对中国国内市场的开放重点是服务市场以及知识产权保护（王东，2009）。

4.1.3.2.2　网络时代中国多边贸易政策选择

自 2001 年加入 WTO 后，中国充分进行国际经济合作、积极履行入世承诺，促进了国内的经济发展和多边贸易体制的正常运转，也促进了全球经济的发展（沈铭辉，2021）。此外，网络时代，中国逐渐成为中国—东盟自由贸易区（CAFTA）的领头羊，2002 年中国和东盟签订《中国—东盟全面经济合作框架协议》及项下议定书的货物贸易协议（王静、张西征，2011）。[①]

4.2　网络时代的中国企业与数字科技

不同于日本及亚洲四小龙偏重硬件、印度只发展软件，中国的发展是综合性的、全面的，举凡硬件、软件及手机通信市场，从低阶组装到高阶研发，可以说是"一网打尽"。除了外资，中国已经拥有众多本土品牌的计算机产品，并且与计算机有关的衍生科技产品也不断发展。这些本土品牌的个人计算机企业，已经在网络时代中国个人计算机市场和台式计算机市场取得主导地位。硬件方面，由中国科学院计算技术研究所新技术发展公司衍生的联想（Lenovo），是中国最大的计算机集团（康毅仁、汪洋，2003）[②]；软件方面，中国科学院软件研究所与上海联创投资管理有限公司联手成立中科红旗，则成为最大的 Linux 软件公司（贺晶晶，2010）。中国数字产业的发展在很大程度上得益于政府扶持，在政府推动和外商投资的带动下实现技术的积累。2000 年以后，中国本土企业开始发挥创

---

① 截至 2023 年 10 月，中国已经正式签署了 22 个自由贸易协定。

② 截至 2011 年，联想连续八个季度在全球范围内主要个人电脑厂商中保持最快的增长速度（黄素心、蓝柳岑，2012）。在国内市场，联想成为国内电脑市场份额最多的厂商，2021/22 财年联想在中国区的销量市场份额和销售额市场份额分别达到 39.7% 和 42.6%。资料来源：联想集团网站。

新特色，市场主导型创新企业实现自身技术的提升，在国内市场和国际市场如鱼得水。在新时期，受到国外局势和国内需求的影响，"政府+企业"的合作模式逐渐成为主流，政府为软硬件发展排除外力，企业增加产学研的产出，实现了中国数字经济的高速增长。[①]

4.2.1 联想：国产电脑品牌的冉冉新星

4.2.1.1 联想的发展历程：从弱变强

1984年，中国科学院计算技术研究所的11名科技人员创办了联想，实际启动资金为20万元人民币。1994年，联想公司已经成长为全国最大的电脑公司，1995年在全国500家最大工业企业中排名第56，在全国电子百家企业中排名第二（杨德林、陈春宝，1996）。1998年，联想营业收入位居中国电子行业第一，个人电脑销量78万台，在亚太地区（不含日本）位居第三，在中国市场位居第一（陈小洪等，2000）。经过20多年的努力发展，联想的个人电脑业务已稳居亚洲第一，并成功打入国际市场（黄素心、蓝柳岑，2012）。

联想集团从小企业发展到跨国大公司经历了以下几个阶段。

起步阶段。1985~1989年是联想起步阶段和原始积累时期，这个时期联想集团的两个主要组成部分是北京联想和香港联想。其中，北京联想主要负责以汉卡为代表的业务和本土技术快速发展，香港联想的主要经营范围为电脑及相关产品的生产（陈小洪等，2000）。汉卡为联想贡献了企业发展的第

---

① 在企业层次来看，企业的标准化战略与其研发力量、市场力量、市场结构密切相关，主要有主流标准战略、联盟战略、捆绑战略、开放战略、免费发放战略、后向兼容战略、专利化战略（杨少华、李再扬，2011），通过多种战略的组合实现市场份额的激增，在稳住市场的前提下开始琢磨企业品牌、销售策略及原创性研究。这种产业发展策略在高新技术行业如半导体产业、通信设备产业尤为明显，在过去60多年的时间里，中国半导体产业已经从完全由国有企业主导国防技术生产，转变为市场主导的发展模式。国有企业的作用急剧下降，私营企业是主要驱动力。从世界范围看，美国的技术创新实力已经从世界第一跌至第二，而日本的技术创新实力连续超过了美国。中国半导体行业PCT专利申请量从2000年的第17名跃居世界第3，紧随日本、美国之后，半导体行业的竞争力逐渐增强，与发达国家的差距正在迅速缩小（段德忠等，2019）。

一桶金，联想的 286 微机掀起了国内第一次微机热潮，带动了国内市场的发展（陶勇，2017）。

快速成长阶段。1990 年初，北京联想获得了内地制造 PC 机的生产许可证，随后推出了联想 386、486PC 机，在 1993 年、1995 年又分别推出奔腾芯片的 586PC 机和奔腾 Pro 的 PC 机。这个时期北京联想发展迅速，销售收入从 1990 年的 2 亿元急升到 1996 年的 25 亿元，净利润则从 889 万元上升到 3476 万元。香港联想在这个时期的主要业务是制造主板和板卡，以及产品的贸易代理、系统集成（陈小洪等，2000）。

整合重组和多元化发展阶段。1997 年，联想做了两个重要的决策。一是对北京联想和香港联想进行整合，使两地联想成为真正的一体化集团。二是在数字产业中，更加清晰地朝着多元化方向发展。1999 年 7 月，联想推出了包括网卡、交换机在内的系列网络产品，并明确提出要全面进入网络产业，并致力于以互联网为核心的网络产品、解决方案及服务，如以 PC 为主导的计算机整机，以板卡为核心的计算机零组件，包括各种打印机的外设、系统集成、应用软件、网络产品的提供、销售、代理等（陈小洪等，2000）。

高质量发展阶段。2004 年，联想公司明确提出"双模式"发展战略，并把"双模式"发展战略划分为 2001～2004 年的孕育期、2004～2006 年的执行推进期、2006 年之后的调整发展期。实施"双模式"战略后，公司在原来较为薄弱的大型客户市场上表现优异。从 2006 年起，联想借着 IBM 个人电脑业务的机会，结合 IBM 的大客户管理经验和联想实际，将 Think 作为主要品牌面向关系型用户，Think Edge 和 Idea 主要面向中小型用户和消费群体（王铁民等，2013）。

4.2.1.2 联想的经营战略：多措并举赢得市场

4.2.1.2.1 并购战略：瓜分海外市场

联想重要的国际化道路就是从并购开始的，从收购企业中获得大量优势资源，从而推动了联想集团业务能力、竞争能力以及市场运营能力的提升。2004 年 12 月 8 日，联想集团宣布以 12.5 亿美元的价格收购

IBM 全球个人电脑业务，包括笔记本和台式机业务。联想并购 IBM 的战略整合在初期是成功的，仅用了半年时间，联想就把原 IBM 的 PC 业务扭亏为盈，2007/08 财年，联想的利润更是暴涨了 237%（彭琼仪，2011），这次并购使联想真正实现了全球化。在看到收购红利之后，联想接着又在日本收购了 NEC、在德国收购了 Medion、在巴西收购了 CCE，都取得了成功。2014 年 1 月 30 日，联想集团以 29 亿美元的价格从谷歌手中收购摩托罗拉。此次收购不再局限于公司手机业务，而是包括摩托罗拉的 3500 多名员工、2000 多项专利以及摩托罗拉品牌与商标，甚至包含摩托罗拉与全球 50 多家运营商的合作关系等。联想的这一次大收购从摩托罗拉获得了诸多创造性资产：摩托罗拉的先进技术、全球市场和销售渠道、品牌、专业研发人才等（张君，2016）。这些收购业务也让联想集团成为一个多元化发展的公司，联想利用收购的热点事件收获了一大批粉丝。

4.2.1.2.2　注重创新与管理：赢得用户与员工信任

联想公司的创新是一种循序渐进的创新。在其成立之初，联想的各类创新都是从"引进"开始的，大部分创新都是通过引入、效仿（包括代理）与现实相结合（陈小洪，2000）。到了后来，联想"贸工技"战略逐步向"技工贸"转变，现已形成一个以中美日为核心的全球化研发队伍。联想在技术创新方面建立了一套世界级技术创新系统，包括与英特尔合作的技术创新中心、与微软和英特尔等公司共同成立的联想技术创新中心、EMC 实验室、可靠性实验室、破坏性实验室等（吴勇志、张玲，2013）。

联想之所以能够在当今的 IT 行业中创造奇迹，还因为建立了一套独特的经营策略，以及以人为本的人才培养体系（王鹏，2003）。联想公司率先从经营入手开发 ERP 及电子商务，并对网络运营有一定的了解（戚桂杰、张振森，2007）。在北京联想与香港联想合并之后，联想公司的事业部体系得到进一步完善，并在区域平台上建立事业部体系。联想的主要业务部门要掌握各个部门的发展方向，并对各个部门进行全面授权，这样才能有效地对资源进行协调（特别是资金的整合），而这些业务部门都拥有很大的权力，形成了适合多元化经营的管理体系（包括业务组合与评估、分级授权与监控系统、绩效计划制定和评估、新业务自主的风险投资机制）（陈小洪等，2000）。

4.2.1.3 联想的优势及未来：回顾与展望

联想成功的主要优势就是抓住了国内互联网产业发展机遇。首先，联想在重大关键决策中没有失误，特别是在转型时期制定数字化国际战略，将沿用多年的名称改为通俗易懂且国际化的"Lenovo"，打响了联想品牌的第一枪。其次，通过收购与兼并，成功营销"以弱购强"的热点事件，特别是对 IBM 和摩托罗拉的收购，让人们看到了联想实力的增强，从而提升了联想品牌的知名度。最后，联想通过塑造企业文化，实施战略管理和事业部制，形成了独具特色的企业内部管理方法和人才队伍，吸引了大批人才，为联想的技术研发奠定了人才基础。联想作为中国企业走向世界的代表之一，在与微软、苹果电脑的竞争中发挥了自己的优势，在电脑市场仍能够保有自己的市场份额。

联想的多元化发展战略在部分领域遇到了障碍，比如手机。联想是一个以 PC 为主的公司，在手机领域并没有太大的优势。当我们说到联想的时候，首先想到的是计算机而非手机。联想在软件方面也有一定的劣势，相对于苹果有一套专属的封闭系统和完整软件生态，联想既没有自己的操作系统，也没有自己的第三方开发者资源，仅依靠终端制造和渠道、资本优势，在手机市场中起不到多大作用（李梦媛、符蓉，2012）。因此，联想进入手机市场既有优势，也有劣势，反而是将自己的电脑品牌做大做强，加强品牌标识，专注以个人电脑为核心的软硬件开发，甚至是发展云计算、大数据、智能制造更有可行性。

4.2.2 中科红旗：政府引导下产学研战略合作的代表

4.2.2.1 中科红旗发展历程

中科红旗成立于 2000 年，由中国科学院软件研究所和上海联创投资管理有限公司共同组建，是一家集研发、生产、销售、服务于一体的现代企业。Linux 进入中国以来，国内的开源爱好者对 Linux 的态度非常乐观，因为 Linux 是免费的，认为只要稍微宣传一下就能在中国取得巨大的成功。但实际情况并非如此，许多国内的 Linux 公司如朗新、冲浪、蓝点纷纷退出 Linux。当时仅有中科红旗、中标软件等几家公司持续发布 Linux 产品及相关服务，而中科红旗直到 2004 年才开始真正赢利（周殷华等，2008）。

中科红旗在当时取得成功的原因，一是战略上的成功。中科红旗在世界范围内有很多合作伙伴，包括 BEA、CA、DELL、EMC、HP、IBM、Intel、NEC、Oracle、SAP、Sybase、Symantec、方正、浪潮、联想、实达、曙光、TCL、同方等。中科红旗与这些合作伙伴共同打造一个稳定、可靠、安全、开放的企业计算平台，把 Linux 的技术和服务转化为用户的成功，可以说，中科红旗整合资源的能力很强。第二，产学研的融合发展。中科红旗在标准制定、科研成果转化、电子发展基金、软件重大专项和"863"项目中，一直在操作系统上持续做出贡献（郭泽民、杨福慧，2007）。中科红旗以 Linux 为核心，以培育民族软件人才为宗旨，大力推进中国 Linux 事业的发展，并以红旗 Linux 授权教育系统为基础，为国内培养了大量 Linux 专业人才。中科红旗在 2007 年末启动了 40 所大学的 Linux 普及工程，为各大学提供了相应的 Linux 操作系统和台式机应用程序（周殷华等，2008）。尤其是 2002 年《政府采购法》和 2003 年《软件政府采购管理办法（征求意见稿）》等相关法律法规对国内软件市场尤其是 Linux 进行规范，以保证在满足要求时，优先购买国产 Linux 系统（倪光南，2003）。中科红旗在 2006 年中国 Linux 市场份额排名第一。同时，2006 年中国 Linux 软件产业增长速度达 20%，而中科红旗增长速度约为 40%（郭泽民、杨福慧，2007）。经过五年的发展，中科红旗的产品覆盖高端服务器操作系统、集群操作系统、桌面操作系统、嵌入式操作系统、技术支持服务与培训，并成为亚洲最具专业性的技术支撑机构（伍利华，2005）。

中科红旗的成功续写了 Linux 在亚洲的辉煌，带来了深远的影响。红旗 Linux 在 2006 年获得了一系列意义重大的订单，NEC 的容错服务器与红旗

Linux 绑定，Dell 在中国出售的 23 款台式机电脑和笔记本电脑全部安装了红旗 Linux，HP 首推预装红旗 Linux 的双核笔记本电脑，这些订单表明红旗收获了一线大厂的认可。IBM 在亚洲的主要软硬件生产线正式为 Asianux Linux 系统提供了完整的认证，这对于开放源代码软件来说无疑是一个里程碑。Asianux 联盟由中国中科红旗公司、日本 Miracle Linux 公司、韩国 Haansoft 联合组建开发。

中科红旗的辉煌只持续了十多年。2014 年 2 月，中科红旗北京总部门口贴出一则通知，宣布公司自即日起正式解散，并将进行清算。8 月，五甲万京信息产业集团宣布收购中科红旗。至此，中科红旗的辉煌时代过去了。

4.2.2.2 中科红旗的经验教训

中科红旗的成功轰轰烈烈，其破产也让人唏嘘不已。中科红旗可以说是 Linux 系统在亚洲的一个成功试验，Linux 在国外的成功让国人看到了开发开源操作系统的可能性，中国政府也想要凭借中科红旗的成功改变微软"一家独大"的现状。因此，中科红旗的成功主要是政府与市场进行产学研合作的结果，让中科红旗不仅在国内保有市场，还要开辟国际市场，从而提升网络时代中国企业的竞争力。

然而，中科红旗尽管曾经凭借对抗微软 Windows 和自主知识产权的旗号风靡一时，却始终只是一个小众产品，无法经过大众市场的检验。首先，中科红旗的发展方式依赖政府的财政补助和相对固定的政府采购，没有将业务市场化，导致了它的运营方式单一。其次，市场开放度低，导致生态环境不健全，红旗 Linux 与许多 Windows 平台上开发的应用程序无法兼容，与后台数据库的连接困难，成本很高，市场化程度比较低，因而总体规模难以扩张（苏未末，2014）。中科红旗的失败并不代表中国高科技企业的失败，相反，中国科技产业开始直面市场的冲击，利用市场的机遇迎接挑战。在智能手机时代，当安卓操作系统开始在 Linux 的基础上成为智能手机开放源代码的主流操作系统，中国智能手机企业自始即采取新的安卓操作系统，推动安卓成为中国智能手机的主流操作平台。

4.3 智能手机时代国内外政策

中国手机产业的发展实现了从学习到领先的反超。从 1G 至 5G 的发展过程中,中国手机产业在每个阶段都各具特点。在 1G 和 2G 时期,本土手机产业尚在起步学习阶段,产量有限,中国市场上主要是国外品牌如诺基亚、摩托罗拉等。直到 3G 时期,伴随"山寨机"的发展,中国才逐渐开拓出国产品牌的智能手机。这一时期出现多种品牌手机,款式种类多,价格低是其显著特征,国内手机厂商主要进行贴牌生产,手机品牌如酷派、爱立信、金立、魅族、宏达电等此起彼落。直到 4G 时代,国产智能手机企业如小米、华为、OPPO、vivo 等,开始有机会主导产业发展,并与苹果、三星、微软等国际品牌竞争。在与国外手机的竞争过程中,国产智能手机由于功能的强大、软件生态的完善以及品牌营销战略的成功,以发展中国家购买试用为契机、以低价手机为切入点、以性价比为核心,不断开拓新的市场,并与本地运营商进行合作推广,开始与国外手机品牌瓜分国际市场甚至风靡一时(刘若昊,2016)。如今的 5G 时代,中国智能手机产业在未来通信标准领域已经具备与美国竞争的实力(吕薇等,2013)。在硬件方面,中国智能手机产业不仅发展终端机(即智能手机本身)的制造与研发,同时发展移动互联网基础设施,互联网用户规模的扩大对移动互联网的需求日益增长,移动、联通、电信三大运营商对智能手机用户采取捆绑策略,进一步扩大了移动终端的用户群体规模。在软件方面,2011 年起,工信部即通过产业政策推动安卓平台发展,以政策引导开放源代码架构下的安卓成为中国智能手机的主要操作系统。安卓系统以开放源代码和兼容性较好的特点深受中国手机产业的喜爱,同时也应用到平板电脑及其他领域(詹剑锋,2019),可以说采用安卓平台的开放式架构,为后来中国智能手机开发自主知识产权的操作系统奠定了良好的基础。

4.3.1 智能手机时代中国政府的对内科技政策

2007 年以前,中央和地方政府就通过持续推出相关政策支持本土手机厂商的发展。20 世纪 90 年代中期，中国政府支持国内手机企业发展，但当时市场上"山寨机"泛滥。与此同时，政府推动通信基础设施建设与出台 R&D 政策，鼓励国产手机的研发与制造，并以知识产权政策保护智能手机企业的研发成果。近年来，国家基于网络安全的考虑，要求某些政府部门、企事业单位使用国产智能手机。这一系列对内政策组合形成了国产手机企业追赶的重要"政策窗口"。

4.3.1.1 市场准入政策

1998 年，国务院信息产业部和国家计委联合制定《关于加快移动通信产业发展的若干意见》，在牌照准入和产能出口方面规定外资或合资手机厂商必须取得生产许可证并保证一定比例的出口，如果没有取得生产许可证，产品必须全部出口。2005 年 5 月实施新的手机核准制度。梳理国家颁发的 49 张手机牌照可以发现，只有 13 家合资企业和 17 家国内企业取得了 GSM 手机牌照，CDMA 牌照主要发放给了国内企业，只有摩托罗拉（中国）一家外资企业获得 CDMA 牌照，最终形成了以康佳、波导、TCL 等为首的本土手机企业排头兵（李璟晖，2006）。这一政策效果十分明显，国产品牌手机的市场占有率从 2000 年的 5% 迅猛增长到 2003 年的 56%，占据中国手机市场一半以上的份额（李璟晖，2006）。

2007 年，国内智能手机企业开始具备与国外智能手机生产商竞争的实力，多项牌照审批制度逐渐被取消。2010 年以来，随着国产品牌智能手机的发展，国家逐步放开市场，发布《关于推进第三代移动通信网络建设的意见》，提出企业要找准市场风向，鼓励企业不断开发和丰富 3G 业务种类。江苏、重庆、河南等多地积极响应，不断完善第三代移动通信基础设施，为我国智能手机企业的迅速发展提供了动力（周生春、李军，2005）。进入 5G 时代，2019 年 6 月，工信部向三大电信运营商发放了 5G 的商用牌照，标志着我国 5G 开始进行商用（赵鹏、魏峰，2020）。2020 年 3 月，《工业和信息化部关于推动 5G 加快发展的通知》提出加快 5G 基础设施建设，为我国未来智能手机的发展指明了方向。5G 与人工智能的发展将会更大限度地提高移动终端的利用率。

4.3.1.2 R&D 政策

1996 年，国家颁布《中华人民共和国促进科技成果转化法》，鼓励研发机构、高等院校与企业等联合实施科技成果转化。从 2002 年开始，华为与各大高校、科研实力较强的科研院所以及其他手机厂商开展专利产学研合作。截至 2018 年，华为已经与包括中国科学院计算技术研究所、清华大学、北京邮电大学在内的 43 所高校、5 家科研院所及 9 家企业开展合作（王珊珊等，2018）。此外，2020 年修正后的《中华人民共和国专利法》加强了对科技成果及知识产权的保护，为企业发明专利等无形资产提供有力保障。国产智能手机企业也是专利法实施下最大的受益者之一。根据 incoPat 专利数据库发布的《2020 年公告发明授权专利年报》，华为授权专利总量达 6393件，高居第一，小米也进入前 20 名。

中央政府通常出台一般性和指导性的政策，地方政府往往因地制宜地将中央政策和地方实际发展情况进行结合，出台更具可操作性和系统性的政策举措。近年来，地方政府对本土智能手机企业实施了投资扶持、税收减免、物流补贴、房租补贴、知识产权资助等各项扶持政策（郭磊等，2016）。例如，2013 年西安市高新技术产业开发区发布了《西安高新区关于扶持智能手机产业链发展的若干政策》，支持有关智能手机制造、核心芯片与系统开发、关键元器件制造、智能手机方案设计等企业的发展，主要包括以下内容：

（1）投资扶持。在西安高新区投资设厂的智能手机整机制造和关键元器件生产企业，凡投资强度和容积率达到相关要求的，按照国家最低土地出让价优先保障供地，并减免城市基础设施配套费每平方米 112.5 元。

（2）物流补贴。对在高新区生产的智能手机，给予每部 2 元的物流补贴；若在高新区创立自主品牌的，给予每部 2.5 元的物流补贴。

（3）房租补贴。对租用办公用房的企业，按照 20 元/（米^2·月）的标准给予连续 3 年的租金补贴，每家企业每年最高补贴 30 万元。对租用标准厂房的企业，按照 20 元/（米^2·月）的标准给予连续 3 年的租金补贴，每家企业每年最高补贴 100 万元。

（4）知识产权资助。对申请国内发明专利的每件资助 5000 元；获得国内发明专利授权的每件资助 5000 元；获得欧盟、美国、日本发明专利授权的每件资助 100000 元。每家企业每年最高资助 100 万元。

（5）新增产值奖励。对产值首次突破 10 亿元、50 亿元、100 亿元的智能手机生产企业，分别予以一次性奖励 100 万元、300 万元、500 万元。

（6）财政奖励。对新引进的智能手机生产企业，从投产之日起，按其缴纳的增值税和企业所得税总额的 4%，给予连续 5 年的奖励。

（7）产业计划配套。鼓励智能手机产业链企业申请政府各类科技产业计划，对获得国家、省级科技产业计划立项支持的，按照 1∶1 的标准给予配套资金支持，每家每年最高 500 万元。

（8）政府采购支持。高新区财政支出的采购项目，优先采购区内智能手机产业链企业的产品和服务；鼓励智能手机产业链企业产品列入省、市政府采购目录。

4.3.1.3 制定标准化竞争战略及回应

中国率先推出一系列标准，1997 年 7 月邮电部成立了由国内运营企业、政府和科研单位专家构成的 3G 无线传输技术评估协调小组，在全国范围内广泛征集 3G 方案。邮电部电信科学技术研究院提出了在我国拥有自主知识产权的 SCDMA 技术基础上构建全新的 TD-SCDMA 技术体系，并将此项技术作为 3G 候选技术标准，随后该技术提案在 1998 年 1 月召开的香山会议上获得通过（高峻峰，2010）。

中国通过数字电视等产业标准的制定、各城市户籍政策、固网电话的装设与使用费率的调整等，引导市场需求的增长。《国家中长期科学和技术发展规划纲要（2006—2020 年）》提出，在今后 15 年内，要大力发展 16 个重点专项，以期解决数字领域的重大紧迫问题，其中最重要的就是"核高基"（核心电子器件、高端通用芯片、基础软件产品）。

4.3.2 智能手机时代中国政府的对外贸易政策

进入智能手机时代，中国政府对外贸易政策总基调是自由贸易。中国积极搭建多元化的对外贸易伙伴关系及其合作网络，倡导人类命运共同体理念，积极参与和推动《区域全面经济伙伴关系协定》和"一带一路"倡议，推动更高水平开放和更深层次改革。面对更加复杂和充满不确定性的外部环境，中国政府以一种更加包容和从容的方式应对来自各方的风险和挑战，积极主动应对中美贸易摩擦，为智能手机时代对外贸易的发展争取了良好的国际环境。

4.3.2.1 中国多边贸易的选择

从网络时代进入智能手机时代，中国的通信技术产业得到了巨大的发展，不断拓展和开发新的国际市场，科技贸易规则开始倾向于多元。例如，中国在加入 WTO 之后主动修改贸易规则，出口退税政策、外资政策等都获得了一致好评，这些政策进一步推动了出口贸易结构的升级和科技创新（沈坤荣、耿强，2001）。

加入 WTO 之后，中国的竞争力和自主创新能力不断提高，通过 RCEP 生效实施和共建"一带一路"等，拓展多边贸易合作范围。截至 2023 年 10 月，中国已签署 22 个自贸协定，不断推动贸易自由化和便利化，成为多边贸易协作的重要建设力量。

中国希望能够推动建立以 WTO 为核心的公平公正的多边贸易体制，提升中国在多边贸易中的话语权，从而更好地维护本国企业利益。

4.3.2.1.1 《区域全面经济伙伴关系协定》

《区域全面经济伙伴关系协定》是全球贸易规模最大、所涉人口最多、最具发展潜力的自由贸易协定。这一协定由东盟在 2012 年正式发起，2020年 11 月由东盟十国和中国、日本、韩国、澳大利亚、新西兰等 15 个国家共同签署，自 2022 年 1 月 1 日起正式生效。RCEP 是一项旨在取消商品关税和打破贸易壁垒以构建亚太地区统一市场的自由贸易协定，其凭借本身庞大的体量、巨大的潜力对成员国的发展起到重要促进作用，有利于推动亚太经济一体化，加快全球价值链的"区域化"步伐（张世兴、李文文，2021；周小柯等，2022）。

RCEP 的重点内容主要包括三个部分。第一，关税减免。RCEP 要求区域内实现 90% 以上的货物贸易自由化，各成员国之间的关税减让以立即降至零关税和 10 年内降至零关税为主。第二，原产地规则。RCEP 对原产地规则进行了较为自由和灵活的安排，企业可以在区域价值成分原则和税则归类改变标准二者之间选一，并且将所有成员国视为一个整体（张建平、董亮，2021）。第三，知识产权保护。知识产权章节在协定中内容最多、篇幅最长，涵盖了著作权、商标、地理标志、传统知识和民间文艺等领域，旨在通过有效和充分的创造、运用、保护和实施知识产权深化经济一体化合作，以减少对贸易和投资的扭曲。这也是中国迄今已签署的自贸协定中内容最全面的知识产权章节，体现了中国积极参与区域知识产权治理。RCEP 生效将对我国的生产、外贸、收入、社会福利等多个方面带来促进效应（王孝松、周钰丁，2022），将加强我国与各成员国之间的服务贸易联系，我国部分关键性行业的服务贸易占比将不断提高（邱斌等，2022）。

4.3.2.1.2 "一带一路"倡议

2013 年，习近平主席在出访哈萨克斯坦和印度尼西亚时，分别提出了共同建设"丝绸之路经济带"以及"21 世纪海上丝绸之路"的重大倡议，即"一带一路"倡议。"一带一路"充分依靠中国与共建国家既有的双多边机制，借助既有的、行之有效的区域合作平台，高举和平发展旗帜，积极发展与共建国家的经济合作伙伴关系，共同打造政治互信、经济融合、文化包容的利益共同体、命运共同体和责任共同体。其核心内涵是："一个核心理念"（和平、合作、发展和共赢）、"一个合作精神"（和平合作、开放包容、互学互鉴、互利共赢）、"三个基本原则"（共商、共建、共享）、"五个合作重点"（政策沟通、设施联通、贸易畅通、资金融通、民心相通）、"三个合作目标"（利益共同体、责任共同体、命运共同体）（程国强，2017）。

"一带一路"极大促进了我国对外贸易的发展。学者认为，"一带一路"推动全球价值链重构已经初见成效（戴翔、宋婕，2019），促进了共建"一带一路"国家经济规模的扩大和经济增长质量的提升（戴翔、王如雪，

2022），可以通过技术提升效应、产业转移效应和第三产业发展效应促进中国城市产业结构升级（方慧、赵胜立，2021）。

截至 2022 年 1 月，中国与 147 个国家和 32 个国际机构签订了 200 多个"一带一路"合作协议。共建"一带一路"国家是我国数字技术产业发展的"洼地"，中国移动支付、网约车、跨境电商等领域在中亚和东南亚地区的发展势头迅猛。在区域合作关系中，截至 2019 年 10 月，在 WTO 备案的区域贸易协定数量已有 480 个，其中已生效的有 301 个。在自由贸易发展的新形势下，中国应该充分利用中小 FTA 的分化和重组扩大影响力，积极发展区域自由贸易协定。

此外，中国还申请参与由新加坡、新西兰和智利组成的《数字经济伙伴关系协定》（DEPA），多次表达加入《全面与进步跨太平洋伙伴关系协定》（CPTPP）的意愿，将对标 CPTPP 规则视为推动中国制度型开放的重要一步。在 RCEP 的基础上，中国政府还积极推进中日韩自由贸易协定谈判，推动中国—东盟自贸区 3.0 版联合可行性研究（谢伏瞻，2022）。

4.3.2.2　中国对外双边贸易的选择

4.3.2.2.1　中美贸易摩擦

近年来，国际政治和经济环境呈现出不确定性增加和日益复杂的局面，中国面临的国际环境压力不断增大。其中，始于 2018 年美国总统特朗普任期的中美贸易摩擦应是来自对外贸易领域的最大的挑战。2018 年 7 月，美国针对中国近千件出口商品加征 25% 的关税，中国对美国采取对等反制策略，针对美国进口的 500 多件商品加征 25% 的关税。2018 年 9 月，美国对 6000 多件中国出口产品加征 10% 的关税，中国对 5000 多件美国进口产品加征 5%~10% 的关税。2019 年 5 月，中美贸易摩擦升级，美国针对以上中国商品的关税从 10% 上升到 25%，中国跟进反制，将美国出口商品的关税也提升至 25%。2019 年 9 月，美国继续加征关税，将中国出口美国的 3000 多亿美元产品加征 10% 的关税，中国实施反制策略，针对原产于美国约 750 亿美元商品加征 5%~10% 的关税（严莹、张晨，2022）。

中美贸易摩擦最核心的一点是美国加紧了对中国高科技出口的限制，标志性事件是 2018 年 4 月美国宣布在未来 7 年内，禁止中国中兴通讯向美国企业购买有敏感科技的商品。可以预见的是，中美贸易摩擦将是长期的和复杂的。从中国反制措施来看，中国始终坚持克制、理性态度，坚持独立自主和保持战略定力，一方面持续争取缓和空间，另一方面倒逼自身产业升级和改革（刘彬等，2019）。[①]

有学者认为中美贸易摩擦对中国宏观经济的负向冲击总体可控，但对中国进出口贸易特别是与高端制造业密切相关的行业有明显的负向冲击（鲍勤等，2020）。在中美贸易摩擦和新冠疫情等背景下，中国政府提出加快构建以国内大循环为主体、国内国际双循环相互促进的新发展格局。新发展格局旨在构建自主可控的产业供应链体系，打造国内统一大市场以充分释放超大规模的国内市场潜力，依托国内大循环进一步促进国内国际双循环的联动（黎峰，2022）。

4.3.2.2.2 智能手机时代的中日双边贸易关系

"一带一路"倡议和中国—东盟自由贸易区推动了中日两国对外贸易合作，中日贸易结构逐步实现了从产业间垂直分工型贸易到垂直分工型产业内贸易的转变，正在由以垂直分工型产业内贸易为主朝以水平分工型产业内贸易为主的方向巩固发展（孙丽，2019）。2008～2018 年，中国从日本的进口产品中，电机、电器、核反应堆、锅炉、车辆和零配件等排前三名。有学者认为，中日应该以 RCEP 为契机，加速中日韩自由贸易区的建设，将中日韩 FTA 和 RCEP 的优势结合起来，在理念层面和实践层面实现双赢（杜然、

---

① 中美双方的贸易政策都受到政治关系、贸易摩擦等的影响。美国对中国的贸易政策经历了多次调整，奥巴马政府强调"公平贸易"，特朗普政府更加注重"对等贸易和公平贸易"，在美国对中国的贸易逆差不断增加的情况下，美国挑起更多的贸易摩擦成为其调整贸易政策的重要手段（冯晓玲、张宁，2020）。中美贸易的基调从新中国成立之后的合作转向竞争，甚至中美贸易摩擦可能向常态化、复杂化发展。美国希望通过反倾销、贸易壁垒，甚至科技封锁制约中国的发展，美国对中国和其他国家实施双标政策，一方面提倡贸易自由化，另一方面又对进口产品进行贸易保护（王备，2014）。美国认为中国发展的强劲势头冲击了其大国地位和国内国际市场，但中国始终秉持 WTO 的贸易规则。面对美国的制裁，中国一方面通过申诉和利用 WTO 规则维护本国企业的利益，对美国的指控进行反驳；另一方面通过开发亚非拉等发展中国家的市场，提升本国产品的国际市场份额。中美双边贸易关系有巨大的合作和发展空间，双方经贸合作关系将会进一步深化。

刘柯，2021）。有证据表明，中日贸易逆差正在进一步扩大，日本更加依赖中国贸易，中国对日本贸易的依赖程度则在下降，中日双方的经贸关系发生了巨大的转变（赵可华，2019）。中国所坚持的贸易自由化、改革开放、区域贸易自由化以及"一带一路"的正确性得到了验证，中国双边贸易市场不断扩大，中国在双边贸易关系中的重要性也在不断提高。

4.4　中国智能手机企业竞争战略

中国本土手机企业在国家政策的扶持下逐步发展壮大，波导、夏新、TCL、康佳、熊猫、厦华、海尔、海信等十多个手机制造商纷纷入局。随着中国加入 WTO，对国外手机产品的管制逐步放松，来自诺基亚、摩托罗拉、三星等国外品牌的压力让国内手机行业陷入了困境，国产手机品牌市场份额此消彼长，TCL、波导等渐渐消失，金立、酷派、联想等二代手机品牌开始出现。中国通信产业从二次创新、外观设计转向软硬件开发，逐渐形成了软硬件双赢的生态体系。

中国手机产业走的是先模仿后创新的路径，"山寨机"是国产智能手机的前身。所谓"山寨机"，泛指价格低廉、功能齐全的杂牌手机，它们逃避政府监管、税收及入网检测，并模仿品牌手机功能与款式，一般没有自己的技术，完全靠组装零件来制造产品，并以超低价销售。与日本、韩国产业化和全球化不同的是，中国既有广阔的市场，也有劳动力成本优势进行组装加工，导致"山寨机"一度风靡。"山寨机"的核心零组件、芯片，大多由中国台湾半导体企业联发科提供，使其以超低价格快速回馈市场需求（朱旭东，2011），不但在国内市场，在国外市场也获得成功。其快速扩张甚至威胁到诺基亚等知名品牌制造商的销售。2005~2009 年是"山寨机"泛滥的时期，奥维咨询数据显示，2009 年国内"山寨机"出货量峰值达到 1.45亿部。

2007 年苹果上市第一台 iPhone 之后数年间，国产智能手机行业洗牌加速，华为、OPPO、vivo、小米成为中国智能手机行业的龙头。2009 年，我国第一部国产智能手机"魅族 M8"成功研发并上市。2010 年之后，"山寨机"增势下滑，国产智能手机品牌开始加强知识产权保护（裴钰等，2015），国产智能手机品牌日益壮大。与早期的个人计算机企业不同，这些国产智能手机企业大部分由私人企业家创立，主要从事硬件零组件的组装与制造，并在国内市场逐渐建立起自己的品牌与营销渠道，形成各具特色的企业竞争战略。2018 年以来，国内外手机市场迅速变化，智能手机产业整体增速放缓，尤其随着 5G 时代的到来，国产智能手机竞争激烈，国内市场趋于饱和，部分国产手机企业面临瓶颈。据统计，2018 年 2 月国产手机出货量为 1812.2 万部，同比下降 38.7%，部分智能手机企业选择走向海外。相较于国内市场，海外市场潜力巨大，发展中国家的手机普及率相对较低，中低端市场开发空间巨大，同时发达国家中高端市场潜力较大，推行国际化竞争战略是国内智能手机企业的重要竞争战略。

4.4.1 魅族：本土智能手机第一枪

魅族成立于 2003 年，创立之初致力于开发优质的 MP3 产品，并与苹果的 iPod 进行竞争。虽然魅族推出的 MP3 产品不多，主要有 M3、M6、E2 等，但每一款都十分经典，市场销量空前，当时魅族是国内 MP3 的第一大品牌。2008 年，魅族正式进入智能手机领域，并在 2009 年成功上市国内第一款智能手机魅族 M8。魅族认为产品质量永远是第一位，其他都是第二位。因此，魅族在智能手机的打磨中精益求精。第一款智能手机不仅厚度比 iPhone 薄了几毫米，重量也比 iPhone 轻了 20 多克，上市第一天就卖出了近 2 万部（白利倩，2018）。凭借这款手机，魅族奠定了中国智能手机产业的先驱地位。魅族将不适用于手机系统的 Windows CE 改造成为手机操作系统。

但时过境迁，近些年，魅族在与其他手机企业的竞争中逐渐败下阵来。魅族手机最开始采取的是"小而美"战略，坚持不引进外来资金，导致手机发售周期长，产品研发和营销投入不足，2013 年魅族出货量仅为 200 万部，远远落后于同期的小米和荣耀等竞争对手。2015 年开始，魅族接受融资，进行高端、中端和低端产品布局调整，选择了"大而全"的企业竞争战略。2014~2017 年，魅族采取的"机海战术"大大增加了新品手机的推出数量，但没有一个真正的爆款机型，并没有扭转魅族衰退的局面，反而因为三类机型在外观和性能上高度同质化，造成魅族手机低端化的形象。2015 年，魅族手机营收 168 亿元，净亏损 10.37 亿元。在"大而全"战略之后，魅族在 2017 年选择"聚焦"战略，并在这一年发布了第一款旗舰机——PRO7，但是这款手机没有采用当时广为流行的全面屏，芯片采用的是当时配置在低端机中的联发科 P25 芯片，而且定价较为激进，消费者对此并不买账。在品牌定位战略上，魅族品牌定位模糊，缺乏差异性，没有传递出魅族品牌的核心价值。窥视魅族手机企业竞争战略可以发现，魅族忽视了外在环境变化，尤其是智能手机市场的主流趋势和消费者偏好的变迁，往往"逆势而行"（伍美虹，2019）。魅族可能的战略失误并非高端化，而是不能根据时势进行企业战略的更新和调整，滞后性的"跟风"使得魅族失去了原有的品牌调性。准确来说，魅族公司没有找到符合自身定位和节奏的竞争战略，造成了今天相较于其他本土手机厂商的衰落局面。

4.4.2　华为：本土智能手机的"多面手"

创立于 1987 年的华为，一开始以销售代理用户交换机（PBX）为主要业务，然后逐步踏入智能设备供应、网络优化以及智能手机制造领域（罗欣、李永洁，2021）。手机业务是华为四大核心业务之一。在初期，华为走的是定制销售的路径，其生产的手机不带有华为品牌的标志，直接以运营商的品牌进行销售。当时华为手机的品牌知名度较低，虽然规模庞大但利润有限。2003~2008 年，华为的终端业务处于弱势地位，基本上处于通信业务的尾随阶段。2010 年华为在北美市场受阻，在通信领域已经面临天花板。与此同时，华为内部高层正在酝酿一场有关业务领域转型的变革，确定了华为终端战略。自此，华为开始转变过去不做品牌的策略，转而花大价钱做品牌管理、研究消费者心理、进行产品规划。2011 年，已经在运营商市场居于行业领导地位的华为正式涉足自主品牌手机业务，明确提出"云—管—端"

协同发展战略，开始向手机端发力，实现业务从 B2B 向 B2C 的战略转变，成立华为终端有限公司，自有品牌正式独立。华为在技术研发、产品设计、销售渠道、品牌建设等方面全面发力，全力打造世界级智能手机（董小英等，2019），明确提出华为手机要退出运营商贴牌市场，开始走"精品战略"路线，并围绕自主品牌和中高端产品进行全面转型，将发展高端机型作为华为品牌的发力点（李伟、李梦军，2018），与苹果、三星等国际手机品牌在中高端机型展开较量。

2012 年，华为发布 Ascend 智能手机系列，竞逐中高端手机市场，大幅提高了华为手机的盈利能力。2013 年，华为实施多元化战略布局，宣布荣耀成为其终端的全资子品牌，在中低端市场与小米、OPPO、vivo 等国产手机品牌展开激烈竞争。华为和荣耀两个品牌实现了平价机型到高端机型的完整覆盖，满足了各个层次消费者的需求。2014 年，华为 Mate7 大卖，成为国产中高端手机历史上的第一个爆款。Mate7 可以说是华为手机的一个转折点。2017 年，华为正式发布了麒麟 970 芯片，该芯片被称为全球首款集成了神经处理单元的 AI 移动计算平台，可深度理解用户行为、归纳同类计算、自主学习，让手机实现智能化。同年，华为发布了搭载麒麟芯片的旗舰型手机 Mate10 和 Mate10 Pro，两款手机在高端手机市场充满竞争力。至此，华为成为全球手机厂商中仅有的几家拥有自主手机芯片的公司。华为智能手机从 2012 年发展至今，完成了从品牌影响力 10 名开外到国产领袖级品牌的跨越。

4.4.3 OV：以"娱乐"为内核的本土智能手机

vivo 和 OPPO 的产品定位、营销方式、主打卖点类似，甚至可以说"同根同源"。两者都聚焦女性和年轻人，更注重手机的性价比及外观、拍照和社交等功能，其核心属性是娱乐。vivo 是 2010 年步步高成立的维沃移动通信有限公司推出的手机品牌，致力于打造适合年轻消费群体的个性化智能手机。vivo 主要有三个定位要求：国际化、智能和针对 18～35 岁的年轻人。在对市场经过充分摸索之后，vivo 手机最终将"音乐"和"超薄"作为手机产品特性的聚集点，决心做独特的手机产品。2012 年，vivo 发布了音乐手机 X1，这款手机一举拿下了全球最薄智能手机和全球首款 Hi-Fi 级别智能手机的双料冠军，而且当年销量达到百万台。vivo 一直坚定将音乐和音质作为手机的主要差异化特质。此后，近乎所有的 vivo 手机都遵循了超薄、Hi-Fi 和 Smart 的产品定位（张军智，2019）。抓住年轻人的消费心理是 vivo 手机的一大战略要素。从 2011 年起，vivo 与国内收视率较高的电视节目进行合作，从消费者的喜好与需求出发，选择在年轻消费者心中口碑好的、热度高的节目进行冠名或赞助（亢樱青，2017）。

2004 年，OPPO 公司成立。从源头来看，OPPO 和 vivo 都源自广东步步高公司。OPPO 主要机型有 Find、N、R 和 A 四个系列。OPPO 专注于手机拍照和技术创新，开创了"手机自拍美颜"时代。2006 年，OPPO 推出了 ColorOS——一个基于安卓深度定制的系统，该操作系统拥有精致唯美的界面设计、流畅易用的操作体验和情感化的惊喜功能（唐方成、王冉冉，2021），关注手机产品功能，如"充电 5 分钟，通话 2 小时"等。与 vivo 的营销策略一致，OPPO 也进驻国内有影响力的综艺节目。OPPO 主要围绕"娱乐体验"进行手机功能的探索，比如 2017 年推出的 OPPO R9s 的产品定位是爱自拍人群，强调美颜功能，并且关注社交分享的乐趣（钱丽娜、石丹，2020）。2019 年起，OPPO 和 vivo 逐渐发力和冲击高端智能手机市场，希望一改娱乐定位的刻板印象，强调技术研发，OPPO 提出要在高端市场"三分天下有其一"，vivo 也表示未来的重心是把产品做到高端（钱丽娜、石丹，2020）。

4.4.4 小米：最年轻的世界五百强

创立于 2010 年的国产手机大厂小米，自始专注于智能手机硬件开发，并逐步踏入智能家居的行列。小米在创立之初就获得社会的广泛关注，2011 年 9 月至 2012 年 1 月，4 个月时间里小米手机销售额达 8 亿元左右，创造了国产手机的一个奇迹，也成为国产手机的一匹黑马。小米公司成为目前最年轻的世界五百强企业。小米的企业竞争战略独树一帜，并没有像其他手机企业一样，专门设置实体的手机制造工厂，而是将硬件研发和生产制造完全外包给手机代工厂英华达，将自身主要资源、技术和精力投入小米的品牌开发、论坛维护、网络营销和 MIUI 系统开发等业务中，专注于培育自身的核心竞争力。小米手机采取 B2C 电子商务模式，减少了小米与消费者之间的时间和空间成本，在产品定价上获得弹性。小米借助凡客已有的物流渠道，首创手机企业在线预订销售的模式（徐万里等，2013）。营销成本的大幅降低为小米手机低价战略提供了客观支持。小米公司始终与消费者绑定，通过小米论坛、小米微博等渠道与消费者进行直接互动和交流，进而得到最真实的客户反馈，借助小米社区文化吸引了一定数量的忠实用户。

2017 年，小米重新定位企业竞争战略，发展出"互联网+硬件+新零售"的新商业模式，即"铁人三项"，以智能手机销售为主、以硬件和互联网服务为辅，打造"小米生态链模型"，以新零售打造全新布局。可以说，差异化竞争是小米手机近年来获得良好口碑的最重要的战略之一。首先是通过产品差异化，打造性价比较高的手机产品；其次是服务差异化，实行包修、包退、包换的三包服务；再次是文化差异化，打造创新、快速的互联网文化；最后是营销差异化，实行"饥饿营销"的市场销售策略（耿一平，2018）。小米并不满足于智能手机，也致力于打造物联网时代的智能互联产品，进而重塑了企业边界，实现了小米物联网与手机结合的战略转型（曹鑫等，2022）。小米以手机为内涵，通过"投资+孵化"方式培养了一批生态链企业，展开了 E-EPIC 商业模式，即通过相关业务扩张、以产品为基础和以用户为核心，完成小米的"生态链史诗"。具体发力点主要包括手机、用户、应用软件、硬件和线下体验店等五个部分（严雨凡，2021），产品涉及智能、家居、杂货等 15 个行业 2700 多个细分门类。

印度是小米手机国际化征程中最具成果的海外市场之一。小米招股书数据显示，2015~2017 年，小米总收入中分别有 6.1%、13.4% 和 28% 来自国外，印度则是最大的海外市场。小米在印度同样复制了低价爆款（性价比）的策略，主要销售精力是"百元机"（100 美元），因而旗下的红米手机在印度成为最具典型性的手机。在出货量上，小米手机在印度市场一路狂飙，最终超过了三星以往在印度的领先地位，2018 年一季度市场份额达到 31.1%。2017 年，小米决心进入欧洲市场，进行了惨烈的攻坚战，决心通过销量攻占欧洲市场。但是小米国际化战略操之过急，损失较为惨重（崔鹏，2018）。"走出去"是国内手机厂商的重要企业竞争战略，但我国本土智能手机企业在"走出去"过程中依然面临手机核心技术相对缺乏、手机产业链市场基础不稳固、品牌影响力不足等挑战（罗君名，2020）。

4.4.5 传音：走向非洲的最大赢家

传音成立于 2006 年，是一家专门从事移动通信产品开发、生产、销售和服务的高新技术企业，旗下拥有手机品牌 TECNO、itel、Infinix 及 Spice。2017 年，传音控股各线产品在非洲地区市场份额位列中国公司首位。传音手机可以说是"天生国际化企业"（born global），其创立之初或成立后不久即开展国际商务活动。这类企业能够根据自身特点开展特定的商业活动，通过向多样化的国际市场提供产品或服务以快速实现国际化（王国红等，2020）。

2006 年可以说是国产手机艰难的一年，在诺基亚等国际品牌和"山寨机"的双重挤压之下，大量本土手机品牌开始走下坡路。曾在当时被誉为"手机中的战斗机"的波导手机公司工作的竺兆江深入数十个国家和地区考察调研，熟悉海外市场的他深刻感受到非洲市场的巨大潜力。他曾在波导主张开拓非洲市场，但遭到拒绝，于是带领团队成员出走波导，创立了传音。很多人将传音的成功归结为"别嫌弃市场、别低看用户"（吴清，2022）。传音手机在成立伊始就布局全球营销网络，通过 TECNO 品牌第一款双卡双待手机 T780 成功试水非洲市场。2008 年，传音全面"攻入"非洲市场，建立了对东部非洲和西部非洲两个大区的管理体系，市场准确定位于撒哈拉以南非洲。传音手机基于非洲文化特征和风俗习惯，精准对接非洲消费者需求，连续推出了最懂非洲民众需求的 TECNO-Camon C8、防尘防磨高音量超长待机的 TECNO-Boom J9。在国际化战略推进中，传音不断细分非洲市场人群，同时在当地开展了各种扶贫、教育等公益活动（王国红等，2020）。基于非洲市场的成功经验，传音手机继续开拓了印度、孟加拉国、印度尼西亚等国家的手机市场，取得了不俗的成绩。

4.5　小结

在中国追赶美国数字科技主导地位的发展过程中，中国政府和企业在这一过程中都采取了积极的行动。

网络时代，中国政府大力扶持本土企业，加快外商投资企业的技术转移，出台多种优惠性政策，提升新创科技企业竞争力。一方面通过"引进来"战略，迅速获得技术的积累；另一方面，通过"走出去"战略，鼓励本国科技企业与国外企业竞争，从而达到利用外国技术来发展本国科技的目的。在对外政策上，中国政府同时利用双边与多边贸易政策，利用 WTO 贸易规则维护本国企业的权益，同时加强多边贸易合作和区域合作，致力于推动多边贸易体制改革，为本国企业的发展创造良好的国际环境。政府与企业相辅相成，政府提供良好的政策支持与维护良好的国际环境，企业则利用良好的发展条件和机遇强势介入国际市场，中国的联想和中科红旗逐渐与美国的微软、谷歌等竞争国际市场，成为国际市场上有影响力的企业。

进入智能手机时代，中国政府在国内出台一系列组合式科技政策，尤其是地方政府出台一揽子有利于智能手机产业发展的政策，为本土智能手机企业提供了绝佳的政策性发展环境。在对外政策上，中国政府积极搭建多元化、包容性的对外贸易伙伴关系，实施自由贸易政策，积极应对国际复杂的环境，促进本土企业更好地"走出去"，同时推动国内国际双循环。在一系列科技政策支持下，本土企业积极响应，中国涌现出魅族、华为、OPPO、vivo、小米和传音等一系列本土优秀智能手机企业，它们采用各具风格的企业竞争战略，深度参与国内外市场竞争，推动了中国数字科技的快速发展。

第 5 章

日本、欧洲与后进国家
和地区的数字科技战略

本章主要探讨先进国家如日本、欧洲各国及后进国家和地区如韩国、中国台湾、印度的数字科技发展战略，以及中美两国与这些主要国家和地区的战略联盟和互动关系。

日本和欧洲各国数字科技发展贯穿大型主机时代到智能手机时代，一方面数度挑战美国主导的数字科技治理架构，另一方面在网络时代之后，逐渐与中国形成全球供应链中的战略伙伴关系。早在 20 世纪 60 年代各国大型主机工业逐渐有能力且有意愿挑战美国地位之际，日本和欧洲各国政府便出台政策支持，开启了计算机工业从无到有的发展历程。日本强于硬件制造，大型主机时代曾以"达尔文式"的国家政策和大商社产业体系，成功挑战美国的领先地位。然而，随后的美日贸易摩擦，以及以美国利益为核心所主导的网络通信标准和以知识产权为主体的产业模式，让美国完全摆脱了日本在硬件上的强势竞争。欧洲各国早在 60 年代便以 IBM 为主要竞争对手，扶持各国国内的单一企业作为"国家代表队"，开始发展大型主机产业。然而，自大型主机时代到后来的个人计算机时代和网络时代，欧洲的计算机产业却从来不是美国的竞争对手。尽管欧洲各国在移动通信技术领域有先发优势，并一度企图联合日本抗衡美国所主导的技术标准，却在 3G 到 4G 的转换过程中再度落后于美国。

韩国、中国台湾和印度则在个人计算机时代和网络时代，始进入全球数字经济产业的供应链。通过硬件和软件的生产，它们在个人计算机时代与美国形成长期战略伙伴关系，同时在网络时代之后，也与中国（大陆）在全球供应链中有所合作。在大型主机时代，美国海外计算机产业主要零件供应商首先选择了当时在电子产业和计算机产业都拥有雄厚基础的日本。然而，随着日本硬件产业成为美国的头号竞争对手，美国公司开始吸取消费性电子产品的前车之鉴。为了避免日本公司凭借零组件供应的优势，再度以低成本产品迫使美国公司退出市场，美国计算机产业乃将供应来源分散至日本以外的亚洲国家和地区。最理想的代工对象，就是工资水平较低的亚洲新兴工业体（Newly Industrializing Economies），包括韩国、新加坡、中国台湾和中国香港（董小君，2014）。早在 20 世纪 70 年代，美国已在这些国家和地区建立了一定基础的电子及半导体产业，因此到了 20 世纪 80 年代个人计算机革命之际，美国计算机企业得以继续运用这些产能而避免过度依赖日本。一方面，美国计算机企业急于寻找从事低阶劳动的零组件供应和加工伙伴，而亚洲物美价廉的工厂刚好能与美国高附加值的设计、营销和软件产业形成分工；另一方面，亚洲新兴工业体也致力于转型高科技产业，以维持经济高速增长，而新兴的个人计算机产业，在不需具备多层技术或发展出自己营销渠道的情况下，正是绝佳的切入点。在相互合作中，美国企业与"亚洲四小龙"共同推动了亚洲计算机产业的迅速成长（朱睿等，1998）。亚洲计算机产业之所以能够建立，除了各国和地区不同的政策与产业结构相配合以外，美日竞争的国际格局也是不可或缺的因素。以韩国和中国台湾而言，个人计算机的水平产业结构为其带来发展高科技的机会。韩国和中国台湾的管理部门与企业运用有效的竞争战略，凭借硬件制造，从 20 世纪 80 年代起即成为美国在国际体系内的合作伙伴；20 世纪 90 年代之后，也通过投资和生产与中国（大陆）形成供应链伙伴关系。此外，印度在 20 世纪 80 年代才开始发展计算机产业，凭借为美国软件代工获得了类似"亚洲四小龙"的战略伙伴地位。

本章第一节和第二节主要探讨先进国家如日本、欧洲各国的数字科技发展战略。第三节和第四节探讨韩国和中国台湾数字科技战略的发展及其与中国（大陆）和美国的战略联盟和互动。第五节介绍了印度的数字科技发展战略。

5.1 日本的产业竞争战略

5.1.1 日本大型主机时代的产业竞争战略

大型主机时代，欧洲各国推动的"国家代表队"企业慢慢被日本计算机公司收购，日本却在其国内和国际市场发展出与 IBM 性能同等的大型主机，成功创造出足以与 IBM 抗衡的国家级计算机产业。1980 年，计算机制造商富士通首次在日本本土市场超越 IBM，取得第一名的宝座。90 年代早期，日本富士通、日立（Hitachi）和 NEC 在全球大型主机市场的营收总和已经超过 IBM（屈志强，1990；陈淮，1991；刘永翔，1990）。然而时间回溯到 60 年代，日本当时并没有计算机产业。日本发展大型主机的成功经验，完全是有效的政府政策和产业结构共同驱动日本构建国家创新体系、建立国家竞争优势的结果（刘伟岩，2020）。

5.1.1.1 日本政府的国内角色

20 世纪 60 年代早期，大型主机在美国已经被普遍使用之际，日本还没有任何大型计算机产业。日本政府决定将计算机产业设定为战略性产业之后，通商产业省与日本电话电报公司（NTT）随即着手制定一系列扶持国家计算机产业的建议案，并且逐步实行（Dedrick 和 Kraemer，1998）。

在国内政策方面，通商产业省首先密切关注 IBM 的活动，限制 IBM 在日本卖出的计算机数目及型号，并且要求 IBM 以较低的权利金对日本多家计算机企业同时进行专利授权。日本政府还规定 IBM 必须在当地生产计算机零组件，然后出口一定比例到国外市场。IBM 为了进入日本市场，只好答应日本政府的要求（马丁·弗朗斯曼，2006）。

其次，为了鼓励日本企业投资，日本政府采取了各种补贴、低利率贷款及租税奖励等措施。早期投资计算机产业对日本企业而言仍旧是高风险的举动，为了对抗 IBM 所采取的计算机出租与提供用户完整服务的战略，日本政府设立了日本电子计算机公司（Japan Electronic Computer Corporation，JECC），由该公司购买日本企业所生产的计算机并出租给用户。这项措施使计算机企业得以提早获利，而用户租用计算机可以减少硬件设备投资的风险。此外，日本电子计算机公司能够从日本开发银行获得低利率融资，政府通过该公司介入协调租赁、购买及二手计算机的价格，以防止恶性削价竞争，使日本电子计算机公司获得一定的利润。日本电子计算机公司在 20 世纪六七十年代所扮演的角色相当重要，之后随着日本国内计算机市场的持续增长，其本土计算机企业逐渐有能力提供出租计算机的服务（Dedrick 和 Kraemer，1998）。

日本政府第三项重要的国内政策，是对研究与发展计划提供支持。政府对计算机产业研究的资助取得了可观的成果（Dedrick 和 Kraemer，1998）。从 1952 年日本政府资助东京大学与东芝（Toshiba）合力发展真空管的《东大自动计算机计划》（Todai Automatic Computer，TAC）开始，结合官、产、学力量的"共同研发集团"（R&D Consortium）模式一直是日本政府促进计算机产业研发最常用的方式。50 年代至 70 年代，日本政府又支持了一系列计算机研发计划，包括 Parametron 计算机研发计划、电器试验所计算机计划（ETL Computer）、FONTAC 计划等，主要目的在于协助日本企业自美国 IBM 以外的公司取得技术授权以发展出足以与 IBM 抗衡的机种。最具代表性的是 1966 年日本通商产业省推动的大型计划《超高性能计算机计划》（Super High-Performance Computer Project），该计划目标是结合日本计算机业界，共同开发出足以超越 1964 年 IBM 推出的 System 360 的系统。《超高性能计算机计划》总经费高达 120 亿日元，参与企业包括日立、NEC 及富士通等（陈木荣，1989）。

1973 年的石油危机使得油价大幅攀升，连带削弱了日本传统机电石化工业的竞争力，能源问题促使日本政府决定建立以计算机产业为代表的高科

技知识密集型产业。另一个对日本政府造成更直接冲击的是 1970 年 IBM
System 370 系统上市。既然追赶 System 360 系统已经没有意义，通商产业省
于是展开《新系列计划》（New Series Project），帮助日本公司研发出可与
System 370 竞争的产品。在通商产业省的坐镇下，富士通和日立开发出可与
IBM 兼容的 M 系列大型主机，NEC 则开发出较小的、能与 Honeywell 兼容的
计算机产品（马丁·弗朗斯曼，2006）。

5.1.1.2　日本政府的国外角色

除了国内的积极布局，日本政府也试图对外保护本土计算机企业，使其
免受 IBM 强势销售策略的影响。为此，日本政府将计算机进口关税税率由
15%提高为 25%，并对本国企业及政府机关施压要求采购国产计算机。在保
护国内企业的同时，日本政府也让日商感受到大量 IBM 计算机环伺的威胁，
使其随时警觉且必须达到国际竞争的技术水平。与欧洲各国推动单一"国
家代表队"不同，日本政府同时鼓励六家主要企业投入竞争；欧洲的"国
家代表队"在接连亏损之下仍能靠着政府补助勉强存活，日本政府则不保
证每个企业都能成功，六家企业当中的失败者将不再获得政府的补助（李
德升，2013；刘金梅、曾晓萱，1996）。

20 世纪 70 年代，对日本计算机产业来说最棘手的挑战是 IBM 推出的
System 370。此产品将美国本土竞争者，包括美国无线电公司（RCA）、通
用公司（General Electric Company）等逐出了大型主机市场。System 370 推
出的同时，日本政府正面临美国政府强大的压力，美国要求日本开放外国计
算机进入市场。美国政府此举无异于要求日本将当时尚不成熟的计算机产业
暴露于 IBM 的强力竞争之下。日本政府坚持将自由化的时间延至 1976 年，
甚至在市场开放之后，尤其是在政府采购方面，日本仍维持着非正式的障
碍。这段时间内，通商产业省积极辅导日本企业开发出 M 系列大型主机。
有了这段缓冲时间，日本企业得以在保有其本土市场占有率的同时仍能大幅
提升技术能力（Dedrick 和 Kraemer，1998）。

5.1.1.3　日本的产业结构与大型主机产业

日本计算机产业之所以能够成功，除了政府的积极运作之外，其特殊的

产业结构是另一个关键因素。日本六家主要的计算机企业 NEC、日立、富士通、冲电气（Oki Electric Industry）、三菱（Mitsubishi Group）和东芝，都分属于不同的大商社系统或由银行及贸易公司领军的家族企业集团。大商社系统的首要特征在于，关系企业的银行即使在市场衰退的情形下仍可提供长期资本。其次，商社也能以垂直整合的方式，结合旗下计算机企业与许多附属供货商构成完整的供应链，与 IBM 严密的生产链进行竞争。再次，商社的体系可提供内在的市场需求。最后，商社中其他成员预期会购买自己家族成员制造的产品，因而技术得以与所有商社成员共享，这在日本产业竞争力基础最稳固的制程技术创新方面尤为突出。

日本的计算机产业也受惠于其国内六家企业的激烈竞争。因为政府不保障个别企业的生存，这些企业虽受一定程度保护，但仍须努力表现才能在本国计算机市场占有一席之地。通商产业省唯一要求 IBM 必须广泛授权日本所有的计算机制造企业使用，并试图说服各家企业在不同的产品及技术领域中实现高度专业化，以免过度的价格竞争，但同时为所有企业提供补贴（Dedrick 和 Kraemer，1998）。

5.1.1.4 日本大型主机发展背后的隐忧与代价

相较于欧洲各国扶持单一的"国家代表队"，日本计算机产业的发展显然更成功。日本在制造大型主机方面取得成功，但产业技术始终受制于美国制定的标准。直到 20 世纪 80 年代初期，日本制造的大型计算机主机性能已经赶上美国，但仍须遵循美国制定的标准并支付巨额权利金。到了 80 年代末期，日本制造的超级计算机已经创下美国的纪录，但美国克雷（Cray）超级计算机公司所拥有的大型软件数据库，还是使该公司成为市场上的赢家。

日本国内其他部门为发展计算机产业付出的代价也非常沉重。为了扶持计算机产业，日本其他产业及政府部门忍受使用二流计算机的状况长达 20年之久，这导致日本经济整体发展的负面效益难以计算。政府的保护政策阻碍了产业数字化的进展，不但降低了服务业的生产力，而且影响了用户从中学习的经验积累（Dedrick 和 Kraemer，1998）。

5.1.2　日本个人计算机的竞争战略

日本的个人计算机发展也不乐观。美国企业所发动的个人计算机革命颠覆了原有的产业架构，导致日本计算机企业在大型主机时代的优点，反而成为其在个人计算机时代的负担（宋泓，2000；陈志刚、李登，2005）。

日本在大型主机时代受制于美国产业标准的剧情，在个人计算机革命后再度重演，其个人计算机产业陷入了收益递减的困境。日本的软件产业本身不足以抗衡美国，因此受制于微软的操作系统标准并不足为奇，即使是半导体产业，日本也不能挑战英特尔的平台霸权。虽然 NEC 在其个人计算机 PC-98 内使用英特尔的芯片，但自己也研发了 V 系列的 80X86 芯片，最后却因为英特尔掌握了 X86 芯片的标准，日本企业家没能成功（陈志刚、李登，2005）。

受 1982 年 "IBM 间谍事件" 的影响[①]，20 世纪 80 年代日本通商产业省沿用了一贯采行的 "共同研发集团" 模式，制定了一系列国家计划，并有意结合产官学界，在个人计算机和工作站领域发展出一套非 IBM 的软件标准，其最主要的目的就是终止对美国所控制的标准和架构的依赖，尤其是根治日本在软件与创新方面的宿疾。这些计划包括 "第五代计算机系统计划"、"超级计算机计划"、"Sigma 计划" 和 "实时操作系统中枢"（The Real-time Operation System Nucleus，TRON），由日本通商产业省出资，并邀请国内各大计算机企业如 NEC、富士通、日立等进行研发。可惜的是，这些计划最终的成果并未让日本摆脱美国的控制（刘伟岩，2020；韩建鹏、倪峰，1995）。

日本政府所推行的几项国家计划之所以未达到预期成效，其中一个原因或许是参与计划企业的冷漠态度。这些计算机企业参与计划的目的往往只是

[①]　在 1982 年 "IBM 间谍事件" 以前，通商产业省辅导计算机产业的重心是开发与 IBM 兼容的计算机。然而受间谍事件的影响，通商产业省彻底改变了产业辅导重心，放弃了以往 "追赶 IBM" 的战略，以 "脱离 IBM 极限技术" 为目标。在这种氛围下，"超级计算机计划" 和 "第五代计算机系统计划" 于 1981~1989 年展开（陈木荣，1989）。

在同行间插足并讨好政府官员，却不愿将自己的研发成果与同行共享。政府的目标是提高国家整体的技术水平，个别企业却只想超越同一计划内的竞争者，以致越接近商业化阶段的企业的合作意愿就越低，"同床异梦"使得计划成效大打折扣（杨东海，1988）。

另外一个原因是来自美国的阻力。最具代表性的是"实时操作系统中枢"。日本政府推行该计划的目标，是以学校为起点发展一套公用作业平台，作为实时操作系统的核心技术，供开发软件和供应市场之用。美国政府认为日本此举试图把美国个人计算机逐出日本市场，于是强力施压，要求日本政府不能强制全国各级学校使用"实时操作系统中枢"的计算机系统。这导致日本政府最终放弃了这个学校专属系统计划，而该计划成果也未曾商业化（Dedrick 和 Kraemer，1998）。

因为无法主导个人计算机产业的技术标准，所以虽然日本官商很努力地制造出大量完美的成品，却不得不在美国控制的架构下发展其硬件与软件。日本以大商社为主的垂直整合型产业体系，尽管很符合大型主机的生产形态，但面对瞬息万变的个人计算机产业，大商社却反而成为一种阻碍。日本大型企业经常受制于累赘和官僚化的决策过程，导致它们无法很快适应技术和市场上的变化。日本企业多半专注于国内市场的开发，国际市场仅被视为填补产能之用，因而日本企业往往仅在个人计算机的零组件和周边设备（如 DRAM、平面液晶显示板等）领域占有一席之地，在个人计算机的整体系统上却付之阙如。唯一例外的企业是东芝，它因为在日本国内市场的失败而被迫将注意力转到海外，所以东芝根据国际标准制造笔记本电脑的战略，使其成为少数到了个人计算机时代仍能在国际市场扬眉吐气的日本企业。

20 世纪 80 年代，日本数字经济还能凭借硬件制造（尤其是半导体）呈现一片荣景，但其技术架构及生产体系本身的隐忧已经显现出来。90 年代，当时美国一手推动以网络和软件为主的数字经济，一手压迫日本开放国内硬件市场并强迫日币升值，日本似乎就在美国主导的数字经济规则中败下阵来。虽然日本在许多关键零组件和周边设备领域仍具有举足轻重的地位，但其地位正面临亚洲其他国家和地区的挑战。[①]

美国以政治强权要求日币升值的举动，无疑加快了日本工业竞争力衰退的速度。为了减少日元升值的冲击，日本大藏省采取了宽松的货币政策，增加货币供给，此举使日本经济在 20 世纪 80 年代后半期出现了泡沫性的繁荣，而在 90 年代泡沫破灭之后，日本经济便显得摇摇欲坠（任浩冉，2014；Gilpin，2001）。因为饱受日元升值的困扰，日本无法如美国企业一般，充分利用邻近东亚国家的生产力。面对个人计算机的崛起，日本计算机供应商和大型主机时代的霸主 IBM 相继败北。从 1991 年到 1993 年，日本国内经济的衰退导致计算机硬件的产值减少 10%，使得日本更加依赖萎缩中的大型主机市场。

5.1.3 日本智能手机政策与产业

5.1.3.1 日本智能手机政策

日本对发展智能手机制定了完善的法律和长期规划。2000 年底，日本政府发布了《高度信息通信网络社会形成基本法》（简称《IT 基本法》），旨在通过发展数字技术推动日本数字化进程（阎莉，2001）。2016 年日本发布第五期《科学技术基本计划》（2016～2020 年），其中明确提出科技与创新（STI）的重要性，着力把日本建成"世界上最适宜创新的国家"（文部科学省，2018）。在第六期《科学技术基本计划》（2021～2025 年）中，日本还进一步将人文社会科学作为创新支援对象（文部科学省，2020）。根据2019 年日本总务省《科学技术研究调查》结果，日本当年研发费用为 19.5 万亿日元，其中民间企业投入 14.3 万亿日元，占研发费用总额的 73%（总务省统计局，2019）。科研经费的大力支持推动日本从能源化工等领域转向电子、芯片等技术领域。根据"JIP database 2018"数据，日本全要素生产率增速从 1995～2000 年的年均 0.3%，提高至 2010～2015 年的年均 0.8%

---

① 1996 年，韩国 DRAM 的生产超越日本，成为最大的供应国，在平面液晶显示板市场也一再挑战日本的实力。中国台湾在个人计算机组装和零组件制造上的实力迫使日本计算机企业不得不向中国台湾采购零组件和委托组装计算机（Dedrick 和 Kraemer，1998）。

（独立行政法人经济产业研究所，2018）。科技创新政策和科研经费的大力投入，有效提高了日本全要素生产率。2020 年 3 月 31 日，战略本部宣布日本各省厅（相当于各部委）均须制订各部门管辖领域的中长期计划（日本首相官邸，2020）。

日本政府将科研费用分为企业、大学和科研机构三个部分。在智能手机产业的发展过程中，企业是智能手机创新的主体，因而日本形成了产学研相结合的科技创新体制。日本基础研究投入占研发总投入的比例自 1985 年以来保持在 0.3%~0.4%，近些年稳定在 10%~15% 区间，并为此培养了大批人才。在 2016~2017 年度的《科学技术创新综合战略》中，日本政府规定卓越人员没有任期，可终身雇佣，同时还能获得政府的科研经费支持（日本学术振兴会，2017）。为加强对学术性人才的培养，日本政府还为攻读博士学位的青年人提供经济支持（韩凤芹等，2012）。在"产"与"学"方面，1998 年日本颁布《大学技术转让促进法》，促进了大学的科学技术向民营企业转让；2000 年，日本政府颁布《强化产业技术能力法》，提高了科研人才的流动性。日本企业大多与东京大学、一桥大学、大阪大学、京都大学和九州大学进行合作，通过夏令营、研讨班、实习以及出版等形式加强政府与大学的联系（樊春良，2014）。经文部科学大臣和经济产业大臣批准成立的技术转移机构（TLO）已达三四十家（秦涛等，2005），并且大多设立在著名大学内部，有助于发掘大学研究人员的技术成果。

21 世纪初，日本就为 4G 明确了发展方向，并将 4G 纳入 e-Japan 计划，提升到国家战略的高度，在技术研究、标准化进程、产品试验方面都有了很大的进步（董奇、吕玲玲，2011）。2009 年 5 月，日本总务省向三大移动通信运营商及 e-Mobil 公司颁发了 LTE 牌照。2011 年日本地震破坏了通信网络，政府借此大规模重建 3G 网络，LTE 技术以其更快的网速和更高的带宽赢得了公众喜爱，3G 在日本得到了快速的发展。日本移动通信是当时世界上最发达的，2011 年日本移动电话普及率高达 105.0%，这主要得益于 3G、LTE 等新型电信业务的强势带动（臧煜，2013）。3G 在日本的成功不仅得益于提供多样化的细致服务，还得益于其拓展了业务领域，它的音乐服务、定位服务、金融服务等都吸引了大量的用户，也带来了移动业务营业额的增长（徐冬梅，2009）。

2019 年，日本开始推广 5G 专网制度。2020 年，日本通过下调移动通信资费、实施 5G 推进计划和设置数字办公厅三项措施促进 5G 的发展（华金玲，2021）。2020 年 3 月，日本三大运营商 NTT DoCoMo、KDDI 和软银移动①分别在东京、大阪车站周边启动 5G 服务的小范围试点，推动各公司 5G 基站数量不断增长（日本总务省，2019）。

5.1.3.2　日本智能手机产业

日本是亚洲智能手机起步最早的国家②。日本移动通信三大运营商 NTT DoCoMo、KDDI、软银移动在推动日本智能手机技术及其产业发展过程中发挥重要作用。1993 年，NTT 开启了日本移动电话的数字时代，移动通信开始进入 2G 时代，采用个人数字蜂窝（Personal Digital Cellular，PDC）技术。2001 年，NTT DoCoMo 开通了全球首个 W-CDMA 商用 3G 网络。2002 年，KDDI 获得 CDMA2000 的 3G 牌照。2005 年，软银移动也获得 3G 牌照，采用 W-CDMA 和 CDMA2000 两种模式。相较于中国在 2009 年正式发放 3G 牌照，日本运营商早在 2007 年就全面停止 2G 业务，并推动 3G、4G 慢慢渗透日本手机市场，2010 年带头致力于向 4G 时代迈进（曾航等，2014）。

日本智能手机企业十分重视硬件的研发和满足本土客户对应用软件的需求（匡文波、李一，2010），其中最具代表性的是索尼。在 3G、4G 时代，

---

① 2015 年之前日本移动通信运营商主要有 5 家，分别是 NTT DoCoMO、KDDI、软银移动、eAccess、WILLCOM，后来 WILLCOM 被 eAccess 收购并更名为 Ymobile，后 Ymobile 又被软银收购。自 2010 年开始，智能手机的销售量实现了快速增长，2010 年销售量为 379 万台，2011 年销售量达到 1323.7 万台。根据一般社团法人电器通信事业者协会数据，2020 年 NTT DoCoMO、KDDI、软银移动手机接入量为 8200 万台、6000 万台、4500 万台，总量约为 1.9 亿台。数据来源：一般社团法人电器通信事业者协会，https://www.tca.or.jp/database/index.html。

② 日本智能手机发展经过了从汽车电话、非智能手机到智能手机的过程。1987 年成立的日本移动通信株式会社（IDO）从 1988 年 12 月开始在东京 23 区提供汽车电话服务，被视为手机的前身。

索尼硬件领域技术十分强大，其开发的特丽珑（Trinitron）技术曾主导 20
世纪下半叶的晶体管芯片市场。3G 时代，索尼响应日本政府与欧洲的无线
电产业结盟，并于 2001 年与瑞典爱立信共同成立"索尼爱立信公司"（Sony
Ericsson Mobile Communications AB），由索尼和爱立信各控股 50%。索尼爱
立信公司在 2003 年推出第一款 3G 手机 Z1010，并以强大的功能吸引诸多关
注（Kevin，2003）。然而，在 2007 年苹果推出 iPhone 之后，索尼爱立信公
司生产的手机便逐渐失去市场，出现亏损；2011 年，索尼决定完成对爱立
信的全部收购，并将"索尼爱立信"更名为"索尼移动通信"，推出能够支
持 4G 甚至是 5G 通信的 Xperia 系列手机。

　　相较于在硬件领域的研发优势，日本智能手机企业始终无法推出自有的
软件作业平台。1999 年，日本最大的移动通信公司 NTT DoCoMo 推出自己
研发的 i-Mode 系统，该系统支持日本手机接入 3G 网络，并且采用了类似
后来苹果公司的 iOS 系统，是一种封闭式的平台。由 NTT DoCoMo 公司负责
运营网络、销售其定制的手机终端、平台内容分发以及电子收费。然而，这
套体系仅在日本国内运行，并未实现国际化。相对的，日本智能手机代表性
企业索尼在可以国际化的操作系统选择上，因为犹豫不决而错失了市场。索
尼的竞争优势在于硬件的研发实力，然而在操作系统上在塞班、Windows、
安卓之间摇摆不定（焦璐，2015）。索尼相继使用了以上三种系统，然而这
并没有为索尼带来效益，反而从 2008 财年起就一直连续亏损，丢掉了绝大
部分市场。索尼不但失去了首发优势，后发优势亦不足，是否能重回主流还
需要进一步考证（李挺，2013；石飞月，2018）。

　　日本尽管智能手机起步较早，早期着重于在手机硬件功能（例如减
重）、业务方面进行转型，后期却由于三大运营商对智能手机业务链的垄
断而发展缓慢，智能手机产业发展落后于美中韩。日本特殊的用户使用习
惯与需求，使得日本智能手机企业在机型、摄像、操作系统等技术上没有
太大突破。当移动通信从 3G 走向 4G、5G 时代之后，日本在智能手机领
域几乎拿不出可以和苹果、三星、华为等国际大厂竞争的产品。即便是在
日本国内市场，日本企业的产品也在美国之后而屈居第二位。以 2019 年

为例，在日本手机市场，苹果的份额最大，其次是夏普，再次是三星、京瓷、索尼等。

5.2 欧洲的产业竞争战略

5.2.1 欧洲大型主机时代的产业竞争战略

随着 1957~1958 年西欧在美国马歇尔计划的协助下渐渐复苏，在六七十年代，欧洲各国如英国、法国、德国及意大利等不约而同地开始关注其在计算机技术上的落后以及对于美国经济扩张的焦虑。IBM 对其国内市场的垄断[①]引起了各国的警觉，导致各国政府相继大力支持其国内的航天、计算机与通信产业（龙锦，2015）。

在大型主机时代，每个欧洲国家都采取一种"国家代表队"战略，将所有本国计算机制造企业组合为一家，集中本国所有的计算机产业资源，以达到足够与 IBM 抗衡的规模经济。这些"国家代表队"包括英国 ICL 公司、法国布尔集团及德国西门子等。各国政府鼓励民间公司购买本国的计算机产品。

不过，欧洲的"国家代表队"可以说是一个相当昂贵而失败的教训。因为即使在本国市场，"国家代表队"企业大多也只能名列 IBM 之后。英国 ICL 公司最后被日本的富士通收购；法国布尔集团靠着政府补贴勉强过活，最后业务缩小为销售日本 NEC 的硬件产品；德国西门子主要是电信设备及其他电子产品的制造商，其计算机产品从未真正拥有足够的国际竞争力（Dedrick 和 Kraemer，1998）。

5.2.2 欧洲个人计算机的竞争战略

欧洲各国政府在大型主机时代所扶持的"国家代表队"，到了个人计算

---

① IBM 在法国和德国的计算机市场占有率超过六成，在英国则超过四成（Dedrick 和 Kraemer，1998）。

机时代更显得风雨飘摇。1995 年，欧洲五大个人计算机供应商全部是美国企业，而前十名内只有两家欧洲企业上榜。法国布尔集团旗下的顶峰数据系统公司（Zenith Data Systems）的个人计算机部门与美国计算机公司 Packard Bell 合并，但这两家公司一直在 NEC 控制之下；英国 ICL 的个人计算机部门为富士通所有；1996 年，意大利由卡米洛（Olivetti）将其个人计算机部门卖出。整个欧洲几乎放弃了计算机产业（Dedrick 和 Kraemer，1998）。

5.2.3 欧洲智能手机政策与产业

5.2.3.1 欧洲的智能手机产业

在 3G 时代之前，欧洲手机产业发展一直领先美国，直到 4G 时代才被美国企业超越。欧洲企业在第一代和第二代手机的发展中占据重要地位，尤其是诺基亚，其占据了手机市场的较大份额。1993 年，欧洲各国先后将 2G 的 GSM 作为通信标准时，诺基亚也只以手机终端和手机网络设备为发展方向。它的 7110 系列手机是全球第一款支持 WAP 无线上网的手机，并使用三方通信标准，即欧洲 GSM 标准、美国 TDMA 标准、日本 PDS 标准。诺基亚手机的迅速更新换代带动了手机价格下跌和产品升级，而在市场份额的较量中，它打败了摩托罗拉和爱立信（Lemola，2002）。

欧洲在 3G 智能手机发展过程中同样设计出了自己的操作系统。欧洲早期最受欢迎的操作系统是 RIM（Research In Motion Ltd.）公司研发的黑莓（BlackBerry OS），同时黑莓手机以先进的技术、可以使用电子邮件而占据霸主地位，直到诺基亚成为欧洲智能手机产业和高科技产业的新星。事实上，早在 1999 年，诺基亚和爱立信便共同研发塞班系统，并以塞班为平台开发各自的智能手机硬件。在政府的支持下，诺基亚日渐成长为通信产业的巨人（Lemola，2002）。1998 年之后，诺基亚连续 14 年稳居全球最大的手机厂商，一度占据全球手机市场份额的 40%，直到被三星超越（汪新波，2012）。2007 年之前，欧洲主要的智能手机企业，包括塞班阵营的诺基亚和黑莓阵营的 RIM 在内，都实现了巨大的成功。然而 2007 年美国苹果公司的 iPhone 问世之后，紧接着 2008 年爆发金融危机，诺基亚、爱立信等深陷赤

字泥潭。在诺基亚搭载的塞班系统与苹果 iOS 系统的竞争中，诺基亚单一的
创新生态与研发团队内部管理混乱，导致误判智能手机市场潜力，跌出智能
手机企业的第一阵营。2013 年，诺基亚以 72 亿美元将大批专利组合授权与
手机业务售予微软，同年以 17 亿欧元收购西门子所持有的诺西股份，不再
完全依赖手机业务。在裁员、关厂、出售总部大楼等方式缩减实体成本和隐
性成本，以及 Lumia 手机销量开始走高的共同推动下，诺基亚终于在 2012
年第四季度实现盈利。

5.2.3.2 欧盟的政府政策

欧盟一度将 3G 视为重回国际舞台的契机。自 2000 年欧盟理事会提出
《里斯本战略》（Lisbon Treaty）后，欧盟日益重视创新创业政策。由于欧洲
各国的创新能力和科技制度差距较大，为整合科技资源，欧盟提出构建科技
一体化政策框架促进成员国之间的合作，主要包含基金资助、平台建设、人
员交流三类举措（刘慧，2020）。在基金资助方面，成立结构基金
（Structural Fund）；在平台建设方面，搭建一系列合作平台促进创新主体的
跨国、跨部门合作，其中"欧洲技术平台"（ETP）与"欧洲创新伙伴"
（EIPs）是欧盟加强创新主体间合作的两个重要载体，整合了"产学研用"
的创新资源；在人员交流方面，最著名的就是成立"欧洲科研人员网络"
（EURAXESS），解决了科研人员的跨国流动问题，另外还与中国、韩国等国
家展开交流。

此外，在欧盟架构下，个别国家如法国、英国等也先后确立了"知识
产权立国"战略，制定和实施相应的政策措施，加强知识产权保护。以法
国为例，1999 年法国颁布《技术创新与科研法》；2005 年，法国政府又出
台了一项振兴国家经济发展的"竞争点"计划，以国家政策支持科技产业
发展，以创新产业推动经济发展，加大科研费用投入，鼓励公私合作，积极
扶持中小科技企业，以推动基础研究和创新成果落地转化（林禾青，
2012）。

进入 4G 时代，欧盟仍不断扩展欧洲一体化的战略合作领域。2012 年 12
月 11 日，欧洲议会以三次个别投票的方式，通过了欧洲专利一揽子计划

（European Patent Package），该计划包括制定《统一欧洲专利条例》《统一欧洲专利翻译条例》《统一专利法院协议》，目的是实施统一的专利保护①。2015 年，欧盟委员会宣布实施"地平线 2020"第二个两年期工作计划，将 7.4 亿欧元经费投入 2000 家高度创新的中小企业，推动欧洲可持续创新和未来工厂、机器人、绿色交通工具等领域的长远发展（孟捷等，2018）。为激励企业创新，欧洲 15 个国家相继实施专利盒政策，涉及发明专利、外观设计、软件著作权等领域，对符合条件的知识产权转化商品给予 0 ~ 15% 的税收优惠（孙建平等，2020）。有学者通过整理德国、法国、意大利、西班牙、荷兰、奥地利、比利时等欧洲国家的专利资助政策，发现欧洲的专利资助对象主要是中小企业，资助方式多元且涵盖各个环节（徐亮、徐磊，2020），这促进了技术创新和成果转化，也推动了科技创新成果的扩散。

5.3 韩国的产业竞争战略

5.3.1 韩国个人计算机时代的产业竞争战略

5.3.1.1 韩国政府的国内外科技政策

韩国半导体工业发展始于 20 世纪 60 年代中期，陆续有美国摩托罗拉、日本东芝等外资企业进入韩国，利用韩国廉价的劳动力从事简单的装配工作。当时的外商尽管还谈不上技术转移，却将半导体概念带进韩国，让韩国政府认识到半导体的重要性。20 世纪 70 年代初期，韩国政府才真正开始发展半导体工业，并将计算机产业纳入国家科技战略（刘大年，2000）。

鉴于韩国有大财团包办的特殊产业结构，政府发展半导体产业的重点经常放在如何提供政策奖励及金融支持或如何善用财团的实力，来提升韩国在半导体制造领域的地位。

---

① 20 世纪 70 年代以来，欧洲各国为克服专利地域性的弊端，开始探索统一欧洲专利制度，诞生了一些区域性专利公约，如 1973 年的《欧洲专利公约》（EPC）、1975 年的《欧洲共同体专利公约》（CPC）。区域性专利公约催生国际化专利公约。

一方面，韩国政府是国内最重要的科技研发赞助者，研发经费主要用于扩大研发技术范围和奖励民间机构。政府设立了多项基金①，主要用于提供企业发展所需的融资贷款和购买国产设备及国内电子制造材料等（冯立果，2019）。韩国政府推出了类似日本的政策，1986 年以来多次支持半导体共同研发计划。此计划的特点不是鼓励合作，而是鼓励财团之间相互竞争。参与的企业被赋予不同的研究任务，成功完成任务者可以在下个阶段的研究中分配到更多的研究经费，否则就会被缩减。财团彼此竞争，加上政府的经费支持，加快了韩国半导体研发速度且促成了技术交流（申东镇，2012）。

韩国政府开办了科学园区，同时投资多项大规模网络计划，促进公共部门的计算机化，以刺激国内产业的需求。此外，通过公私立教育为产业培育大量电子和工程人才，则是韩国政府在国内的又一项重要贡献（Dedrick 和 Kraemer，1998）。

对外方面，韩国政府倾向于以贸易政策鼓励资本密集型产品（如 DRAM 等）大量外销，企业必须达到出口目标才能获得政府补贴及本国市场保护。由于被要求具备全球竞争力，韩国企业在资本密集型产业中都能达到高水平的生产力。由于政府补贴政策是鼓励出口而非附加价值的提升，财团比较重视大规模组装而不是发展上游工业。例如三星，它并不在集团内部发展半导体设备或材料供应业，而是有悖于政策进入已经过于拥挤的汽车制造业（李莲花、王艳秀，2011）。

20 世纪 80 年代的个人计算机革命，与韩国进入非消费性电子市场（如半导体和通信）的时间大致吻合，韩国政府运用了多种政策手段推动财团进入个人计算机市场。大财团一开始对于无法满足产量的个人计算机并不感兴趣，反而是小公司（如 1981 年成立的 Trigem 等）成为韩国个人计算机产业的先驱。韩国政府便将 Trigem 作为样板企业，不但让它得到政府的补贴，还被许可进入向来由大财团包办的政府采购市场。1982 年，韩国政府以限

---

① 如"电子产业推动基金""国家投资基金""工业技术改良基金"（Dedrick 和 Kraemer，1998）。

制个人计算机进口的方式，成功使大财团开始投资政府创建的计算机网络
（Dedrick 和 Kraemer，1998）。

5.3.1.2 韩国的财团与数字工业

韩国的第一家半导体企业韩国半导体（Korea Semiconductor）创立于
1974 年，是美韩合资，1975 年由三星收购，改名为三星电子公司（Samsung
Electronics Corporation）。此后，韩国半导体产业就以财团为中心展开，早期
的生产技术则主要来自美日两国。

韩国计算机产业同其他产业一样由四大集团包办，包括三星、LG 电
子（Lucky Group）、现代（Hyundai）及大宇集团（Daewoo），这些类似日
本大商社的企业，奠定了韩国计算机产业在全球资本密集型产业中进行竞
争的基础。正如日本的产业发展路径，韩国在半导体产业的奇迹也是基于
半导体产业的特性恰与韩国的产业结构相吻合而产生。集团强大的资金实
力，足以支撑半导体产业所需的巨额投资。善于量产的韩国企业，一旦看
好某种产品，就尽其力生产到几百万件，再稳定提高生产率并降低成本。
与中国台湾中小企业不同的是，韩国集团相当重视也有能力投入大量资金
用于研发工作，政府亦从旁给予支持并协助企业将研发后大量过剩的产能
对外出口。

1985 年，世界半导体市场低迷，但韩国半导体产业仍在几大集团的支
持下继续投资。1986 年第一次《美日半导体协议》签定之际，正逢韩国企
业扩大产能。美日贸易争端让半导体的国际价格回升，同时日本企业的出口
受限使韩国企业趁机抢占了美国及日本市场。《美日半导体协议》成为韩国
半导体产业顺利发展的转折点。到了 90 年代中期，韩国几乎已经成为 DRAM
技术的领导国（陈文华，1998），领导三星等企业通过提升研发能力与扩大对
外投资，迈向特殊用途的集成电路（Application Specific Integrated Circuit，
ASIC）、微处理器及其他记忆芯片等领域，进一步提升了韩国企业在世界半
导体产业中的地位（于卫国，1997）。

然而，韩国企业在特定的零组件（如 DRAM、监视器、手机零件）方
面优势显著，在个人计算机产品方面却是输家。个人计算机使产品的生命周

期缩短、多元化需求上升。任何一家企业不能只靠一两种款式满足市场不同行业、家庭及教育界用户的所有需求,而需提供不同规格的产品,这并不是善于标准化和规模化生产的韩国企业所擅长的。20 世纪 90 年代,个人计算机"价格战"使所有企业的获利空间被压缩,韩国各大集团营销和工资成本节节上升,大多数美国企业为了追赶产品周期及加快技术创新,只好转向中国台湾地区供应商(吴涛,2004),这是韩国产业结构造成的结果。

5.3.2　韩国的智能手机政策与产业竞争战略

20 世纪 90 年代以前,韩国国内手机市场几乎被摩托罗拉垄断。1991 年是韩国国产手机开始崛起之年,个人计算机四大财团三星、LG、现代和大宇等也开始生产手机。但由于本土技术落后,韩国国产手机起初的市场占有率并不高。经历了从引进模仿到自主创新,韩国智能手机产业逐渐走在世界前列(张明龙,2008)。

5.3.2.1　韩国的政府政策

韩国政府主要通过贷款与税收奖励、研发补助及 R&D 政策扶持智能手机产业的发展,尤其是通过组建研发机构和科研管理机构完成 3G 到 5G 的建设。

在贷款与税收奖励方面,韩国政府通过提供贷款担保的方式,帮助私有企业分担投资风险。这一风险分担机制极大地促进了韩国私有企业的技术研发行动。以 3G 为例,为了促进手机企业开发 CDMA 技术,韩国政府与企业共担风险,并向企业提供大量无息贷款。这减少了企业对技术创新失败的担忧,使得 CDMA 的研发队伍日益壮大(程耀华,2011)。此外,为了鼓励智能手机产业的发展,韩国政府对国内企业的技术开发实行税收奖励政策,同时对风险投资企业提供特别的税收优惠。韩国政府出台了一项"技术开发储备基金"政策,通过研发成本抵扣企业税金的方式(分别以 3%、4%、5%的比例从收入总额中建立技术开发储备金)刺激企业开展研发工作(程耀华,2011;张明龙,2008)。

在研发补助方面,韩国智能手机产业发展与政府持续强力的财政投资息息相关。1967～2001 年,韩国研发投资占 GDP 的比重从 0.38%增长至

2.96%，位居全球第八。此后数年，韩国的研发投资均保持在世界前列（张明龙，2008）。近年来，韩国政府持续发力，2019 年韩国科学技术信息通信部出台《投入 20 万亿韩元研发资金的政府研发中长期投资战略》，提出了以技术为中心的主力产业、未来和新产业、公共和基础设施、生活质量等投资领域和一个以政策为中心的优化创新环境投资领域（李贺南等，2020）。

在 R&D 政策方面，韩国政府在本土手机产业发展初期组建了多个科研单位，如韩国高级科学技术研究院（Korea Advanced Institute of Science and Technology，KAIST）、韩国电子技术研究所（Korea Electronics Technology Institute，KETI）等。这些机构专门负责移动通信技术的研发工作，并与产业界建立了密切的合作关系。韩国电子通信研究院（Electronics and Telecommunications Research Institute，ETRI）是韩国最大的综合数字通信研究机构，在此诞生了韩国多数通信产业核心技术。在 3G 时代，韩国电子通信研究院带领三星、LG 等韩国私营手机厂商合作研发了 CDMA 技术。韩国电子通信研究院还成功推动了 4G LTE-Advanced 以及 5G 边缘安全核心技术和解决方案的开发。为了更持续、系统地推进科技政策实施，韩国政府成立了众多科技管理部门和机构，包括科学技术部、情报通信部、国家科学技术委员会和国家科学技术咨询委员会等。韩国对于科技创新的重视还体现在"排位"上，科学技术部从原来 24 个部中的末位跃升为第八位（秦涛等，2005）。韩国手机产业成功实现技术超越与韩国政府构建的科技管理体系有很大的关系（程耀华，2011）。

5.3.2.2 韩国智能手机的产业竞争战略

智能手机的硬件制造与组装是韩国手机产业的主要业务。三星作为全球最大的智能手机厂商之一，除了销售自有品牌的智能手机之外，还进行芯片设计与制造，并为美国的高通和苹果进行芯片代工。在软件方面，韩国的智能手机几乎都采用安卓系统。三星本身即从谷歌获得授权，采用安卓系统并定期更新，其余大厂如 LG、现代和大宇，也都采用安卓系统。韩国软件企业则从事本土语言版本的 App 开发。

韩国手机企业主要通过"逆向工程"获取智能手机硬件的自主研发技

术。所谓"逆向工程",是指对手机产品设计技术进行逆向分析,从而演绎并得出该产品的处理流程、组织结构、功能特性及技术规格等设计要素,以制作出功能相近但又不完全一样的产品。韩国企业进行了深入的"逆向工程"研究,将国外大厂的优质手机作为研究对象并进行拆卸和组装,一方面明晰了产品的结构和工作原理,另一方面分析了产品的功能利弊。例如,三星就以东芝和摩托罗拉手机为研究对象,开展"逆向工程",并研发出SH-100、SH-200、SH-300型号的手机。在竞争策略上,韩国手机厂商善于采取差异化战略以赢得竞争优势。例如,韩国企业及时响应本国消费者需求,打造了翻盖设计;本国地形因素常导致手机信号差,韩国企业最终通过创新解决了这一问题(程耀华,2011)。

5.4 中国台湾的产业竞争战略

5.4.1 个人计算机时代中国台湾的产业竞争战略

5.4.1.1 中国台湾地区产业发展政策

20世纪60年代,台湾地区管理部门开始认识到电子产业的重要性,尤其是在半导体方面。1966年,管理部门在高雄成立出口加工区。利用台湾当局制定的多种电子产业优惠措施以及当时的廉价劳动力,美国的通用仪器、德州仪器以及日本的三洋(SANYO)、松下(Panasonic)等公司,开始在台湾地区组装消费性电子产品及零件(中国科学发展战略小组,2002)。

中国台湾并没有类似日本与韩国的大型集团可依靠,而是以中小企业为主,其技术、资金、人力资源与国际营销能力都不足,因此台湾地区管理部门的计算机产业政策重点是通过财务补贴、技术升级、人力资源提升和市场情报收集等方式,弥补产业的先天不足(吴涛,2004)。

台湾地区管理部门从一开始就决定由公共部门从事大部分R&D工作,再以衍生企业或技术转移的方式将科技成果推广至民间。1974年,台湾经济管理部门设立"工业技术研究院"(以下简称"工研院"),积极从美国及本地招揽相关领域的学者和专家，利用政府经费从事产品技术开发以提升产业的整体技术水平。1980 年，工研院设立衍生企业联华电子公司（以下简称"联电"），并将其安置在台湾第一个高科技产业工业园区——新竹科学工业园区（以下简称"竹科"）。竹科以美国硅谷为模板，设计各种促进研究单位与制造业密切结合的机制，作为高科技企业及其研发设备中心。遵循同样的模式，工研院于 1987 年成立了第二家衍生企业，台湾积体电路制造股份有限公司（以下简称"台积电"），专门从事集成电路的代工服务①。竹科、联电及台积电奠定了台湾集成电路发展的基础（吴涛，2004；张俊彦、游伯龙，2001）。

公立研究机构与大学始终在台湾的电子产业发展过程中占有一席之地。它们除了培养产业所需要的技术与研发人才，也在政府的鼓励下加强半导体、计算机硬件及软件技术的研发，并将研发成果转移给民间企业以促成进一步商品化。此外，鉴于台湾中小企业的研发资源太少，政府提供计算机相关产品投资所需的低利贷款，辅以产品免税、研发投资抵减等措施，鼓励民间投资及研发。

此外，台湾当局着重吸收国际资金，并促进技术合作。除了利用科技园区优势与各种优惠政策吸引外资之外，管理部门也推动本地企业与跨国公司成立战略联盟，并鼓励美国华人工程师返回创业，以求更接近技术和市场。面对国际企业竞争，台湾当局积极参与国际零组件企业的谈判，如 DRAM产业，管理部门代表多家企业集体谈判，往往比企业单独对外谈判能获得更优惠的条件（Dedrick 和 Kraemer，1998）。

5.4.1.2 中国台湾的中小企业与数字经济产业

中国台湾企业最早的技术来源主要是美国公司，包括德州仪器、IBM等。美国跨国公司采购奠定了台湾地区计算机产业结构的核心基础（姚书

① 因为台积电为代工企业，所以它不拥有自己的产品，只是单纯为客户提供专业的制造服务。正因为不与客户的产品直接竞争，客户产品可以得到较大的保障，而台积电也可以获得稳定的产能（张俊彦、游伯龙，2001）。这种为国际大厂代工，而非自创品牌的模式，从此成为台湾地区发展计算机产业的基调，而台湾地区之所以向代工发展，其实是政策的结果。

杰、蒙丹，2014）。

台湾的中小企业是由无数分包供应商所组成的巨大网络，所有零组件都可以层层分包出去，此网络使台湾企业可以用较小的投资额开创新市场。因为进入门槛低，失败的代价就相对较小，台湾企业总是勇于进入尚未定义清楚、失败风险相当高的市场。台湾电子产业在国际上之所以具备快速的生产能力和较大的技术周期更迭弹性，正是因为有许多小型、弹性大的厂商及时供应生产所需零件。台湾企业的另一项优势，是产品的设计能力。由于对市场反应敏锐，台湾企业可以在产品生命周期仅有数月的不稳定市场中，快速推出新产品，在初期获得较高利润并能承受紧接而来的价格战（徐寰，2009；张敏、赵宝山，2013）。

正是因为中国台湾中小企业所具备的弹性、速度和产品特色，完全符合美国个人计算机产业所需，直到20世纪90年代，当韩国计算机产业发展开始力不从心时，中国台湾却开创出一个欣欣向荣的计算机市场，尤其是在变化快速的主板与笔记本电脑市场中，台湾企业拥有巨大的竞争优势。创办于1976年的宏碁（acer），早在1981年即推出自有品牌的个人台式计算机，并建立国际化营销网络，逐步成为全球大型笔记本电脑供应商。自1989年创立起，华硕（ASUS）以制造主板为主要业务，并在1997年推出第一台自有品牌的笔记本电脑。

5.4.2 中国台湾的智能手机政策与产业竞争战略

为了促进产业创新，中国台湾在2010年出台了《产业创新条例》，旨在通过减税促进研发：①企业的研发开支可以抵减应纳的营利事业所得税额；②学术或研究机构的研究人员将知识产权转让给企业的所得，亦可以减免个人所得税。台湾期望通过租税减免鼓励大学或研究机构的技术转让，同时促进企业加大研发投入（蒋华林，2012）。

台湾地区大部分企业在智能手机发展上维持了"代工厂"战略。受发达国家技术和产业转移红利的影响，20世纪90年代，全球60%的笔记本电脑都在中国台湾代工生产。21世纪第一个十年，台湾地区制造企业维持了代工生产的优势，瞄准了产量比笔记本电脑大得多的手机生产新机遇（金中，2001）。在这一阶段，台湾地区企业积累了良好的成本控制和量产能力，拿到了不少国际知名手机企业的订单。如摩托罗拉几乎 80% 的手机产品产自明基，台积电、鸿海等为苹果的 iPhone 代工。

中国台湾地区只有极少数企业采取了自有品牌的经营战略，其中最具代表性的是宏达电。1997 年，台湾本土企业宏达电成立。起初，宏达电主要进行笔记本电脑的代工。2004 年以后，市场对功能手机的需求越来越大，但是代工厂收益却不佳。2006 年，宏达电寻求企业变革，希望能够创立自主品牌。宏达电积极开展国际合作，最早与谷歌合作生产全球第一款搭载安卓系统的手机——T-Mobile G1。2011 年，宏达电走向了行业巅峰（亢樱青，2018），却因为与苹果的专利诉讼，加上错失中国大陆市场、缺乏与市场和消费者的沟通等因素，在 2011 年后开始走下坡路，逐渐在智能手机行业暗淡（亢樱青，2018）。

5.5　印度的产业竞争战略

20 世纪 80 年代，美国软件企业由于国内低阶软件人才不足、人力成本高等因素，开始将其编码、测试与维护等低阶工作委外经营。与此同时，印度政府试图构建以软件出口为导向的数字产业。当时的印度仍处于举国资源匮乏的状态，在没有雄厚资金可作为后盾的情况下，印度基本上只有"人"可以作为投入生产的要素，发展以人力资源为基础的软件产业，对于印度而言再合适不过（张淮杞、卢素涵，2002）。

1984 年，印度明确提出"用电子革命把印度带入 21 世纪"的主张，其中一项重要举措就是将电子产业纳入国家重点发展产业，并积极推动数字产业。为了提升印度软件产业的技术能力，印度向美国建议：将软件人才输出至美国，提供廉价软件劳动力。此举一来可以提升美国的软件生产力，二来对于印度软件企业而言，不仅可以学习软件的程序撰写与测试技术，也可以对美国企业的工作流程与运营模式有更深层的了解。印度逐渐以"软件代工"的模式与美国建立起分工关系：由美国发展先进技术，印度学习技术并提供廉价软件劳动力。在这种互利的前提下，自 20 世纪 80 年代起，印度陆续派遣国内软件工程师至美国学习先进的软件技术，并为当地企业提供低阶工作所需的技术劳动力。这些"先遣部队"逐渐建立印度国内软件与美国大厂的合作机制，为印度软件创造了出口契机，再加上语言[①]、薪资等优势，使得印度企业虽然以低阶软件代工为主，却能通过国内外项目合作，不断提升企业人才的软件技术能力（方慧，2008）。

20 世纪 90 年代，印度政府于 1991 年开始出台新一轮以鼓励外资为主的经济政策，重点目标是放宽外资限制并吸引外资。内政方面，印度政府允许外资拥有 51% 以上的股权，甚至独资设立分公司；加强知识产权保护且设立软件科技园区[②]；斥巨资建设园区的通信设备，提升其整体通信环境的便利性，以鼓励软件企业进驻、扩大软件产品与服务的出口。印度政府于 1997 年成立专门负责软件出口业务的数字产业部，1999 年设立数字技术部，负责推动整个印度软件产业的发展（张改清、陈华超，2003）。

对外贸易方面，印度政府为了吸引外资，原则上取消进出口许可，并降低关税。为了巩固境外市场、拓展国外软件代工市场，印度政府除了以政府身份与美国、欧洲国家、日本等政府协调劳动力输出的相关法规政策之外，也积极培养印度软件人才除了英语之外的外语能力，包括法语、德语、日语等，此举有利于分担美国市场以外的风险。另外，政府也积极协助国内企业取得国际软件认证；高级官员经常被派出访，以实际行动打造印度软件高质量的形象，提升印度在国际市场的整体竞争力（张韬，2006）。

印度软件产业以营业额低、出口导向的中小企业为主，主要提供服务而非产品，大部分仍属于低阶设计、编码与维护等低附加值的软件服务，原因是低阶软件工作单调、繁杂、重复性高，且须投入大量软件技术劳动力。印

---

① 印度于 1974 年将英语确定为第二官方语言（张淮杞、卢素涵，2002）。
② 印度政府在 1989 年首度试验性地建设普那（Pune）、布班内斯瓦（Bhubaneshwar）以及班加洛（Bangalore）等三个软件科学园区之后，又在 1991 年提出"软件科技园区"（STP）计划（张淮杞、卢素涵，2002）。

度能够发展软件产业，其实是充分利用了该国充足且廉价的人力资源，为以美国为首的发达国家提供大量、非长期、愿从事单调工作，而且英语沟通能力佳的软件工程师，作为软件发展的基础。除了只能专注于软件代工或开发特定技术的中小企业之外，印度也有少数的大型软件企业开始往高附加值的阶段前进，不再只承接程序编译等低附加值的业务（孟薇、钱省三，2005）。

5.6 小结

无论是先进国家如日本、欧洲各国，还是后进国家和地区如韩国、中国台湾、印度，都有自己长期的数字科技发展战略和治理体系，或形成战略伙伴，或形成国际竞争关系。这些国家和地区与中美两国的互动，往往伴随着数字科技不同时期的特质而形成不同的联结，并与中美两国共同构建了数字科技不同时期的国际治理体系。数字科技从大型主机到智能手机四个时代的国际互动与整体图像，将在第6章进一步讨论。

第 6 章

数字科技的全球演进

本章以数字科技四个时代的发展为主轴，论述从大型主机时代到智能手机时代的全球整体图像，以及各个时代全球竞争与战略结盟关系，着重于分析不同时期中美两国数字科技主流规格和标准制定背后的博弈关系，及其与主要国家和地区的战略互动。

中美两国并非单独存在于国际体系之中。随着其他主要国家和地区科技战略和治理体系的推行，中美两国之间的博弈及其与主要国家和地区的互动展现出不同的动态。中美两国与主要国家和地区的互动直接或间接地促成了数字科技的变革与转型。

本章第一、第二节主要论述大型主机时代和个人计算机时代，由美国所主导的全球数字科技发展的整体图像，着重分析日本与欧洲各国对美国领导地位的回应与挑战，美日科技竞争之下美国政府与企业所掌握的信息与主要利益，以及美方构建了哪些机制以确保自身利益。第三、第四节分析网络时代和智能手机时代，中美两国政府与企业的主要利益，以及双方如何在互动的前提下构建科技治理机制并规划执行。

6.1 大型主机时代的全球化与国际竞争

美国、欧洲与日本政商一起，勾勒出大型主机时代计算机产业全球化最初的轮廓，构成了数字科技全球化最初的整体图像。大型主机时代数字科技战略整体图像见图 6-1。

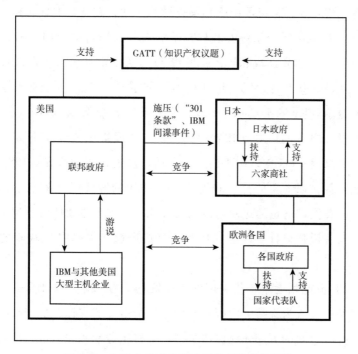

图 6-1　大型主机时代数字科技战略整体图像

6.1.1　美日争端与"IBM 间谍事件"

大型主机时代，美国一直在计算机市场占据优势地位，其唯一的威胁来自日本，欧洲尚不成气候。尽管美国政府一度担心 IBM 近乎独占的地位，然而可以确定的是，IBM 为美国带来了相对的国家竞争优势。IBM 是一家跨国公司，它的营销、生产甚至研发活动分散于世界各地，但是其最高附加价值、最核心的工作位于美国境内。大型主机时代，IBM 能够凭一己之力使美国、日本和欧洲的贸易保持在平衡状态，除了美国有明显顺差之外，其余地区皆无显著的顺差或逆差（Dedrick 和 Kraemer，1998）。

尽管美国政府将压制 IBM 在国内的垄断地位作为促进整体计算机产业发展的手段，然而在 1982 年，美国司法部与 IBM 达成协议终止长达 13 年的诉讼之后，IBM 随即通过美国联邦调查局的协助，破获日本日立和三菱公司窃取 IBM 大型主机操作系统专利权技术的案件，即所谓"IBM 间谍事件"。日立公司后来与 IBM 达成和解，支付 4500 万美元的和解金，以及每年给付 IBM3600 万~4500 万美元以继续使用 IBM 的技术专利。至于富士通，虽然其通过安道尔（Andorra Corporation）的关系一直能取得 IBM 的部分技术，但在间谍事件之后也必须与 IBM 谈判，双方达成协议才可以使用与 IBM 兼容的软件。然而 1985 年，IBM 仍对富士通违反协议提起诉讼。1987 年，富士通经过仲裁，以 8.3 亿美元的代价取得 IBM 的源代码（陈木荣，1989）。除此之外，美国政府也通过双边谈判的方式，要求日本政府将大型主机市场自由化，或者说强迫日本政府扶持的计算机产业必须暴露在 IBM 的强势竞争之下。

随着 20 世纪六七十年代美国整体经贸竞争力下降，以计算机为代表的知识密集型产业成为维持美国国际经贸地位最重要的支柱，美国政府必须以政治实力打压日本的崛起才能保持本国计算机工业的领先地位，从而在经济上继续与日本、欧洲相抗衡。这种趋势从 70 年代起一直持续到 90 年代日本经济陷入泥沼为止。

虽然美国政府在国内因为反垄断诉讼而与 IBM 有明显的利害冲突，但一致向外敲开日本市场大门却符合二者共同利益。来自日本政商体系的竞争压力迫使美国政府必须和 IBM 合作。联邦政府不但试图帮助 IBM 敲开日本市场大门，而且协助 IBM 保护海外的知识产权。二战后初期从减让关税到保护知识产权的转变，体现了美国由有形工业经济转向无形知识产权交易过程中利害关系的变化。这种转变到了 80 年代的个人计算机时代更为明显，到 90 年代的网络时代则成为主流。然而不论是多边自由贸易体系，还是"301 条款"下的双边经贸谈判，美国政府让数字科技的发展为美国国家整体利益服务的用意始终如一，IBM 等高科技企业在这种氛围下则是最主要的受益者。

6.1.2 计算机产业最初的全球化

当大部分大型主机企业仍维持着垂直整合的形态时，以 IBM 为代表的少数企业控制了全球大部分市场。随着兼容系统、接口设备以及独立软件公司的快速成长，模块化、标准化计算机平台的发展方向成为大型主机解构、进入个人计算机时代的前兆（陈淮，1991；黄典，2019）。

在计算机产业发展初期，虽然可以看出生产全球化的趋势，但此时的全球化由 IBM 主导。IBM 全名"国际商业机器公司"，很明显地描绘出早在计算机发明之前 IBM 就已经是国际化的企业。大型主机时代早期，IBM 已积极向全世界营销其产品。在全球各地，IBM 在其他美国公司或当地竞争者出现前就抢先进入该市场，并建立营销渠道，再逐步将生产、设计甚至研发活动布局到全球（Dedrick 和 Kraemer，1998）。

除了 IBM 全球化的营销活动之外，第二个驱动计算机产业全球化的因素是亚洲国家和地区广泛投资电子及半导体产业。20 世纪 60 年代，美国电子工业生产开始外移，如摩托罗拉、通用电器、德州仪器等在亚洲不同国家和地区设立工厂。60 年代至 80 年代，亚洲电子产业的发展是亚洲日后可以成为个人计算机主要生产基地的重要因素。第一，亚洲地区在这段时间获得了必要的生产要素，包括大量劳动力、有经验的电子工程师及其他专业人才等。第二，美国开创个人计算机事业的几乎都是年轻的创业家，他们的专长是设计软硬件并将产品营销全球，但是将设计转换为产品有赖于熟悉生产作业的工厂来完成，亚洲国家丰富的电子制造业经验恰好弥补了美国的弱势（Dedrick 和 Kraemer，1998）。在上述两个因素推动下，亚洲成为日后美国企业代工合作伙伴的合理选择。

6.2 个人计算机时代的产销全球化

个人计算机时代，美国仍站在全球供应链的顶端，利用不同手段"遥控"着竞争者与合作伙伴。图 6-2 描绘了个人计算机时代数字科技战略整体图像，也是全球数字科技产业结构的雏形。

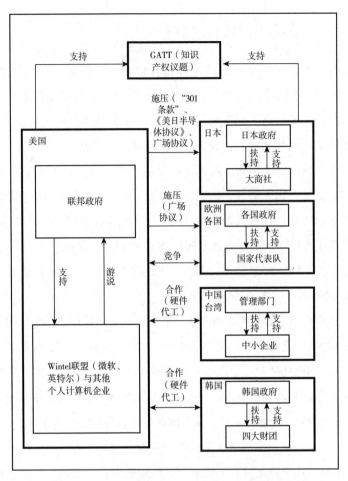

图 6-2 个人计算机时代数字科技战略整体图像

在大型主机时代，日本是美国唯一的竞争对手，欧洲尚不成气候，亚洲其他国家和地区在计算机产业扮演的角色还不明显。然而，到了个人计算机时代，从贸易业绩可以看出，相比于亚洲国家和地区在计算机硬件方面强劲的出口竞争力，美国软件和数字服务领域的实力及欧洲硬件和软件领域的实力都呈现乏善可陈的窘境。个人计算机革命虽然让计算机产业进一步全球化，然而此时的全球化是以美国与亚洲国家和地区为中心所形成的产业网络，不但分散世界各地，而且以计算机硬件制造为主。报酬递增的硬件系统设计和市场战略规划，以及绝大部分软件开发和生产，仍旧留在美国本土。美国公司以亚洲为廉价工厂，成功抵消了日本的"火力"（Dedrick 和 Kraemer，1998）。

硬件方面，由表 6-1 可以看出，1985~1995 年个人计算机硬件制造商中，除了日本的 NEC、东芝、富士通及中国台湾的宏碁之外，个人计算机硬件市场仍旧大多掌握在美国企业手中。许多销售个人计算机系统的公司仅自理组装、设计和营销工作，零组件及外围设备则以外包的方式在亚洲地区寻找供应商。图 6-3 显示了 1985~1995 年，"亚洲四小龙"计算机硬件产值皆呈现快速增长的局面。到了 20 世纪 90 年代初期，这些亚洲新兴工业国家和地区已在个人计算机硬件市场中的诸多领域取得了领先地位。如表 6-2 所示，1995 年，中国台湾在笔记本电脑、显示器、主板生产方面都具有傲人的成绩；韩国已有足够的实力挑战原先日本所掌控的 DRAM 市场；新加坡则在硬盘机制造及组装上有亮眼的表现。图 6-4 显示，日本计算机硬件产业和"亚洲四小龙"计算机产业快速成长的趋势相反，20 世纪 90 年代初期日本计算机硬件产业开始面临产量遽减的危机，与 20 世纪 80 年代的快速成长形成鲜明对比。日本在 20 世纪 80 年代经济泡沫化后需求停滞，严重波及了在一定程度上倚赖本国市场的计算机产业。减产的部分主要来自大型主机，说明日本计算机产业从大型主机时代过渡到个人计算机时代的过程并不顺利。

表 6-1　世界十大个人计算机制造商市场占有率

单位：%

公司名称	1985 年	公司名称	1990 年	公司名称	1995 年
IBM	25	IBM	13	康柏	10
Commodore	14	苹果	7	IBM	8
苹果	14	NEC	6	苹果	8
Tandya	8	康柏	4	帕克贝尔	7
康柏	3	东芝	3	NEC	4
Ataria	3	Olivett	2	惠普	4

续表

公司名称	1985 年	公司名称	1990 年	公司名称	1995 年
惠普	2	ZDS	2	戴尔	3
ZDS	2	帕克贝尔	2	宏碁	3
迪吉多	1	惠普	1	富士通/ICL	3
安迅（NCR）	1	富士通	1	东芝	3
合计	73	合计	41	合计	53

资源来源：Dedrick 和 Kraemer，1998。

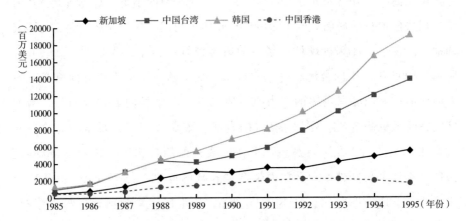

图 6-3　1985～1995 年亚洲新兴工业国家和地区计算机硬件产值

资料来源：Dedrick 和 Kraemer，1998。

表 6-2　1995 年亚洲新兴工业国家和地区计算机硬件全球市场占有率

单位：%

	台式计算机	笔记本电脑	显示器	主板	硬盘机	DRAM
韩国	5	1	25	n. a.	3	30
中国台湾	10	27	57	65	0	5
新加坡	3	12	5	n. a.	45	n. a.
中国香港	1	0	0	n. a.	0	0
平均占有率	19	40	87	n. a.	48	n. a.

资料来源：Dedrick 和 Kraemer，1998。

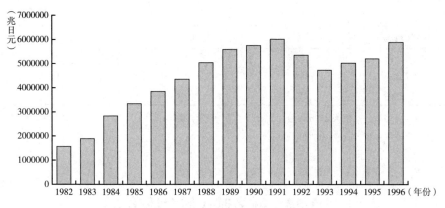

图 6-4 1982~1996 年日本计算机硬件产值

资料来源：Dedrick 和 Kraemer，1998。

软件方面，表 6-3 显示，从 1995 年亚洲国家和地区软件产值占 GDP 比重来看，只有新加坡勉强可以与美国媲美。除此之外，包括日本在内的所有亚洲国家和地区在软件产业上均不具有亮眼的表现。美国软件产值和出口值，都处于令各国望尘莫及的领导地位。

当美国公司通过专利授权和营销渠道控制了个人计算机产业的时候，美国政府则积极以双边经贸谈判创造有利的国际竞争环境。尤其在知识产权议题上，将"无形财产"形塑为国际经贸的核心并联手向外扩张，成为美国政商之间最大的共通利害。今日数字经济产业结构在 20 世纪 80 年代已具雏形。

表 6-3 1995 年美国与亚洲国家和地区软件产业情况

单位：百万美元，%

国家（地区）	产值	占 GDP 比重	出口值
美国	60000	0.86	23000
日本	7200	0.15	2300
韩国	469	0.13	31

续表

国家(地区)	产值	占 GDP 比重	出口值
中国台湾	285	0.12	80
新加坡	556	0.84	214
中国香港	50	0.04	167

注：美国软件产值为 1996 年数据，出口值为 1993 年数据。
资料来源：Dedrick 和 Kraemer，1998。

6.3 网络时代的全球化

延续前文对计算机产业全球化的讨论，本节再度审视网络时代数字
经济全球供应链的整体图像：美国傲立在供应链和价值链的顶端，几乎
没有可与之匹敌的对手。网络的发展显然巩固了美国位于顶端的盟主
地位。网络时代数字科技战略整体图像可用图 6-5 描绘。

软件产业和网络经济（包括由网络发展所衍生的电子商务、金融及服
务业）等"新经济"（new economy）形态的发达，让美国经济于 20 世纪 90
年代再度起飞。美国结束了 1973 年石油危机以来"三分天下"的局势，重
回经济霸主地位，将专攻硬件制造业的日本远抛于后。美日经济的易位，代
表全球经济发展模式的根本性转变。由工业经济转变为知识经济的过程中，
无形的知识取代了有形的产品，成为国家竞争力的核心；以软件产业和网络
经济为重要元素的全球化，标志着世界贸易以美国利益为中心而开展。通过
经济形态的彻底转变，美国将继续领导全球经贸规则，并处于数字经济的领
先位置。

如表 6-4 所示，1990 年世界 20 大软件公司中，有 75% 属于美国公司，
占据了压倒性多数；日本只有富士通和日立上榜；欧洲则有德国的西门子、
SAP 和法国的布尔。1998～1999 年，美国企业进入世界 20 大软件公司的比
例进一步跃升为 85%；日本没有一家软件公司能够进入排行；欧洲虽然仍
旧维持了 3 家公司，但是变动相当大：德国的 SAP 是唯一蝉联的公司，排

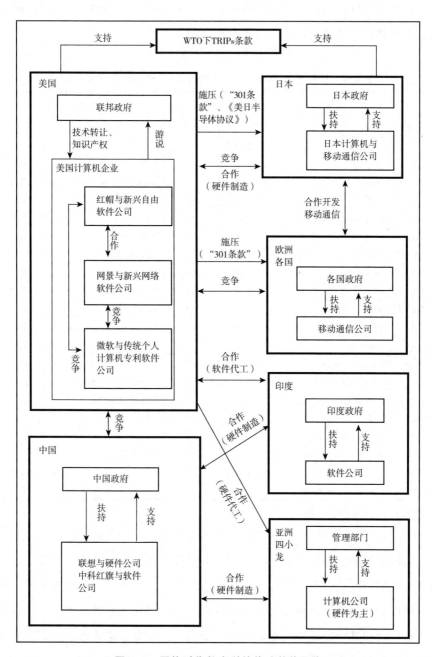

图 6-5　网络时代数字科技战略整体图像

名跃升至第 4 位，其他两家则是英国的 Misys 与荷兰的 Baan。20 世纪 90 年代，美国软件产业独占鳌头的气势有增无减。

表 6-4　1990 年与 1998~1999 年世界 20 大软件公司销售排名

1990 年			1998~1999 年		
排名	公司名称	所在地	排名	公司名称	所在地
1	IBM	美国	1	微软	美国
2	富士通	日本	2	甲骨文	美国
3	迪吉多	美国	3	Computer Associates	美国
4	微软	美国	4	SAP	德国
5	Computer Associates	美国	5	Compuware	美国
6	日立	日本	6	Peoplesoft	美国
7	西门子	德国	7	BMC Software	美国
8	Unisys Corp.	美国	8	Electronic Arts	美国
9	甲骨文	美国	9	Cadence Design	美国
10	布尔	法国	10	Novell Inc.	美国
11	Hewlett Packard	美国	11	Parametric Technology	美国
12	Novell Inc.	美国	12	Network Associates	美国
13	Cadence Design	美国	13	JD Edward and Co	美国
14	Adobe Systems Inc.	美国	14	Adobe Systems Inc.	美国
15	SAS Institute Inc.	美国	15	SAS Institute Inc.	美国
16	SAP	德国	16	Sybase Inc.	美国
17	Informix Software	美国	17	Misys	英国
18	Sun Microsystems Inc.	美国	18	Autodesk	美国
19	Sybase Inc.	美国	19	Baan	荷兰
20	Parametric Technology	美国	20	Informix Software	美国

资料来源：Shadlen 等，2005。

美国公司仍以母国开发及生产大部分软件为主，国外活动主要是产品当地语言版的开发，以及一些开发程序的委外工作。美国本土即拥有独步全球的软件产业，其全球化程度远低于硬件。尽管硬件代工移往亚洲、软件代工委托给印度和其他发展中国家，减少了美国本土的部分就业机会，但是美国能在软件与数字服务的高附加价值领域创造出大量高薪就业缺额（Dedrick和 Kraemer，1998）。

美国政府与企业合力制定了整套网络时代的游戏规则，包括科技、政治与经济，在所向披靡的同时也引来了各方行动者挑战美国的霸主地位。挑战者所提出的新科技及政经规则，尤其是通信网络与计算机网络的整合，将是下一节所要讨论的内容。

6.4　智能手机时代的全球化

鉴于智能手机时代复杂的科技变革所带来的国际政治与经济秩序重组，本节首先主要讨论由 3G 到 5G 的演变，并延续前几节的讨论，探讨智能手机时代数字科技战略整体图像。

6.4.1　美国与国际移动通信标准之争[①]

6.4.1.1　国际通信标准的制定:从1G 到5G 的演变

移动通信技术的演变经历了 5 个阶段：1G 发展于 20 世纪 60 年代末；2G 大约从 80 年代开始发展，但 90 年代才进入市场；3G 于 20 世纪 90 年代末出现，通信与网络的结合，为所有移动电话制造商和电信运营商带来新的契机；4G 于 21 世纪头十年进入市场，旨在将原先以个人计算机有线网络为基础的服务（IP-based service），转移到以智能手机为代表的移动设备上；5G 则进一步扩大移动通信的带宽，带来更强大的数字共享和互联网环境。整个移动通信市场主要可以分为两个部分：移动通信基础设施（基站与交换系统）市场及移动电话终端（手机）市场。以诺基亚为例，该公司最初同时经营这两个市场，但后来聚焦手机业务部分。

6.4.1.2　3G 标准与美欧日的竞争

20 世纪 90 年代后期，互联网革命让美国抓住了有线数字经济（wired digital economy）的领导权，而当时移动通信技术的主导权在欧洲。凭借移动通信技术的优势，欧洲主要国家在 3G 时代不断与美国竞争网络发展的主

---

① Steinbock，2001。

导权，包括通信标准与组织管理权，显然将 3G 视为欧洲重新主导数字经济发展的契机。

欧洲国家同时选择了日本作为合作对象。里根政府后期迫使日元升值的政策，让日本经济在 20 世纪 90 年代泡沫破灭之后长期陷入泥沼。既然无法在有线网络和数字经济领域与美国抗衡，日本响应了欧洲的结盟战略；美国虽然在移动通信技术上处于相对落后状态，却仍能利用其政治上的超强影响力，应对其他两个地区数字经济和科技的共同挑战，从而继续维持自己的领导地位。

6.4.1.3 欧洲与移动通信产业的发展

1969 年，美国国防部开始发展计算机网络。北欧国家开发了第一个跨国移动电话通信系统，被称为第一代"北欧移动电话系统"（Nordic Mobile Telephony，NMT）。在此之前，法国、德国、意大利、日本等国各有一套第一代移动电话通信系统，但都仅限于各国国内使用，极少出售到国外。1981 年，瑞典推出第一个商用 NMT 450 系统，芬兰于 1982 年提供商用模拟式 NMT 450 移动电话服务。NMT 在欧洲及欧洲以外国家的成功，带动了移动电话行业的快速增长。

或许有人认为，北欧国家人民散居偏远地区，有利于移动通信的发展，但事实上，其在国内推行的公共政策才是驱动北欧国家成为 20 世纪 90 年代后期全球移动通信龙头的原因。北欧国家在公共政策上固有的平等主义精神，使得移动电话在北欧地区一开始就被当成一般工具，而非社会身份地位的象征。北欧邮电总局的公共服务价值理念明确宣示了这个原则。在北欧各国政府的支持下，移动电话固定用户的费率相对低廉，电话公司的收入几乎完全依赖用户数量、使用量以及成本削减。北欧各国在发展移动电话之初已经考虑到消费者在价格、获取、用途等方面的需求，因此北欧地区的移动电话能够从商务市场快速发展到消费者市场。20 世纪 90 年代初期，移动电话产业的爆炸性增长就是北欧国家合作行动促成的结果。

北欧国家开始全面采用 NMT 系统的同时，英国也推出了自己的移动电话网络。整个 20 世纪 80 年代，各种各样的模拟式移动电话系统造成市场的分歧，也使绝大多数移动电话用户无法享受国际漫游服务。尽管德国与法国邮电总局早在 1981 年就认识到欧洲需要一套统一的移动电话标准，但是当 1983 年北欧国家希望将 NMT 变成欧洲标准的时候，英国、法国、德国、意大利等大国却分别推出了不同的系统，这使得第一次推行统一的欧洲移动通信标准的努力宣告失败。

然而，欧洲持续的统合行动依旧为欧洲各国整合移动通信标准提供了动力。推行模拟式 NMT 系统宣告失败之后，欧洲邮政电信管理会议（Europe Conference of Postal and Telecommunication Administration，CEPT）决定开发数字移动通信标准，即后来的全球移动通信系统（Global System for Mobile Communications，GSM），该标准由北欧芬兰的诺基亚与瑞典的爱立信共同研创。1982 年，在北欧国家与荷兰的主导下，CEPT 在其下成立"移动特别行动小组"（Group Special Mobile），该组织的主要任务是为欧洲制定移动通信标准。GSM 不只是诺基亚与爱立信的市场导向战略，也与欧洲各国的政治整合密切相关。诺基亚与爱立信的合作被视为具有泛欧洲竞争优势的典范。GSM 因势利导，成为欧洲议会支持下的泛欧洲政治行动方案，也是欧洲电信企业与电信设备制造商促成区域内移动电话网络整合的成果。

随着欧洲市场在 80 年代末期的加速整合，1989 年，欧洲电信标准化协会（European Telecommunications Standards Institute，ETSI）开始负责欧洲各国 GSM 的标准化工作，并在 1991 年推出第一个 GSM 网络。在美国发动网络革命的同时，欧洲也正领导着 2G 革命，欧洲比美国更早采纳数字移动通信标准。当美国政府对移动通信采取自由放任态度，期待市场自行产生标准的时候，欧洲已经通过政府间合作，在 2G 时代达成强制性的统一标准。不但所有欧洲国家都采用 GSM 标准，欧洲以外的国家也陆续使用。欧洲国家相信，统一的标准可以带动市场的成长，而事实也证明如此。1999 年，GSM 已经成为移动电话的主流标准，全球有超过 45% 的移动电话采用此标准。

欧盟把第三代移动电话的竞争视为欧洲企业战略性发展数字经济最重要的机会。通过 3G 的发展，欧盟希望欧洲形成能与美国硅谷、日本消费性电子产品和零组件产业相抗衡的领导地位。欧盟的目标是确保由诺基亚和爱立信共同开发的 GSM 与 3G 标准兼容，其中的利益非常庞大：依据 ITU 的估计，2010 年 3G 将在全球产生 20 亿个用户，欧洲许多全球领导性的企业已在前期投入大量成本用于第三代移动电话的研发工作，如诺基亚早在 20 世纪 90 年代初就开始研发第三代移动电话。未来的市场赢家必须争取知识产权的领导权、缩短现有市场迈向未来市场的路径，以便在新科技与新产业结构形成的过程中争取市场占有率。这是欧洲各国政府与企业想要重新领导数字经济发展最重要的战略。

继 1991 年推出第一个 GSM 网络之后，欧洲电信标准化协会于 1998 年又成功调和了诺基亚、爱立信与西门子之间的利益冲突，将 W-CDMA 与 TD-CDMA 定为 3G 标准。欧洲各大移动通信企业能够逐步走向国际舞台的中心，离不开欧盟对内调和各国政府与企业对外抗衡美日竞争的努力。

6.4.1.4　欧盟与日本的移动通信联盟

第三代移动电话的利害关系远比第二代移动电话来得大，单凭欧盟一个区域经济体，并不足以解决系统标准的问题，因此，欧盟必须取得其他经济体的支持，以巩固自己在 3G 标准中的地位。

美国的移动电话制造商及电信运营商，并非 3G 的最早开拓者，虽然它们知道要如何竞争，但是第二代移动电话存在各种不同的标准，而美国政府又倾向于放任市场自行决定，因此美国第二代移动电话市场还十分碎片化，创新也落后。日本的移动电话制造商及电信行业，在第二代移动通信的竞争中，本来期望利用自己开发的专利 PDC 标准占领亚洲市场，击败欧洲的 GSM 标准，但是日本泡沫经济的破灭连带打碎了其如意算盘：PDC 标准的研发耗尽了日本移动电话制造商的资源，却未成功实现商品化。不过在第三代移动通信中，日本却是先发者之一，推出以 W-CDMA 为基础的第三代移动通信标准，这是与欧洲兼容的标准，欧洲企业因而倾向于与日本合作。

与欧洲各国由国家发展电信的经验类似，日本电信电话公社（Nippon Telegraph and Telephone Public Coorporation，NTT）由日本通商产业省设立。直到 20 世纪 90 年代，NTT 一直是日本固定线路的市内与长途电话服务的垄断单位，国有的 DoCoMo 则是 NTT 下的独立分支单位。欧洲的手机厂商如诺基亚急于进入亚洲市场，日本的 DoCoMo 也急于进入欧洲市场。芬兰与日本于1995 年开始商谈合作事宜，1997 年诺基亚与其他欧洲企业宣布支持 W-CDMA 通信标准，欧盟也出资赞助这项计划。1998 年，欧洲电信标准化协会选择将 W-CDMA 与 TD-CDMA 作为第三代移动通信标准，宣示了欧洲将在 3G 领域与日本形成统一阵线。

6.4.1.5 欧洲与美国的移动通信标准之争

在欧洲与日本通过政府与企业间的合作，如火如荼地整合移动通信标准之际，美国移动通信企业在政府的放任政策下似有被孤立的态势。1997 年，由高通（Qualcomm）领军的美国企业宣布，它们将为第三代移动通信研发一项新技术。1998 年，高通成立移动电话服务事业分支 Leap Wireless 公司，并且与微软合资成立 Wireless Knowledge，提供便携式个人电脑上网的产品与服务。高通主张：第三代移动通信应该只有一个统一的标准，欧洲的 CDMA 技术应该与高通的 CDMA 2000 技术结合，否则 ITU 应该在两者之间做一个抉择；欧盟要求所有会员国采用欧洲电信标准化协会所颁布的 3G 标准属于不正当的贸易保护主义行为，目的是把美国的移动通信技术挤出欧洲市场，因此克林顿政府要求检视不同移动通信标准之间的冲突情况。尽管当时高通与爱立信的专利官司还在诉讼期内，高通仍威胁要使用专利组合阻止欧盟与欧洲电信标准化协会的决定。

美国克林顿政府基本上接受了高通对欧盟的控诉。1998 年，欧盟委员会宣布支持欧洲电信标准化协会将 W-CDMA 和 TD-CDMA 作为 3G 标准的政策。1998 年 12 月，美国政府正式向欧盟发函，指控欧盟限制第三代移动电话市场的竞争，威胁将采取贸易报复。1999 年 1 月，欧盟回函美国政府，否认这项指控。欧盟认为：它在决策中并未要求所有欧盟会员国只能采用欧洲的技术，仅要求每个会员国国内至少有一家电信运营商采用欧盟的通信标准；其目的只是确保所有欧洲的移动电话都能跨国使用，就像 GSM 标准一样，并未把美国排除在外。

美国政府于 1998 年 12 月发函欧盟后不久，芬兰政府核发全球第一张 3G 牌照。牌照发出之后，芬兰交通通讯部（Ministry of Transport Communication, MTC）却收到一份美国官方未署名的"口头声明"，其内容表达了美国政府非常关注芬兰核发牌照的过程，担心核发速度过快会使新进者缺乏足够长的准备时间。"口头声明"中还引述高通与爱立信的专利诉讼，认为 3G 牌照核发的速度不应该过快，因为这类专利纠纷可能影响牌照持有者的权利。这份未署名的"口头声明"充分显示出美国与欧洲在移动通信标准上的利害冲突，也反映了贸易与政治力量的积极介入。

1999 年 2 月，美欧跨大西洋商务会谈于华盛顿举行，与会者包括全球各地重要的移动电话制造商与电信运营商，美国的 IBM 与惠普也参与会谈。美欧的移动通信标准最后采用了德国 T-Mobile 提出的解决方案：3G 的技术伞以 CDMA 为基础，伞下包括各种主要技术，电信运营商可以自由选择。在各国政府与企业利益的妥协下，统一的通信标准被放弃，取而代之的是单一的弹性标准（single flexible standard）。这个折中方案最后交给 ITU，联合国决定把 IMT-2000 发展成统一的弹性标准，运营商可以自由选择多重的访问方法。3G 标准之争就此落幕。

6.4.2　4G 的转折与 5G 的科技竞赛

6.4.2.1　ITU 与 4G 的转换

1998 年，在各国政府与企业竞争 3G 标准之际，由多国和地区的通信标准组织共同成立的第三代合作伙伴计划（Third Generation Partnerships Project, 3GPP）开始研究新一代通信技术 LTE。3GPP 包含美欧日韩的通信标准组织，包括日本的 ARIB、TTC，中国的 CCSA，欧洲的 ETSI，美国的 ATIS 和韩国的 TTA 等，主要任务是为 ITU 提供有关 LTE 的研究报告。1999年，ITU 在 3G 发展上采取 IMT-2000 统一弹性标准，目的是让各国运营商自由选择多重的访问方法；而在 4G 技术选择上，ITU 决定在 3G 所采取的 IMT-2000 基础上增加新的系统功能，并命名为"IMT-Advanced"，沿用了 IMT-2000 的弹性伞状架构。ITU 倾向于各国和地区的通信标准组织合作，以完成 4G IMT-Advanced 架构的技术设定。

2008 年，ITU 致函各国通信标准组织以商讨将何种通信技术纳入 IMT-Advanced 架构，随即收到六种相互竞争的技术架构。经过仔细评估各种技术架构的频段、市场前景与标准化原则，ITU 最终在 2010 年发布了第一版 IMT-Advanced 架构。在六种技术架构之中，ITU 仅选择了两种，即 3GPP 推动的 LTE 技术，以及电气与电子工程师协会（Institute of Electrical and Electronics Engineers，IEEE）推动的 WiMAX（IEEE 802.16），并将其纳入 4G 标准。

美国在 3G 标准领域落后于欧洲，但进入 4G 时代后，却仅次于韩国，成为世界上最早部署 4G 网络的国家之一（Duan，2015），美国企业拥有世界上最多的 4G 网络技术专利。早在 2007 年，美国 Sprint 公司便着手开发首个 4G 的 WiMAX 网络。2011~2013 年，Verizon 与 AT&T 等公司正式部署了技术更成熟的 4G LTE 网络。在 4G LTE 的基础上，美国不仅有苹果与谷歌主导智能手机操作系统和硬件的发展，也有大量应用软件新创公司，通过移动网络和增强物联网设计引领了导航技术和基于云技术的应用软件的发展。例如，共享经济推动了 Lyft、Uber、Airbnb 等一系列基于云技术的美国 App 服务公司兴起，这些新创公司皆处于全球知识产权和投资的前沿。除此之外，美国还有一系列社交媒体平台，如 Facebook、Twitter 等，通过移动网络实现迅速扩张（Lee，2020）。然而，尽管美国在 4G LTE 网络实现创新，但是 5G 更快的数据传输速度和更广的覆盖范围（取决于频谱范围）的前景已近在眼前。在 5G 的发展上，美国再次出现滞后的态势。

6.4.2.2　美国5G的发展与滞后

美国联邦通信委员会（Federal Communications Commission，FCC）是负责监管美国国家频谱资产的机构。2019 年，为加快 5G 的发展，FCC 宣布实施"5G FAST"计划，旨在将一系列国家频谱资产商业化，更新现有的基础设施，并修改过时的法规和政策，以满足未来需求。尽管认识到国际竞争中时机很重要，FCC 却仍无法避免冗长的官僚程序：FCC 必须在清算和拍卖已成为有价值的国家资产 C 波段频谱之前对其进行识别。该机构的首次 5G 拍卖（拍卖 101）在 28 GHz 频段进行得相当顺利，但在拍卖 101 取得成功后，FCC 却花了很多年，也克服了很多技术挑战，才得以出售其他频谱。

美国将国家频谱重新用于商业 5G 的行动同样迟缓。美国国会最初于 2016 年提出《立即移动法案》（Mobile Now Act），目的是减少与 5G 服务相关的政府采购流程，但是该法案在两年后才被采纳。2018 年，该法案成为 RAY BAUMS 法案（Repack Airwaves Yielding Better Access for Users of Modern Services Act of 2018）的一部分。

美国电信公司在 5G 领域的部署同样出现滞后。美国公司主要将 5G 技术布局于毫米波（mmWave）的高频段，如 AT&T 和 Verizon 都将其最初的 5G 部署集中在此频段，理由是此频段在美国体育场馆和本地专用网络中具有可行性。然而，与低频段和中频段相比，mmWave 的技术局限性使其在更广的覆盖范围（特别是农村地区）中的用处并不大。美国公司中，只有 Sprint 凭借收购在低频段运营的 T-Mobile 才推出了中频段的 5G 服务，并声称高频段与中频段的组合可以使 5G 服务覆盖范围更广的区域，尤其是农村和偏远地区（Lee，2020）。

6.4.2.3　中国5G 技术的部署与超前

早在美国推出高频段与中频段的组合之前，中国就选择将低频段和中频段的频谱广泛应用于 5G 网络。600MHz、800 MHz 和 900 MHZ 的低频段可以穿透建筑物并覆盖较大的范围，中频段处于 2.5 GHz 至 3.5 GHz 范围内，能够覆盖几公里半径，因此提供了更加均衡的覆盖范围和容量。

长期以来，中国的电信企业，包括中国移动、中国电信和中国联通在内，在政府政策引导下尝试开发中、低频段的 5G 产品和服务。比起美国企业不断游说联邦政府尽快出售 C 波段频谱，中国政府在测试的早期阶段就将全部 C 波段频谱授权给本国的电信企业。该频谱在 3.7 GHz 至 4.2 GHz 范围内，为电信企业带来了更广的 5G 地理覆盖范围。与不能长距离传播或穿透建筑物的 mmWave 相比，C 波段支持高容量宽带，并将支持 AR 和 VR 等高级应用，且不会带来流畅性的挑战。尽管授予 C 波段频谱全部权限需要部署更多的基站，但中国政府与企业仍然因为有能力迅速建设更多基站而保持优势（Lee，2020）。

6.4.2.4 中美科技竞争下欧洲各国对于5G技术的响应

在美国 5G 部署逐渐落后之际，2019 年，特朗普政府正式宣布依据《国防授权法案》（National Defense Authorization Act，NDAA），禁止在联邦政府部署中使用中国 5G 设备制造商华为公司的产品，并且威胁其他国家和地区不得使用华为设备。然而，除了日本、澳大利亚和新西兰等盟友之外，美国的其他欧洲盟国如法国、德国、意大利、荷兰和英国，仅对华为实行部分限制。

2020 年 1 月，英国首相鲍里斯·约翰逊宣布允许华为协助英国扩建其 5G 网络的一部分，因为华为设备已经整合进英国既有的 3G 和 4G 网络中。尽管伦敦不同意华为建构英国 5G 网络的核心部分，并且选择将华为设备从军事设施和其他敏感地点移除，英国仍允许华为将基站安装在低风险地区，并限制华为在其更广泛的网络中所能拥有的市场份额。荷兰将华为产品限制在 5G 核心网络之外，以防止任何潜在的间谍活动威胁，但是网络相互依存和合理的成本结构仍使荷兰与华为保持联系。

2020 年 1 月，欧盟还为会员国提出了一种基于风险的模型，为 5G 网络提供安全基线，但并没有完全禁止华为设备和软件。美国的禁令反而为非美国的电信公司如欧洲的爱立信和诺基亚，提供了新的发展空间。例如，挪威最大的电信运营商 Telenor 将最新的 5G 合同授予了爱立信（Lee，2020）。

6.4.2.5 IPv6及国际竞争

20 世纪 90 年代后期，移动通信进入 3G 时代之后，随着电脑网络与电信网络的整合，整体网络范围逐步扩大。网络 IP 由 IPv4 转到 IPv6 最主要的原因在于：科技的日新月异推动网络设备从原先的大型主机时代过渡到个人计算机时代和智能手机时代，并且汽车、家用电器也连接到互联网，IPv4的局限性越来越明显。因此，发展 IPv6 成为各国的共识，但是各国由于利益不同，对于新技术的发展也持不同意见。

IPv4 起源于美国。美国拥有将近 2/3 的 IPv4 地址，巨大的使用范围也造成一定的负担。以美国的立场，在 20 世纪 90 年代后期，既然没有地址短缺的问题，也就不愿意花费大量资本搭建新的 IPv6 商业网络体系。按照IPv4 的分配规则，一个美国人大概可以分到 10 个 IP 地址。另外，美国的企业生产设备大多为欧洲、中国定制生产，本国并不普遍应用 IPv6 设备，因此起初整体上没有特别规划（彭祯艺等，2003）。

占着规则制定与资源分配的绝对优势，美国不愿意让 IPv4 过渡到 IPv6 是自然的。除了国内没有现实需求以外，由于新技术的发展，美国又必须在新一波标准制定中重新定位，而身为现存架构下的既得利益者，美国理论上没有改变架构的理由。也正因为美国的阻挠，IPv6 的初期发展显得相当不顺利。反观 IPv4 时代，美国在网络层、传输层几乎可以呼风唤雨。从 IPv4 转换到 IPv6，科技的问题本身并不完全是科技，而今日网络的 TCP/IP 架构，其实是基于美国的政治权力。只有美国愿意接纳新标准，IPv6 才得以尽快普及。

如同美国与欧洲竞争移动通信标准，在国际政治经济体系中，其他国家的挑战也迫使美国不得不对新科技的发展做出回应。由于其他国家都在积极推动 IPv6 商用，美国不得不加入。然而，IPv6 在美国的发展出现悖论，研究和开发 IPv6 的主要力量如 IETF 的 6BONE 等都在本土，但美国对 IPv6 的热情并不高，甚至远不如欧洲和日本（雷震洲，2003）。

2003 年底，一直对 IPv6 态度不明朗的美国，决定在美国军事网中全面部署 IPv6。美国政府决定部分采用 IPv6，除了军方推动的因素外，主要原因是美国不希望失去在网络领域的市场优势。美国开始改变对发展 IPv6 的态度，从不明朗转变为支持，并开发适用 IPv6 的试验性产品（雷震洲，2003）。例如，微软的 Windows XP 系统、苹果操作系统等支持 IPv6

（Fuentelsaz 等，2008），还有一些网络基础设备企业如思科、Juniper 等，在广阔的海外市场基础上推出 IPv6 相关产品（彭祯艺等，2003；Margulius，2004）。此外，美国在"9·11"事件以后非常担心恐怖分子对其网络进行致命攻击，由于 IPv6 的结构设计比 IPv4 更容易侦查各个节点，安全性大于 IPv4，采用 IPv6 有助于维护美国数字安全（Federal Computer Week，2006）。

2011 年 2 月 3 日，ICANN 于美国迈阿密宣布 IPv4 地址库已经告罄（陈刚等，2011）。2008 年之前，美国除了军方网络已全面向 IPv6 转换之外，出于对失去 IPv6 竞争优势的担忧，联邦政府辖下的预算与管理办公室（Office of Management and Budget，OMB）也规定所有的政府机构于 2008 年 6 月前将它们的主干网络切换到 IPv6（Caterinicchia，2006；Anonymous，2006；Wallace 1997）。

除了美国以外，IPv6 主要的经济利益体是欧盟、日本与中国。在欧盟看来，开发 IPv6 成为现在及未来的必要条件，3G 和 4G 的大规模使用要求网址必须更丰富和安全。截至 2006 年 3 月，欧盟在 IPv6 的研发上已经投资了 2000 亿美元（Caterinicchia，2006）。欧盟主要政策是：2003 年底首推 IPv6 服务和 Euro6IX、6NET 等试验网络；欧洲各大企业也回应政府政策，加快开发 IPv6 的相关产品，期待尽快过渡到 IPv6；设计开发的新家电设备和汽车开始引入 IPv6，从而实现人与人之间、物与物（从电话到汽车）之间的通信（雷震洲，2003）。

20 世纪 90 年代后期，日本在变化的市场中错失了移动通信商机，导致其在网络开发方面落后于欧美。21 世纪伊始，日本政府和企业看到发展移动通信的必要性，以投资 3G 和 IPv6 为支点，加速日本网络数字化进程，使日本重新成为全球最先进的数字国家之一（雷震洲，2003）。日本已然在 IPv6 的研发上投资了 2000 亿美元，规模和欧盟不相上下（Davis，2006）。由于政府的积极推动和企业的高强度研发，21 世纪初，日本在 IPv6 的研发与应用方面走在世界前列。日本于 1992 年着手 IPv6 研发，1999 年底就开始提供小范围试验服务；2001 年 4 月，首先开始提供商用服务；21 世纪第一个十年，日本主要通信运营商和网络服务供应商如

NTT、Japan Telecom 和 KDDI 等，都全面提供 IPv6 接入服务，IPv6 的应用环境日益完善（雷震洲，2003；JCN Newswire，2005）。2008 财年，日本政府已在中央政府主要网络中全面布署 IPv6，要求此后公共部门的行政作业必须在 IPv6 的系统下解决，以公共部门为示范持续推动私部门对网络新协议的应用（Jiji Press English News Service，2005）。在应用方面，日本研究和验证的主要内容包括 IPv6 的下一代服务模型、网络家电的应用和服务等（雷震洲，2003）。

2003 年，中国在兼采国际标准和 IEEE 802.11b 的前提下，发布网络物理层的国家标准（高鸿翔，2003），在网络层与传输层积极推广 IPv6 的应用。"第二代中国教育和科研计算机网"（China Education and Research Network 2，CERNET 2）是世界上最大的完全采用 IPv6 的网络（Liu 等，2014）。

6.4.3　智能手机的全球化

移动通信网络从 20 世纪 60 年代的 1G 开始，直到 3G 时代才与计算机网络整合，并与大型主机时代以来整体数字经济的发展合流。移动通信网络与计算机网络整合以来，在不同的时代呈现了不同的发展动态，以及不同的政治与经济结构。

在 3G 时代，美国主要的竞争对手是欧洲与日本，而到了 5G 时代，主要竞争对手是中国。欧洲和日本不仅曾经通过 3G 标准与美国竞争，同时欧洲的塞班和日本的 i-mode 都曾经建立各自的操作系统标准，具备类似美国在个人计算机操作系统标准制定上的能力。美国在 3G 领域一度落后于欧洲，却通过自身在国际政治经济体系里的领导地位，成功抵御了欧洲与日本的技术联盟，在 3G 时代仍占有一席之地。通过从 3G 到 4G 的技术转移，美国成功摆脱了欧洲与日本的竞争，稳居数字经济的主导地位。韩国与中国台湾仍维持个人计算机时代为美国进行硬件代工的合作伙伴关系，后起的中国大陆则通过从 4G 到 5G 标准的转换，以及自有操作系统的开发和芯片的设计，再次挑战美国数字经济的主导地位。基于本节前述分析，智能手机时代数字科技战略整体图像可用图 6-6 描绘。

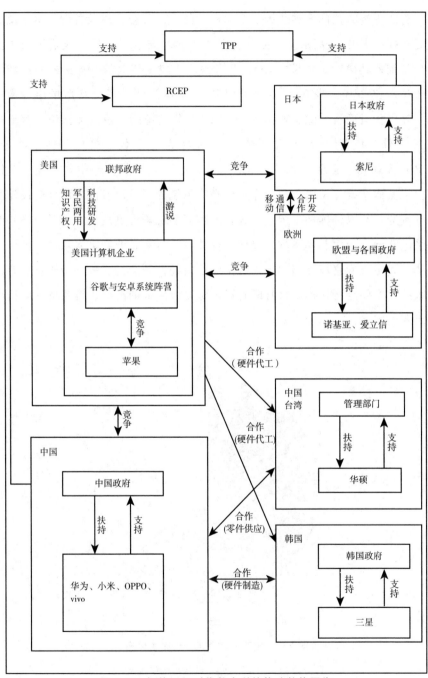

图 6-6 智能手机时代数字科技战略整体图像

　　智能手机时代的全球化围绕苹果芯片的生产外包，以及谷歌安卓系统的广泛授权而展开。从图 6-7 可以看出，谷歌的安卓系统是智能手机的主流操作系统，其次则是苹果的 iOS，两者占超六成。相对的，欧洲的塞班和黑莓合计占比 24%。表 6-5 显示了 2019 年全球智能手机品牌市场出货量情况。就出货量而言，除了韩国的三星与 LG 分别排第一位及第八位、苹果排第三之外，世界十大手机品牌里中国企业占多数，包括华为、小米、OPPO、vivo 等。除了苹果使用 iOS 系统，2019 年时韩国与中国企业大多使用安卓操作系统。美国公司依靠软件操作系统的开发以及部分硬件的设计和委外制造，与以韩国和中国企业为首的东亚手机硬件制造商形成了战略联盟关系；欧洲企业仅剩少量软件操作系统授权，日本企业则陷入软件与硬件皆无法成为主流的窘境。当中国手机企业凭借硬件制造的优势开始研发自有操作系统，主要经济体捍卫自身既有竞争优势所采取的战略，将是下一章讨论的重要内容之一。

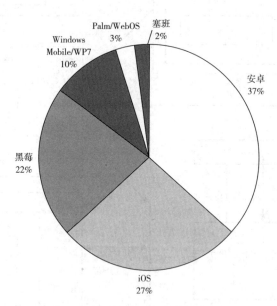

图 6-7　全球智能手机操作系统分布

资料来源：https://www.nielsen.com/cn/en/。

表 6-5　2019 年全球智能手机品牌市场出货量前十名

单位：百万部，%

排名	手机厂商	出货量	市场份额
1	三星	296.5	20
2	华为	238.5	16
3	苹果	196.2	13
4	小米	124.5	8
5	OPPO	119.8	8
6	vivo	113.7	8
7	联想	39.6	3
8	LG	29.2	2
9	realme	25.7	2
10	传音	21.5	1

资料来源：https：//www.counterpointresearch.com/。

第 *7* 章

数字科技的未来与中国的
科技战略规划

随着新科技的变迁，数字科技的发展进入新一轮竞争格局。中美两国以外、国际体系内的其他行为者如日本与欧洲，纷纷通过新科技架构和标准的推动，开启了新一轮数字科技领域的国际竞争。为了探讨新一轮国际竞争下我国未来的发展战略，本章基于全球宏观视野，阐述数字科技发展背景下的国际政治与经济结构及其未来可能的转变。

本章前三节总结主要先进国家（美国）和主要后进国家（中国）对内与对外关系的规律，并分析美国与国际体系内竞争者的关系，尤其是美国与日本、中国贸易关系的比较。未来数字科技尤其是 6G 和 AI 的发展如何形塑国际政治经济新秩序，则是本章第四节的主轴。

7.1 美国数字经济产业政策与对外贸易关系规律

7.1.1 美国对内政策与对外贸易关系的长期演进

数字经济的整体流变，围绕着美国政府与企业的共同利益而展开，不但在不同时期展现出不同样貌，而且深嵌于二战和冷战时期的国际政治经济脉络中。数字科技是美国称霸国际政经体系最重要的手段。美国不仅是科技的主导者，也通过主导科技的走向获得政治经济的持续领先地位，而政治经济地位又反过来提升了科技上的主导地位。在这些动态过程中，美国政府显然比企业扮演了更积极主动的角色。

大型主机时代的初期，为应对冷战下苏联的军事扩张，美国政府对计算机科技的 R&D 和采购政策以满足国防需求为最主要的目标，其次才是民生用途。知识产权政策对于大型主机产业初期的发展并不重要。高度集中化的计算机产业由数家垂直整合型的美国公司主控，知识仅在少数生产者之间流转，商业秘密契约即可保障生产技术不外泄。然而随着 20 世纪 70 年代独立软件产业诞生，以及模块化、标准化计算机硬件制造商的出现，越来越多美国企业加入计算机产业，连带使知识开始扩散，保护专利权与著作权的需求相对上升。因应产业的变迁以及国家竞争力逐渐转移到知识密集产业，联邦政府大幅改革了原先的知识产权制度，以加强对企业知识产权的保护，奖励知识和创造。同时，当个别企业在国内市场的势力过强，可能影响产业创新的活力时，政府也会以反垄断的方式裁抑特定大厂、刺激竞争。联邦政府对 IBM 的反垄断诉讼就是有代表性的个案。联邦政府的对外贸易政策与国内产业竞争力的培养息息相关。二战后至 1973 年，在产业实力强、不畏国际竞争的情况下，联邦政府推行了一系列以关税减让为主轴的多边自由贸易；1973 年石油危机之后，美国由经济独霸地位衰落至仅能和日本、西欧抗衡，鉴于实力弱化的美国企业在自由竞争下很容易为他国对手所击垮，联邦政府遂以双边谈判的方式启动了以非关税贸易障碍为主要形式的新保护主义。

以 IBM 为首的美国企业，在大型主机时代以军火工业的面貌出现。它们共同以美国政府为主要客户，起先主要依靠企业高层与政府官员（尤其是军事部门）的私下交易，后来则发展出现代公关技巧，对政府部门进行游说，主要目的是获取政府的各项 R&D 和采购预算。知识产权政策并非重点，贸易保护则在 20 世纪 70 年代之后才出现。

20 世纪 80 年代，随着冷战军事对抗的缓和与经济议题重要性的上升，美国政府在出口竞争力节节衰退的情况下实行以增强国家经济实力为核心的科技政策。R&D政策以提升政府技术转让能力并协助企业加快科技成果商业化为目标，反垄断标准也为鼓励企业联合研发而放松。美国需要具有国际竞争力的大企业，而处于国际竞争劣势的企业更需要政府支持而非压抑，联邦政府遂放弃了对大公司的反垄断诉讼（如IBM），转而以培养具有创造力的小型企业为激发产业活力的来源。知识产权政策则因为个人计算机水平整合模式的兴起而越发重要。水平整合模式让知识拥有者与成品制造者分开，美国企业仅掌握核心关键技术，而将产品交由亚洲国家和地区生产，使个人计算机的生产技术快速扩散到全球。为了防止国际上其他可能的产业标准出现，以维护自身的核心竞争力，美国政府对内执行更高标准的知识产权保护政策，对外以双边经贸谈判的方式推行有利于美国垄断无形知识产权的贸易政策。为补齐硬件制造业方面与日本竞争的短板，美国政府在有形的产品贸易上坚持了强硬的保护立场。

个人计算机时代，以微软和英特尔组成的Wintel联盟为代表的美国企业，已逐渐脱离了早先军火工业的色彩，成为民生消费品的生产者。众多厂家没有政府采购资金作为依靠，一开始便必须在广阔的消费市场中你争我夺。这些个人计算机企业初始便以现代公关手段参与政治，除了英特尔等硬件制造商还参与政府的联合研发计划，大部分软硬件公司把焦点集中在事关公司未来发展的贸易、反盗版与知识产权议题上。政府不再是主要的客户和重要的资金提供者（不论是采购或研发），而是维护市场运作的法令制定者和增加市场权力的政治资源提供者。企业主要的游说对象从军方转移到国会议员和美国贸易代表办公室。

起始于20世纪90年代的网络时代，在冷战结束之后快速发展。两极对抗的军事格局不再，经济成为国家间竞争的重心。美国政府开启了以知识为核心价值的经济形态。一方面，在R&D政策上，积极将冷战时期研发的军事科技成果转化为商业用途，以增强美国的经济实力；另一方面，在知识产权政策上，政府把对知识产权拥有者的保护提高到前所未有的水平，作为激励发明的手段。由于计算机产业整体竞争力上升，企业之间不再需要合作研发，联邦政府为了增强产业持续竞争的活力，重新执行严格的反垄断政策，司法部对微软的诉讼就是明显的例子。贸易方面，美国一回到全球经济霸主地位，便再度强调自由贸易的重要性，并利用多边与双边谈判实力，督促各国的知识产权保护政策与美国达成一致。由微软领军的美国高科技大厂，在政府政策支持和知识密集产业成为美国经济支柱的背景下，对公共政策的影响力有增无减。尤其是在贸易政策上，它们为政府提供的数据和政策建言经常影响美国对外贸易议程。

到了 21 世纪初的智能手机时代，经济实力仍旧是国家间竞争的核心，但国家军事与安全的需求再度跃升。美国经济向以知识为核心价值转型的态势越发明显，但对于长期去工业化的警觉促使美国政府重新调整国内的科技与产业政策。美国政府放弃多边自由贸易，改以双边谈判的方式，再次启动以关税和非关税贸易障碍为主要形式的保护主义。一方面，联邦政府在对外贸易政策上将国际知识产权的保护标准提升到前所未有的水平，以继续维持美国对知识产权的掌控；另一方面，国内的 R&D 政策却重新向冷战时期调整，企图再度实施军事科技与民生科技整合发展的战略。随着知识密集的美国高科技大厂成为国家竞争的重要支柱，反垄断政策再度放宽。美国需要具有国际竞争力的大企业，政府遂转而将支持国防科技成果民用化作为激发产业活力的手段，同时推动产业发展为国家军事与安全服务。以苹果和谷歌为首的美国高科技企业对政府公共政策的影响力持续增强，它们不但积极参与国际组织，而且为美国政府提供数据和政策建言，尤其是在贸易政策与国际科技标准的制定上影响美国对外贸易谈判立场。

综观数字经济的四个时代，美国政府与企业各自扮演的角色往往随着国际政经环境与产业结构的改变而展现出不同的特点。

美国政府在国内持续鼓励科技创造，利用企业自利和竞合激发创新。美国政府对于 R&D 和知识产权保护的政策始终积极：R&D 政策由冷战时期到后冷战时期，显示出军事与经济考虑顺位的更迭，以及美国称霸国际体系的不同内涵；不断加大的知识产权保护力度，则说明随着美国

产业转型，政府不惜牺牲广大民众，将政策利益输往知识阶层（尤其是
有能力制造大量"知识"的知识阶层）的立场。对内，经常视企业的情
况弹性调整反垄断政策，强势抑制特定企业以创造竞争，或放松反垄断，
启动企业合作共同对抗外来压力。对外，则倾向于将竞争力延伸到国际
层面，联合企业共同守住疆界或向外扩张，寻找战略合作伙伴，并迎头
痛击游戏规则的挑战者，其终极目标则是维持霸权地位不坠，包括政治、
经济与科技领域。

有政府作为后盾，美国企业长期主导了计算机产业全球化的节奏。美国
计算机公司先是在大型主机时代选择日本为主要零件供应商，当日本崛起的
地位威胁到美国产业利益之时，美国企业便调整了产业的游戏规则。个人计
算机时代，美国开始将主要的代工产品交由"亚洲四小龙"生产，以对抗
日本的攻势。网络时代，美国则善用印度低廉的软件劳动力增强本国软件生
产力。而在智能手机时代，"亚洲四小龙"依然依靠硬件制造继续成为美国
的战略伙伴。

美国着手打造了数字经济价值链，并将自己放在顶端的位置，但不断遇
到各种挑战。欧盟尽管在大型主机与个人计算机产业上与美国竞争失利，却
凭借移动通信标准的优势，反复与美国竞争网络通信的主导权；日本在大型
主机时代凭借硬件制造优势成为美国的劲敌，一度希望抓住移动通信网络整
合的时机摆脱重硬轻软的模式，重新成为数字强国；中国改革开放以来，以
全方位的发展战略在数字经济领域占得先机。欧盟、日本和中国都试图利用
自身优势，通过发展新科技重塑数字经济价值链。日本与西欧的长期挑战反
映了二战后两个地区经济快速复苏，中国则在改革开放后实现经济的快速
增长。

除此之外，印度与"亚洲四小龙"也各自以不同的模式，尝试在数字
经济竞争中取得有利地位。"亚洲四小龙"中的韩国与中国台湾，主要供应
美国数字科技发展的硬件所需，印度则以软件代工的模式与美国软件产业形
成分工。它们在现存的价值链架构下寻求向上攀升，最终强化了美国在数字
经济领域的领导地位。

7.1.2　美国驱动国家创新体系的主要战略

美国对外贸易政策的基调，往往随着国内科技与产业的发展，在自由贸易与保护主义之间反复摆荡。在大型主机时代，美国凭借强大的国力建立了以自己为中心、以自由主义为原则的 GATT，并在肯尼迪回合等谈判中不断削减关税，此为工业经济时代最重要的贸易保护措施。直到 1973 年石油危机之后，美国开始主张以"公平贸易"为核心的保护主义，一方面将知识产权议题带入 GATT 的东京回合谈判，另一方面在《1974 年贸易法》中设立"301 条款"。20 世纪 80 年代个人计算机革命的同时，美国成为世界上最大的债务国，彻底放弃了战后"自由贸易"的主张，而改采"公平贸易"的模式。"超级 301 条款"和"特别 301 条款"让美国的贸易保护主义达到高峰。此外，当日本的芯片及设备研发力量超越美国，美国政府遂迫使日本签订第一次《美日半导体协议》，以政治力量压制日本的科技与经济实力。20 世纪 90 年代初期，美国推动了以双边保护主义为基调的第二次《美日半导体协议》。此后，随着 20 世纪 90 年代中期网络商业化的成功，美国再度回到全球经济的超强地位，克林顿政府便又强调自由贸易，并以美国企业的知识产权保护为前提，推动 WTO 架构下的 TRIPs 立法。而 21 世纪初，由于美国转战 4G 的成功，奥巴马政府便积极推动多边（如 TPP）与双边（如美韩 FTA）的自由贸易谈判，直到 21 世纪第二个十年后期，随着美国的 5G 部署落后于中国，特朗普政府再次回到贸易保护主义，挑起中美贸易摩擦，企图利用政治实力压制中国科技与产业的发展。

美国的对外贸易政策不但常在自由贸易与保护主义之间反复摆荡，而且与美国国内的科技与产业政策有深度联结。美国的大学与军事国防单位是美国国家创新体系中进行基础研究最主要的行为者，因此从大型主机时代到智能手机时代，联邦政府的 R&D 政策都在不断鼓励大学技术转让以及军事科技的商业化，不断强化知识产权保护，以保护大学和企业的研发成果。反垄断政策随着美国国力的起落，与对外贸易政策相配合并适时调整。当美国的国家创新体系拥有全球竞争优势，美国企业不惧外来竞争，美国政府遂一方面采取自由贸易政策，协助企业打开外国门户，扩张国际市场，另一方面在国内严格执行反垄断政策，以促进技术由大公司向中小企业转移，激发新创公司发展新兴产业的活力。相反，当美国国力衰退，美国企业不再具有绝对的竞争优势，美国政府便以其政治实力为后盾，采取保护主义政策，利用双边或多边谈判压制贸易对手的科技与产业发展，同时对内放松反垄断政策，鼓励企业共同研发，维持既有的竞争优势。

从产业生命周期①的观点来看，美国政府与企业进入数字科技产业发展周期并反复称霸数字经济的模式，有明确的规律可循。在初创期，美国政府往往通过 R&D 政策鼓励军方或大学进行基础研究，并将基础研究的成果和技术转让给美国公司进行商业化。联邦政府在产业具有强势竞争力的时期对美国大企业所采取的反垄断政策，同样具有促进技术从大企业向中小企业扩散、鼓励新创企业发展新兴产业的政策功能。

事实上，美国在数字经济每一个时代的主流产品，最早几乎都来自联邦政府的公共投资。大型主机时代，联邦政府是计算机研发最重要的赞助者，也是世界上最重要的计算机采购者与用户。联邦政府大量的研发支出，在当时加快了以 IBM 为首的数家美国大型主机企业的技术进步，同时冷战时期政府对网络技术的投资，也成为美国转战网络经济并再度成为全球经济霸主最重要的原因。联邦政府对 IBM 的反垄断诉讼，促进了个人计算机时代美国独立软件产业的发展，而政府对大学长期的公共研发投资，更促使美国的大学成为新技术发明最重要的基地。网络时代，重要的浏览器技术马赛克最早就发源于大学。克林顿政府推动网络商业化的同一年，网景的创办人马克·安德森便离开美国印第安纳大学，创办了全球第一家浏览器公司。谷歌

---

① 产业生命周期是指产业由成长到衰退的演变过程，也指产业从出现到完全退出社会经济活动的过程，具有阶段性，每个阶段中的微观主体会表现出不同的经济行为，以适应该阶段发展的需要。目前，在实际研究中运用比较多的产业生命周期理论是四阶段理论，即初创期、成长期、成熟期和衰退期（杜军、王许兵，2015）。

称霸网络的搜索引擎技术，最早也来自斯坦福大学投资的公共研发。依靠校企网络，位于加利福尼亚州北部的硅谷（Silicon Valley）成为美国新创企业最重要的摇篮，几乎每一个数字经济时代重要的美国企业都发源于硅谷。除了早期大型主机时代的 IBM 创立于纽约州之外，个人计算机时代的微软、英特尔，网络时代的网景，以及智能手机时代的苹果和谷歌，通通都来自硅谷。硅谷凭借独特的创新创业文化与校企关系，在每一个时代都为美国培养出能够主导数字经济发展的代表性企业。这些企业和美国政府的对内与对外政策相辅相成，成就了美国全球数字经济的霸主地位。

美国在不同时代都有不同的新创企业，善于利用新技术挑战既有的商业模式，并开创数字经济新的主流产品。个人计算机时代的微软、智能手机时代的谷歌，都是新创企业开启新的主流产品与商业模式的典型。然而，一旦主流技术或产品转变，旧有的企业往往被并购，或者固守原先的产品线，无法步入新的时代。以微软为例，该公司从个人计算机时代转战网络时代，靠的是将 Windows 操作系统与 IE 浏览器捆绑销售的战略，此举甚至引来美国政府的反垄断调查，然而智能手机时代微软 Windows Phone 操作系统的市场占有率仅剩 2.48%，远远不及谷歌的安卓以及苹果的 iOS 合计超九成的市场占有率。美国不断培养有能力的新创企业，维持国家数字经济创新活力。

美国企业把最高附加价值的经济活动留在美国，低阶的硬件与软件代工则交由国际体系内的战略伙伴来进行。韩国与中国台湾从个人计算机时代开始，即帮美国企业进行硬件和芯片的代工，这种以代工与外包为主的战略伙伴关系一直持续到智能手机时代。印度同样通过软件代工的模式与美国形成战略伙伴关系，由美国负责软件最核心的研发，低阶的编码、测试与维护等工作则委外给印度进行，这种合作关系从网络时代延伸到智能手机时代。

在美国的战略伙伴之外，欧洲、日本和中国始终与美国竞争全球数字经济的领导权。欧洲国家从大型主机时代开始，便以扶持"国家代表队"的方式与美国 IBM 竞争，然而这些"国家代表队"非但在大型主机时代无法

超越美国，甚至到了个人计算机时代也无法与美国抗衡。尽管通过移动通信
网络的发展，欧洲曾经在 3G 时代一度领先美国，然而在 4G 时代，欧洲的
诺基亚与爱立信等企业无论是软件操作系统还是硬件设计，均不能与美国的
苹果和谷歌抗衡。美国对日本和中国均发起过贸易摩擦，但是使用的政策工
具却因为中日两国不同的创新体系而存在较大差异，所产生的政策效果也有
极大的不同。中日两国创新体系，以及美日与中美贸易摩擦的政策工具与效
果的比较，将在第三节进一步讨论。

7.2 中国数字经济产业政策与对外贸易关系规律

7.2.1 中国对内政策与对外贸易关系的长期演进

中国数字科技发展始于 20 世纪 90 年代的网络时代。在后冷战时期，当
经济成为国家间竞争的重心，中国的数字科技发展同样以经济利益为导向。
作为后进国家，中国主要的政策目标在于国外科技向国内的转移。在政府采
购政策上，中国政府积极扩张国内市场，鼓励本国企业投入数字科技的生产
及研发；在吸收外资的政策上，以减税等措施鼓励国外企业在中国投资，作
为激励技术转移的手段。贸易方面，由于刚起步的企业尚不具有与外国大企
业自由竞争的实力，中国政府通过外汇管制等措施保护本国幼稚产业避免外
来的激烈竞争。

由联想和中科红旗领军的软硬件企业，到了网络时代，在政府政策支持
下成为中国发展数字科技的早期企业，它们不但支持公共政策，而且游走于
政商之间，在国内市场逐渐占有一席之地。

到了智能手机时代，数字科技越发成为中国经济发展战略的核心。当中
国逐渐由数字科技发展的后进国家转型为先进国家，并且由以制造业为核心
价值转型为以知识为核心价值的经济形态，中国政府开始调整国内的科技与
产业政策。一方面，在 R&D 政策上，推动科技成果转化，积极鼓励大学与
研究机构将基础研究成果转化为商业用途，以增强企业的经济实力；另一方

面，在知识产权政策上，加强对专利等知识产权的保护，作为激励发明的手段。贸易方面，推动《区域全面经济伙伴关系协定》、"一带一路"等多边自由贸易协议，积极为本国企业开拓国际市场。以华为和小米等为代表的中国高科技企业则是政府推动公共政策的核心，它们不但积极参与国际市场，而且在国际科技标准的制定上开始占有一席之地。

中国政府与企业各自在数字科技发展的后两个时代扮演着不同的角色，并随着国际政经环境与产业结构的改变，展现出不同的特点。中国政府持续鼓励产品制造朝提升科技水平和竞争力方向发展，并且利用私营企业的活力激发创新。早期中国政府对于政府采购与吸收外资的政策始终积极，待到国外科技逐渐向国内转移，国内研发能力逐渐成熟，中国政府的研发政策则开始鼓励大学技术转让，知识产权政策也不断完善。对外，当国内幼稚产业尚无法与外国竞争，政府采取了守住疆界的政策，而当中国企业开始拥有全球竞争优势，中国政府如美国一般采取自由贸易的政策，协助企业开拓国际市场。

有政府作为坚强后盾，中国企业逐渐由追赶国际科技发展转向主导全球数字科技的主流规格。中国计算机公司在网络时代成为全球硬件的供货商，而在智能手机时代，随着技术能力的提升，更成为日本和欧洲各国的战略合作伙伴。

7.2.2 中国驱动国家创新体系的主要战略

中国对外政策的基调往往随着国内科技与产业的发展，在自由贸易与保护主义之间摆荡。在 20 世纪 90 年代初期，中国先是采取以保护主义为基调的关税壁垒、外汇管制措施。随着中国加入 WTO，贸易政策开始转向自由贸易。而在 21 世纪初，中国政府积极推动多边的《区域全面经济伙伴关系协定》、"一带一路"与双边的中美贸易谈判，为中国企业开拓全球市场。

中国对外贸易政策也与国内的科技与产业政策有深度联结。大学与科研机构是中国国家创新体系中进行基础研究最主要的行为者，因此从网络时代到智能手机时代，中国政府的 R&D 政策都在不断鼓励大学技术转让。对知识产权的保护则不断强化，以保护大学和企业的研发成果。

从产业生命周期的观点来看，中国政府与企业进入数字科技产业发展周期主要在成熟期。此时中国政府往往通过 R&D 政策鼓励大学对既有技术进行改良，并将改良的技术成果转让给企业，进行成果的优化和商业化。

中国在不同时期有不同的新创企业，利用改良后的数字科技成果，整合应用新技术，向国内外市场销售数字经济新的主流产品，维持数字经济创新活力。网络时代的联想，智能手机时代的华为、小米，都是新创企业改良主流产品并进入新兴市场的典型。一旦主流技术或产品发生迭代，旧有的企业往往试图进行多元化经营并努力融入新的时代，新创企业也会以新的组织形态进入新的科技发展阶段，形成多元化的竞争。以小米为例，该公司在智能手机时代就已向智能家居等 AI 相关领域延伸其业务。

7.3 美日、中美贸易摩擦比较

二战结束以来，美国曾经在不同时期向日本和中国主动发起贸易摩擦。贸易摩擦的本质是先进国家与后进国家之间的竞争。当日本或中国开始有能力在高科技领域与美国竞争，贸易摩擦便成为美国捍卫其领先地位的手段（刘彬等，2019）。

美国半导体产业曾在二战后长期占据绝对优势，并在 20 世纪 70 年代中期达到顶峰[1]。随着日本经济在二战后逐渐恢复并高速增长，20 世纪 80 年代，日本在半导体材料、设备生产等方面已取得了举世瞩目的辉煌成就[2]。

---

[1] 美国半导体产业极盛时期，占世界市场的 60%（刘轩、纪雅琦，2021）。

[2] 二战以后，日本经济高速增长，并在 1968 年成为世界第二大经济体。日本经济奇迹的背后离不开"贸易立国"战略。但同时，高速发展的日本贸易加剧了地区间贸易不平衡，产生了许多贸易摩擦。例如，美国和日本在纺织、钢铁、家电等产业摩擦不断。美日高科技产业的贸易摩擦主要来源于半导体（田正，2020）。

事实上，20 世纪 80 年代中后期，美日两国在半导体领域的摩擦日益突出。1986 年日本半导体产业的产值首次超过美国，1989 年日本在动态随机存储器、静态随机存储器、双极电路、通用逻辑电路、存储组件等技术上全面领先美国①。表 7-1 展示了 1985～2016 年世界十大半导体企业及其产值变化情况。

表 7-1　世界十大半导体企业及其产值变化

单位：十亿美元，%

	1985 年	1990 年	1995 年	2000 年	2005 年	2011 年	2016 年
第 1 名	NEC	NEC	英特尔	英特尔	英特尔	英特尔	英特尔
第 2 名	德州仪器	东芝	NEC	东芝	三星	三星	三星
第 3 名	摩托罗拉	日立	东芝	NEC	德州仪器	TI	高通
第 4 名	日立	英特尔	日立	三星	东芝	东芝	博通
第 5 名	东芝	摩托罗拉	摩托罗拉	德州仪器	ST	瑞萨	海力士
第 6 名	富士通	富士通	三星	摩托罗拉	瑞萨	高通	美光
第 7 名	飞利浦	三菱	德州仪器	ST	英飞凌	ST	德州仪器
第 8 名	英特尔	德州仪器	富士通	日立	飞利浦	海力士	东芝
第 9 名	松下	飞利浦	三菱	英飞凌	海力士	美光	NXP
第 10 名	三菱	松下	现代	飞利浦	NEC	博通	联发科
十大半导体企业产值	13	31.8	86.3	108.1	119.2	167.1	202.1
世界半导体产值	23.3	54.3	154	218.6	264.6	321.3	365.6
十大半导体企业产值占比	56	59	56	49	45	52	55

资料来源：刘轩、纪雅琦，2021。

2010 年，中国取代日本成为全球第二大经济体，经济总体规模已达美国的 2/3，并且保持高速增长。2018 年 5 月，特朗普政府以"公平贸

① 1989 年，日本半导体产业占世界市场的一半，高于美国（36%），远高于同期欧洲（11%）和韩国（1%）。20 世纪 90 年代初期是日本半导体产业的巅峰时期（刘轩、纪雅琦，2021）。

易"为名挑起了中美贸易摩擦并不断升级。与美日贸易摩擦相同，中美贸
易摩擦的核心也是两国对数字科技主导权的竞争。2019 年 12 月，美国政
府修订《瓦森纳协定》中的"军民两用商品和技术清单"，主要针对中国
包括半导体在内的数字科技产业。美国在 2019 年版的软件控制清单中用
"计算机光刻软件"取代了"物理模拟软件"，这直接影响了中国半导体
光刻工艺的研发。2021 年，美国"2021 年战略竞争法案"帮助美国公司
获取稳定可控的全球供应链，并在数字技术等领域增强未来竞争力，通过
与中国在全球供应链和科学技术上的全面竞争，保护和促进美国"重要利
益和价值观"。2021 年 6 月，美国众议院再通过所谓"2021 年美国创新
和竞争法案"，预计 5 年内投入约 2500 亿美元用于科学研究，重点支持半
导体、5G 和 AI 技术，以保持美国作为全球技术强国的领先地位，维持对
中国的竞争力。

7.3.1　中国与日本国家创新体系以及对美贸易摩擦的比较

日本从引进技术到改造技术的科技导向，形成了政府、国立研究机构与
大学、私人财团共构的国家创新体系，并以政府和私人财团为主导。其中，
政府的主要作用在于提供政策和项目支持，大学直接进行研究，并由企业将
成果进行转化。和美国相比，日本政府加上以六大财团为主导的产业发展模
式，战后却甚少变革。大型主机时代，在日本政府的领导下，六大财团开始
建立本土大型主机产业，与美国由 IBM 领军的计算机产业竞争。到了个人
计算机时代，六大财团中只有东芝因为在日本国内市场失败而被迫根据国际
标准开发笔记本电脑，成为日本极少数成功转型的企业。到了以软件为核心
的网络时代，日本并无可以与美国抗衡的新创企业产生。进入智能手机时
代，六大财团在智能手机软件与硬件方面都已经无法与美国的苹果和谷歌抗
衡。即使是在智能手机时代占有一席之地的索尼，也是早期成立的日本财
团，它仅能在智能手机的硬件上发挥设计优势，对于软件操作系统却始终犹
豫不决，导致错失先机（见表 7-2）。

表 7-2　不同时期美国、日本和中国主要数字科技企业

时期	美国	日本	中国
大型主机时代	IBM	NEC、日立、富士通、三菱、东芝、松下	
个人计算机时代	英特尔 微软	东芝	
网络时代	微软 红帽		联想 中科红旗
智能手机时代	苹果 谷歌	索尼	华为、小米、OPPO、vivo、魅族

　　中国国家创新体系是在国家力量的主导下形成的。大学和政府科研机构是研发的重要组成部分，形成了以政府、大学和科研机构、国企和私企为主体的研发体系。其中，政府具有双重角色，既提供政策、制度、资金支持，间接鼓励创新，也直接参与研发；企业则利用政府给予的有利政策与政府合作或自主研发，直接将新产品在市场发布，不断推出新技术。作为后进国家的中国，在网络时代培育出以硬件为基础的联想，以及以 Linux 开放源代码为核心的软件企业中科红旗。与日本偏重硬件发展的模式不同，中国一进入数字经济，便希望采取软硬件兼具的发展模式，并战略性地选择以开放源代码为基础的软件操作系统，发展具有自主性的软件产业。这种政策引导从网络时代一直延伸到智能手机时代。在智能手机的软件操作系统上，中国政府再一次选择了以 Linux 为核心的安卓操作系统。这种开放源代码的平台成为中国企业日后能够进一步发展自主软件产业的基础。与网络时代不同，中国在智能手机时代的企业几乎都是新创公司，大部分企业的主要优势仍在于硬件研发与制造，少数公司开始在开放源代码的基础上研发自有的软件操作系统。与日本着重于硬件的创新体系相比，中国软件与硬件的分布与战略发展相对平衡，新创公司的活力也大于日本。

　　美日贸易摩擦主要的法源基础是两国的国际条约，中美贸易摩擦主要的法源基础则仅有美国的国内法。第一次《美日半导体协议》主要包括三方

面内容：要求日本减少对美国的半导体产品出口、增加从美国进口半导体产品，以及强化日本的知识产权保护。而根据第二次《美日半导体协议》，美国要求日本生产的半导体产品必须符合美国标准，日本市场中的美国半导体产品比例必须提高到 20%。到 1997 年第二次《美日半导体协议》期满，日本半导体企业的国际市场份额已经急剧下降，加之泡沫经济崩溃后日本企业的经营困境，日本半导体产业大幅萎缩。

中日国家创新体系不同，与美国产生贸易摩擦的主要政策工具、产品范围，以及纳入国际第三方的模式也不一样。

首先，就主要政策工具而言，中美贸易摩擦所使用的政策工具比美日贸易摩擦广泛。《美日半导体协议》仍聚焦传统产品贸易，美国并没有采取阻碍出口的措施，反而要求日本开放国内的集成电路市场，推动大型主机市场自由化。此后，美国又要求外国制造的半导体产品在日本国内的市场占有率从 11% 提升至 20%。在加征关税的规模和范围上，美对日比美对中相对有限（丸川知雄，2020）。相较而言，中美贸易摩擦所使用的政策工具，已经超越了对产品贸易的管制。在中美贸易摩擦中，美国所使用的限制国外企业对美国科技创新企业的并购、有针对性地加强对华人科技人员流动的监控等政策工具，已经超越了对单一半导体实体产品的保护。美国不但试图保护已经成为实体产品的半导体，同时意图加强对美国正在研发中的 6G 和 AI 等先进技术"无形知识"的保护，防止新兴技术在未形成产品之前就从美国流失。

其次，就产品范围而言，美日贸易摩擦的产品范围小于中美贸易摩擦。《美日半导体协议》仅针对半导体的硬件，企图保护美国的既有利益，而中美贸易摩擦不仅牵涉到半导体的硬件，还牵涉到软件产业。

最后，就纳入国际第三方的模式而言，尽管美日与中美贸易摩擦都以两国关系为起点，但是都有欧洲国家的介入。美日贸易摩擦中，两次《美日半导体协议》都由美日双边谈判来达成。第二次《美日半导体协议》之后，因为欧盟与企业的介入，主张将半导体议题纳入多边架构，取代美日双边的半导体协议，才有世界半导体理事会的成立。而中美贸易摩擦一开始，美国就试图联合欧盟禁止华为设备和软件，欧盟仅为 5G 网络提供安全基线，并趁机为欧洲本土的电信运营商开启新的发展空间。欧洲国家的主要立场及其从美国与主要竞争对手贸易摩擦过程中获得利益的战略，值得进一步探讨。

表 7-3　美日与中美贸易摩擦比较

	美日	美日	中美
条约或美国国内政策名称	第一次《美日半导体协议》(国际条约)	第二次《美日半导体协议》(国际条约)	《美国外国投资委员会开展试点项目的暂行规定》(美国国内政策)《瓦森纳协定》(美国国内政策)"2021 年战略竞争法案"(美国国内政策)
主要内容	• 要求日本增加从美国进口半导体产品 • 要求日本减少对美国的半导体产品出口 • 要求日本加强知识产权保护	• 对美国市场的销售价格限制以及对日本市场的数量目标限制一直持续到 1996 年 • 要求美国半导体产品在日本市场中所占比重达到 20%	• 限制国外企业尤其是中国企业对美国科技创新企业的并购 • 限制中国科技产品进入美国市场；禁止采购中国半导体龙头企业的设备与产品 • 提高自中国进口半导体相关产品和设备的关税 • 美国采取措施激励其本土半导体行业发展 • 有针对性地加强对华人科技人员流动的监控与限制 • 联合欧洲国家禁用华为设备
主要影响企业	美国：英特尔 日本：富士通、日立	美国：英特尔 日本：富士通、日立	美国：高通、谷歌 中国：华为、中芯国际

7.3.2　日本当年为什么没有赢

从两次《美日半导体协议》的结果来看，日本最终都遵守了美国所提出的贸易政策。从大型主机时代开始，由日本通商产业省领导六大财团从无到有的数字经济发展，直到智能手机时代仅存索尼仍在 5G 智能手机终端的

发展上步履蹒跚，日本数字经济的发展脉络与轨迹至少能够提供以下几点
思考①。

首先，日本半导体产业的发展始终受制于美国标准。在半导体产业急
速扩张的时期，日本企业未能及时推出具有战略性、支撑世界标准体系与
方向的产品和服务，而无法摆脱美国所主导的国际标准的结果是日本逐渐
失去世界半导体产业的主导权。相对于美国，日本是计算机产业的后进国
家，20世纪80年代初期，即使日本制造的大型主机性能已经赶上美国，
但仍旧得遵循美国制定的标准，并支付巨额的权利金；到了80年代末期，
虽然日本制造的超级计算机已经创下美国的纪录，但仍旧受制于美国克雷
超级计算机公司的大型软件数据库。来自美国的阻力，以及日本大型企业
专注于国内市场的开发，使得日本被迫在美国主导的架构下发展其硬件与
软件。20世纪80年代，日本政府推行国家级计划《实时操作系统中枢》，
希望以日本学校为起点引进实时操作系统核心技术，发展一套公用的作业
平台，作为开发软件、供应市场之用，然而此计划被美国政府强力施压，
要求日本政府放弃。

其次，日本以大商社为主的垂直整合型产业体系经常受制于冗长和官僚
化的决策过程，并专注于国内市场的开发，无法很快适应技术和市场上的变
化。例如，20世纪90年代以后，日本半导体企业虽然已经实现了从DRAM
到大规模集成电路（Large Scale Integration，LSI）的巨大转变，但日本企业
为了绑住本土客户，特意设置LSI产品的门槛，长期着重于开发特定产品，
而非构建通用世界标准。日本大商社战略错位且行动迟缓，最终导致美国的
通用性产品与亚洲国家和地区的廉价代工产品大量挤占了原先属于日本企业
的市场份额（刘轩、纪雅琦，2021）。

再次，日本产业集体研发的政策方向也长期未有调整。20世纪70年代
中后期，日本政府为促进产业结构转型升级，曾通过通商产业省来凝聚各大

---

① 20世纪90年代日本泡沫经济崩溃后，与美国贸易关系逐渐缓和。但是日本产业发展出现
了一种现象：汽车产业迅速发展，而半导体产业萎靡不振。2012年，有"日之丸"美誉的
尔必达公司宣布破产，这标志着日本半导体产业的整体性衰败（刘轩、纪雅琦，2021）。

企业力量共同发展半导体产业（雷小苗等，2020），该政策在初期取得了良好的效果。例如，1976～1980 年，日本政府实施了《超大规模集成电路研究计划》（Very Large Scale Integrated Circuits，VLSI），政府为制造商提供40%的研发经费，并将这些制造商组织起来形成一个大型的研发联盟。这项研究计划持续了 5 年，在计算机、集成电路等领域产生了众多专利技术，极大地推动了日本半导体产业的发展（田正，2020）。然而，20 世纪 90 年代以后，世界半导体产业出现了垂直整合向水平整合转型的发展趋势，即半导体产业向设计与生产分离的模式发展，但是日本半导体企业依旧坚持垂直整合型生产模式，执着于从设计到制造的一体化经营①。这些日本企业虽然曾经拥有较强的半导体研发能力，但是在专业化等经营理念上的分歧制约了日本半导体产业的发展。日本经济产业省（原通商产业省）更是在世界半导体产业朝水平整合方向转型的时候，沿用了过往的产业集体研发政策。日本经济产业省主导了多项综合性半导体产业工程，并反对进一步细化国内半导体产业。日本泡沫经济崩溃后，面对激烈的国际市场竞争，半导体企业不得已转变企业经营思路，强调专业化生产。然而，许多亏损严重的半导体企业陆续放弃了半导体业务，少数生存下来的半导体企业面对企业效益不佳的局面，只能缩小经营规模和大量裁员（刘轩、纪雅琦，2021）。

最后，日本数字经济的发展长期偏重于硬件。制造业以硬件为核心的成功历史深植于日本企业的发展理念中。20 世纪末，日本遭遇了全球市场产品份额锐减的发展困境，以及来自新兴国家和地区竞争者的多重挑战。在这一充满复杂性和不确定性背景下，日本国内呼吁重新找回"造物"（Monozukuri）的传统理念②。在 1999 年日本政府颁布的《"造物"核心技术复兴基本法案》中，"造物"的核心技术是指与工业产品的设计、制造和

① 由于日本半导体企业更注重整体，而美国半导体企业注重水平整合，相对而言，美国半导体产业创新速度更快，产业调整也更为灵活。垂直整合型生产模式使日本企业的生产成本增加、产品更新换代速度较慢而饱受诟病。

② "Monozukuri"在日本语中表示"制造产品"，指代日本产品制造的工匠精神。在某些企业或民众心中，"Monozukuri"是日本制造业的金科玉律。

维修相关的技术，以及支持制造业发展的共性技术。在日本有关"造物"的众多表述中，软件只是硬件的辅助和控制器而已。在倚重硬件的思维模式下，软件的重要性和价值在日本企业战略中的地位并不重要。相比之下，美国硅谷的初创企业都十分重视软件的开发，这些美国企业积极推广最先进的实践、规范和管理，并以商业成功凸显软件产品和管理实践的力量，推动数字经济产业模式转变。

7.3.3　中国的机遇与挑战

在政策支持和企业自主发展的推动下，中国数字经济产业硬件与软件实力兼具。近年来，中国硬件产业规模庞大，具有国际竞争力，软件产业也已"破壁而出"，不断增长（见表7-4）。

表7-4　2015~2020年中国软件与硬件产业产值

单位：万亿元

年份	软件产业	硬件产业（电子数字制造业）
2015	4.3	11.1
2016	4.8	—
2017	5.5	—
2018	6.2	—
2019	7.2	—
2020	8.2	12.1

回顾过去，中国软件和硬件产业的发展，得益于四个因素。

第一，政策支持。硬件方面，中国政府通过国际贸易和投资政策、税收和补贴政策支持产业的发展，包括规章制度和基础设施的支持，出口加工区的免税进口和税收优惠等手段。软件方面，中国政府认识到发展国内软件产业的战略重要性，并呼吁开发系统软件、加快云计算基础设施建设、推动大数据及其在工业环境中的应用，刺激软件产业和高技术产业的增长。

第二，中国企业拥有更大的规模和更熟练的人力资源，以及更低的制造成本。从硬件来看，越来越多的中国硬件企业拥有 ISO 质量管理体系认证，并利用新技术、新产品，激发新的业务增长点。从软件来看，中国不断增长、不断成熟的软件人才库为推动软件产业的发展奠定了良好的基础。

第三，从国际合作来看，中国公司的规模和全球化程度逐渐提高（Ross，2013）。中国企业如华为在加拿大和美国有多个研究实验室，国际化为中国企业的发展提供了诸多成长空间。软件方面，中国企业已逐渐建立国际合作伙伴网络，如东软与微软、IBM、甲骨文、BEA、思科、SUN、富士通等知名企业合作，用友还与微软建立国家级企业技术研发中心和联合实验室（Gu 等，2009）。

第四，有利的市场环境。中国是互联网人口最多的国家，同时智能手机高度普及。广阔的国内市场使几家智能手机硬件制造商与互联网和电商企业跻身全球规模最大的企业行列，这为中国硬件和软件产业的创新提供了需求和资源（Tang 等，2016）。

展望未来，进一步建设中国国家创新体系，可以从以下几个方面努力。

第一，推动大学与研究机构成为基础研究的核心。以美国的经验，联邦政府对大学长期的公共研发投入，促使美国的大学成为新技术发明最重要的基地。1980 年美国《拜杜法案》确立了大学在专利转让中的地位，认可政府资助项目的成果属于大学本身，并允许自由转让和买卖，这个法案推动了美国大学专利转让活动的繁荣。根据美国大学技术管理者协会（American University Technology Management，AUTM）发布的数据，2019 年，美国大学的研究经费为 772 亿美元，发明披露数为 25392 件，在美专利申请 15972 件，专利授权 7528 件，许可 9751 件，新产品 711 个，初创公司 1040 家，现有初创公司 6725 家。根据国家统计局数据，2019 年，中国高等学校基础研究经费支出为 722.24 亿元人民币（约合 112 亿美元），高等学校专利申请受理 340685 件，专利申请授权 213163 件[①]。与美国相比，我国目前研究经费支出仍然较少，并且以研究与试验发展（R&D）经费和应用研究经费为

---

① 根据分类别分年份统计，中国高等学校科研经费呈持续增长趋势（国家统计局，2020）。

主，基础研究经费相对较少（见表 7-5）。尽管大学的专利申请数量比美国多，但是和企业、个人专利数量相比，大学只占 10%。提升大学技术转让和基础研究的地位，对完善国家创新体系有重要的推动作用。

表 7-5　2015~2019 年中国研究经费情况

单位：亿元

年份	R&D 经费	基础研究经费	应用研究经费
2015	14169.9	716.1	1528.7
2016	15676.7	822.9	1610.5
2017	17606.1	975.5	1849.2
2018	19677.9	1090.4	2190.9
2019	22143.6	1335.6	2498.5

第二，建设区域创新系统，形成创新集群。熊彼特曾提出相当有影响力的"创新集群"概念，认为每个长波都与某个或多个领先产业或技术体系相关。创新型组织的主体既包括企业，也包括大学和研究机构。在新产品开发上，创新型组织能够及时产出新的科技成果；在空间位置上，创新型组织往往比较集中，能在内部和外部形成良好的协调互动效果（Schumpeter，1939）。以美国经验来看，几乎每一个数字科技时代重要的美国企业都发源于硅谷，硅谷大学与企业之间的校企网络成就了美国的全球数字经济霸主地位。中国是后进国家，智能手机企业主要是位于粤港澳大湾区的新创企业（包括华为、魅族、中芯国际等）。相较于美国硅谷企业所依靠的斯坦福大学等强于基础研究的世界顶尖大学，粤港澳大湾区目前仍缺乏基础研究实力足以和美国顶尖大学媲美的一流学府。如何加强粤港澳大湾区等区域创新体系内的校企联结，以及区域内既有和新建大学的基础科学研究实力，值得深思。

第三，加强"一带一路"建设，推动我国技术标准的国际化。"一带一路"是一条创新创业之路，既能够与共建国家形成科技创新合作关系，形成科技创新实践基地，也能够与共建国家在科技上取长补短，为共建国家创造发展机会和提供优质平台。日本因在半导体发展上始终受制于美国标准而失去半导体产业的主导权，我国如何加强和推进与共建"一带一路"国家和地区的经贸合作，推广我国支持的技术标准，促进区域之间的联合创新，是今后很长一段时间都值得深究的课题。

第四，优化创新政策工具组合，积极推动创新创业。我国现有的主要创新政策工具是供给型，在一定程度上依赖政府补贴、金融支持、部分公共服务等，而利用环境型政策工具如法律法规进行宏观引导作用不明显。从国际经验来看，美国运用《拜杜法案》等环境型政策工具调动了产学研技术转让的积极性，为产学研协同创新创造了良好的环境。因此，我国推动创新政策工具的优化组合，改变创新规模"大而不强"、技术专利"多而不精"的现状至关重要。

7.4　数字经济的未来

7.4.1　箭在弦上的6G

人们对于 6G 的愿景主要集中在数字孪生、扩展现实（XR）与全息通信、万物智联 3 个方面（刘超等，2020）。6G 将延续 5G 的体系结构变革，不仅是速度的提升，还具有智能和虚拟世界的雏形，将有线局域、个域、空天地海域融为一体（李少谦，2021），从而实现云、网、边、端、用的协同与融合，并预期在 2030 年前后可以实现商用（杨峰义等，2021）。

国际组织、国家和地区开始展望和探索 6G 领域，其中电气与电子工程师协会（IEEE）最早开始探索，随后 IEEE、3GPP、6G Flagship 等对 6G 的研发逐步开展。2018 年，IEEE 召开了"实现 5G 及更高版本"的未来网络研究会议，在此基础上，芬兰召开全球首届 6G 无线峰会，探讨和明确 6G 愿景及发展方向。2020 年 2 月，日内瓦会议上国际电信联盟无线电通信部门（International Telecommunication Union-Radio Communication Sector，ITU-R）的 WP5D 工作组发布《IMT-2020 之后愿景》研究报告，启动了面向 2030 年及未来 6G 的研究工作，提出在 2023 年底讨论 6G 频谱需求、2027 年底完成 6G 频谱分配等（刘珊等，2021）。

7.4.1.1 美国政府对 6G 的回应

特朗普政府时期，当 5G 还未成熟的时候，美国就已经开始布局 6G 了，准备在移动通信领域重回领先地位，摆脱在 5G 领域落后于中国的局面。6G 的特点是以卫星为基础组建互联网，而美国在这方面具有先天优势，6G 与航天强国的地位更能够相互配合。联邦政府对 6G 政策的支持、高技术企业的加入等都助推了 6G 的研发。

特朗普政府时期，美国对 6G 的研发主要集中在以下几个方面。第一，政府的批准及支持。特朗普政府表示全力资助高通、英特尔等企业加快对 6G 的研发。2019 年 3 月 19 日，特朗普政府批准美国联邦通信委员会（Federal Communications Commission，FCC）做出一项重要决定，即开放"太赫兹"频谱，以 95GHz~3THz 频段为测试频谱，用于开展 6G 技术试验，这是美国 6G 研发最初的行动。第二，公司的合作与加入使得美国 6G 研发不断加速。美国电信行业解决方案联盟（ATIS）组建的 Next G 联盟致力于推动北美 6G 的领先发展，众多强劲成员如三星、诺基亚、高通、英特尔、谷歌、苹果等的加入，确立了提升北美 6G 领导地位的道路[1]，但该联盟的发展始终将中国科技公司排除在外。另外，SpaceX、One Web、Amazon 等纷纷推出卫星互联网计划，如 SpaceX 公司的"星链"计划为美国 6G 发展提供了信心。SpaceX 若能如期部署"星链"，将美国生产的卫星的发射数量增加 1 倍，就能够对 6G 全局智联的融合推进一大步（兰顺正，2020）。第三，产学研合作为 6G 赋能。美国纽约大学、加利福尼亚州大学及弗吉尼亚理工大学都在进行太赫兹及其他 6G 方向的预研工作。

拜登政府对 6G 的支持延续了特朗普政府的政策。另外，拜登政府对 6G 的回应还包含两项主要措施。第一，基础设施建设一揽子计划。拜登

---

[1]　ATIS 宣布 11 个创始成员加入其 Next G 联盟，在 5G 的长期发展基础上，该计划将在未来十年内推动北美在 6G 及以后的领先地位（ATIS，2020）。

政府在 2021 年 3 月发布 2 万亿美元基础设施计划，涉及交通、互联网、护理、培训等，其中 1000 亿美元用于数字基础设施建设，实现互联网百分百全覆盖。第二，拜登政府与日本、韩国加强合作，意图实现弯道超车。在 2021 年 4 月和 5 月白宫发布的简报中，美日提出共投资 45 亿美元用于研发 5G 和 6G，美韩共投资 35 亿美元用于增强 5G 和下一代移动网络。第三，Next G 联盟加快发展。2021 年 3~5 月，Next G 联盟制定详细的工作规划，还与 Informa Tech 举办首次 6G 峰会，为 6G 发展制定了全面的路线图。

7.4.1.2 欧洲与日韩的回应

7.4.1.2.1 欧洲对于 6G 的回应

早期的爱立信、诺基亚公司在欧洲移动通信领域占据重要席位，后来欧洲 3G、4G、5G 的发展一直被美国、中国、韩国超越。在未来的 6G 发展过程中，欧洲多国试图通过 6G 研发使欧洲重回领先地位。2017 年，英国电信公司（British Telecom，BT）网络架构师率先提出 "6G = 5G + 卫星网络" 的概念。此后，中国、美国、韩国等在此基础上进行设计和研发，欧洲试图通过制定战略规划、增加科研投资等举措推动 6G 大规模发展。

第一，在战略规划方面，2020 年 3 月 10 日，《欧洲新工业战略》（A New Industrial Strategy for Europe）正式出台，提出未来欧洲工业转型的三个愿景和八项行动，其中之一就是推动 6G、数据和元数据发展。同月发布的《2030 数字罗盘：欧洲数字十年之路》进一步聚焦前沿科技，将发展卫星网络、开发 5G 作为主要目标，提出到 2030 年欧洲所有家庭实现千兆网络连接，所有人口密集地区实现 5G 网络覆盖，并在此基础上加快 6G 研发。

第二，在项目及投资方面，2021 年 3 月，欧洲提出针对 6G 智能网络和服务联合事业的方案，承诺 2021~2027 年研究与创新（Research and Innovation，R&I）投入 9 亿欧元，将欧盟科技支出提高 50%。另外，还承诺将协调 "地平线欧洲" 有关 6G 技术的研究活动，以及 "连通欧洲设施数字化" 及其他计划下的 5G 部署。Hexa-X 旗舰公司提出了首个 6G 系统概念，并辅之以研究 6G 具体技术的 8 个项目，除了低延时，还包含数字通信科技（ICT）、多网聚合（Network of Networks）数字生态体系、组合人工智能等多种概念，最终愿景是通过 6G 技术搭建人、物理和数字的网络世界。其中，德国、芬兰、英国等国家在推动 6G 研发中提出了更加细化的方案。2021 年 4 月 12 日，德国联邦教育和研究部（Ministry of Education and Research，BMBF）认为未来 6G 会改变我们的生活方式，于是启动了德国首个有关 6G 的研究项目，计划在 2025 年之前为项目提供约 7 亿欧元打造 6G 研究中心和 6G 平台。德国目前的研发将会在国际竞争中取得良好的起步位置。芬兰奥卢大学主导的 6G 旗舰计划的多主题研发，德国研究机构弗劳恩霍夫应用研究促进协会启动 6G SENTINEL 对卫星和飞行平台的专项研究，英国萨里大学成立专项 6G 创新中心（6GIC）对环境数字和覆盖范围两个主题的探索，等等，都进一步推动了国家—大学的研究与合作，为欧洲 6G 的研发和社会变革提供了技术支持。

7.4.1.2.2 日韩对于 6G 的回应

日韩对于 6G 的回应也是积极的。5G 的开发成为当前阶段的重点，但未来 6G 的研发也相当重要，日本曾在 1G、2G、3G 时代领先世界，却在 4G、5G 时代失去优势地位，特别是其 5G 的发布晚于中、美、韩，也意味着失去了大量经济利益。因此，作为 IT 大国的日本，期待能够发挥其技术优势，在未来 6G 领域扭转弱势地位。日本政府积极制定 6G 研发战略并拓展国际合作，特别是与美国积极合作，以期在未来通信领域实现反超。

第一，在战略规划上，2020 年 1 月，日本首次召开"后 5G"（Beyond 5G）即 6G 研究会，在会上提出了 6G 的预算和性能。日本还制定综合研发战略，出台超越 5G 白皮书。根据战略规划预期目标，日本分别在 2025 年、2027 年、2030 年就会完成 6G 技术的研发、试验和正式启用（徐静波，2020）。第二，横向加大投资力度。2020 年 12 月，日本通过的第 3 次补充预算案中提出加强公私合作伙伴关系，日本政府会预留 500 亿日元用于投资 6G 研发。第三，跨国合作注入新动力。2019 年 10 月，日本最大的通信公司 NTT、索尼与英特尔公司签署了联合研发 6G 协议。从一系列举措可以看出，日本对 6G 的期望非常高，也希望能够通过 6G 扳回一局，弥补 5G 落后的尴尬。

韩国三星一直在移动通信领域占据重要地位，三星在 3G、4G 市场占据重要份额，在 5G 研发中也未放缓脚步。韩国要想在移动通信领域保持领先地位，必须持续进行研发。韩国在 2012 年加入 ITU-R 之后就开始开展 5G 国际标准化工作。2019 年三星就成立了三星研究中心，被称为"下一代通信研究中心"。同时，韩国通信科学研究院前瞻性举办 6G 论坛，组织专业人员成立 6G 研究小组，研究小组的主要任务就是定义及开发 6G 核心技术（李新、王强，2020）。2021 年 3 月，LG、通信设备制造商是德科技（Keysight Technologies）和韩国科学技术高等研究院（Korea Advanced Institute of Science and Technology，KAIST）合作开发下一代 6G 核心技术。同年 7 月，三星发布 6G 白皮书《下一代超链接体验》（6G The Next Hyper Connected Experience for All），内容涵盖了三星技术研发、社会趋势分析、新服务、候选技术及预期标准化时间表。

7.4.1.3 中国对于6G的布局与国际合作

中国的通信设施从无到有、从有到优。中国率先推出 5G，推动了全球对 5G、6G 的研发。从 2021 年 4 月国家知识产权局发布的《6G 通信技术专利发展状况报告》来看，中国对 6G 专利的相关申请数量最大，且中国高校和科研机构将是 6G 创新的主要力量。

早在 2018 年 3 月，工信部就宣布着手 6G 的研发工作。2019 年 11 月，科技部会同国家发展改革委、工信部等多部门共同成立 6G 研发推进工作组和专家组，政府负责 6G 的实施工作，大学和科研机构负责 6G 的研发工作，这代表我国正式部署 6G 的研发工作，力争中国继续保持领先优势。2021 年 5 月，工信部召开 5G/6G 专题会议，肯定了 IMT—2030（6G）推进组的成绩，并研究推动 6G 发展相关工作。在企业和社会层面，中国众多科技公司如华为和小米早于国家部署开始研发 6G。2019 年 5 月，"地平线欧洲"项目的公司伙伴关系中，以诺基亚为首，爱立信、华为等多家电信公司也包含在内。2019 年 5 月，中国移动与清华大学就未来 6G 研发与下一代互联网等重点领域开展合作并签署协议，将发挥各自优势，推动"产学"强强联合，加速关键基础性技术创新、前沿引领技术创新成果转化和产业化，为我国经济社会发展、服务和改善民生、保障国家安全提供有力支撑。同年 8 月，继中国移动之后，华为也开始了 6G 相关部署。政府层面对 6G 研发的相关规划和政策部署，企业和社会层面进行的合作和开发，将会加快我国 6G 研发的步伐。

基于 6G 研发愿景和标准体系建设的不同痛点和难点，各国也开始进行合作，如美国、日本和韩国形成"铁三角"，美国高通、韩国三星和日本索尼等企业进行合作，日本期待与美国形成联盟以推动日本移动通信技术的进步，美国利用日韩在通信领域的技术加快 6G 研发速度。欧洲各国也积极进行合作以共同抵御外部竞争，特别是英国、德国、芬兰等国家发布多个战略计划，通过加大投资来挽救欧洲在数字科技领域日益削弱的国际影响力。6G 的部署和研发迫在眉睫。根据各国的 6G 研发规划，预计 2030 年将会实现 6G 商用，全球万物互联互通近在眼前。

7.4.2 AI 与工业革命

人工智能是促进第四次工业革命的重要因素，第四次工业革命的发展也为人工智能提供机遇，人工智能与第四次工业革命的双向互动将会产生一系列连锁反应[①]。首先，第四次工业革命的发展有利于经济增长进一步向知识运营增长、创新驱动增长、资源再生增长和内涵发展增长转型。企业必须改变目前大规模、节约成本的生产模式，加快实现智能化、数字化、自动化。智能、互联、灵活的工厂将成为未来工业生产的主导。此外，数字化和智能化可以极大地节约自然资源，数字技术越先进，消耗的资源就越少。其次，

---

① 蒸汽机推动第一次工业革命（工业 1.0），电气发明催生第二次工业革命（工业 2.0），计算机和网络技术催生第三次工业革命（工业 3.0），物联网和人工智能催生第四次工业革命（工业 4.0）。5G 的推广及商用会推动万物互联，人工智能将渗透整个工业 4.0 生态系统，提高工业生产的灵活性、可追溯性，推动制造业向概念化、智能化转变（朱斌、吕昌金，2020）。全球产业的分工从微笑型曲线向水平型分工格局转变（杜传忠、杜新建，2017），必然会加剧竞争，重塑世界经济产业体系。第四次工业革命的实质是智能与网络的深度融合。第四次工业革命与人工智能和 5G 等互联网技术相连接，带来生产方式、产业结构的变革，实现数字互通、商业互联、国际互认（李昊匡等，2020）。第四次工业革命的独特性体现在三个方面。首先，它涉及技术进步和整合。其次，利用互联网将科技成果转化成经济利益并广泛传播。最后，它的影响触及人类生活的方方面面。第四次工业革命将会对全球秩序和产业结构进行重新洗牌，谁能够最大化利用 5G 和 AI，谁就能够在国际上引领科技潮流。

第四次工业革命带来了制造过程的数字化，极大地改变了制造业的生产方式。新的制造理念强调设备分散性和控制独立性，以及通过网络实现智能设备连接。许多行业正在引入新技术，在大数据和人工智能的支持下，调整其设计、推广、交付和客户服务系统（Monostori，2014）。这种新的生产方式可以彻底颠覆目前从生产到设计和服务的价值链。一旦智能制造成为主流，制造业就可以实现生产、营销和客户服务一体化。这种新的经营方式为制造业企业在技术变革浪潮中获得成功带来了更多的机会。事实上，第四次工业革命加强了不同生产者之间的联系，既能给发展中国家带来诸多机遇，减少重复必要工作的消耗，也能在此过程中直接促进全球经济的一体化，可能带来全球产业链的重新洗牌。世界各国政府与企业均积极规划人工智能的发展。

7.4.2.1 美国政府与企业的 AI 发展策略

美国人工智能发展处于世界领先地位。近年来，奥巴马政府和特朗普政府都在人工智能领域进行了战略布局，拜登政府也在这一领域持续发力（贺斌等，2021）。

2016 年，奥巴马政府相继出台一系列人工智能政策：《人工智能、自动化与经济》（Artificial Intelligence，Automation，and the Economy）、《为人工智能的未来进行准备》（Preparing for the Future of Artificial Intelligence）和《国家人工智能研发战略规划》（National Artificial Intelligence Research and Development Strategic Plan）等。这些文件总体上讨论以下内容：①人工智能发展现状、应用领域以及社会公共政策问题；②美国优先发展的人工智能七大战略和两大建议；③人工智能驱动的自动化对美国就业市场和经济的影响，以及建设性的政策回应。

2019 年 2 月，特朗普政府正式签署了《美国人工智能倡议》（American Artificial Intelligence Initiative），这标志着人工智能正式成为美国国家战略。在这份战略性文件中，美国政府认为大力推动技术创新和保护美国技术安全能应对来自国际竞争者的挑战，维护美国在人工智能领域的全球性领导地位。同年 6 月，美国国家科学技术委员会（NSTC）出台了新版《国家人工智能研发战略规划》，强调了联邦政府对于人工智能研发的财政优先考虑，同时在奥巴马政府 2016 年规划的七大战略基础上增加了第八项"扩展公私合作伙伴关系，加速人工智能的发展"（蔡翠红、王天禅，2021）。

拜登政府则延续了前两任政府的努力，所谓"2021 年美国创新和竞争法案"进一步承诺，2022~2026 年美国政府将投入 2000 亿美元，资助 5G 网络、人工智能等战略领域的科学研究，提升美国的竞争力。

7.4.2.2 欧洲与日韩的 AI 发展战略

7.4.2.2.1 欧洲的 AI 发展战略

2018 年，欧盟出台《欧洲人工智能白皮书》（White Paper on Artificial Intelligence：A European Approach to Excellence and Trust），首次对欧盟的人工智能发展进行详细规划。白皮书中还提出首个欧洲人工智能倡议，明确提出推进人工智能技术运用、人工智能应用影响的政策准备和开发人工智能伦理与法律框架的三大技术应用和目标（殷佳章、房乐宪，2020）。同年，为了协调成员国的政策落地和实施，欧盟又出台《人工智能协调计划》（AI Made in Europe），这一计划基于人工智能倡议提出的三大目标，对其进行了进一步的细化和完善[①]。

在欧洲具体国家层面，英国和德国是人工智能大国。2017 年，英国政府发布《在英国发展人工智能》（Growing the Artificial Intelligence Industry in the UK）和《产业战略：建设适应未来的英国》（Industrial Strategy：Building a Britain Fit for the Future）白皮书，对英国发展人工智能的前景、挑战和行动建议进行了全面阐释。德国是引导人工智能面向产业变革发展的最具代表性的国家。近年来，德国陆续启动和出台人工智能相关项目和政策。例如，2015 年德国启动了"智慧数据——来自数据的创新"项目，2017 年德国联邦经济和能源部发布《智能服务世界 2025》（Smart Service Welt 2025）报

[①] 包括：完善战略布局，促进战略协调；多方合作，最大限度增加投资；产研结合，提升科研能力，加速人工智能技术的推广与应用；培养专业人才，提升全民技能；数据共享，创建欧盟共同数据空间；建立人工智能伦理监管框架；鼓励人工智能在公共部门的广泛应用；加强人工智能国际合作。

告，2018 年德国发布《联邦政府人工智能战略》（National Strategies for AI）。这表明德国将人工智能视为推动产业向数字经济转型、实现工业 4.0 的关键环节（陈婧嫣等，2021；贾开等，2018）。

7.4.2.2.2　日本与韩国的 AI 发展战略

日韩对于人工智能领域的探索从被动转为主动。日本在人工智能领域发展较早，而韩国起步较晚，但如今日韩都在积极规划本国的人工智能发展。中国在 5G 和云计算方面取得了突出成就，日韩政企希望通过技术革新实现赶超。三星、松下都是人工智能领域的核心企业，推出一系列政策来推动 AI 等技术的发展，以期加速实现"社会 5.0"。

日本政府对 AI 研发的前瞻性较强，主要表现在四个方面。第一，在政策规划层面，日本早在 2015 年 6 月发布的《日本复兴战略》中就提出要发展 AI，2016 年发布的第 5 期《科学技术基本计划》中明确了人工智能的重要地位，认为 AI 是"社会 5.0"的主要技术支撑（刘平、陈建勋，2017）。2017 年日本政府推出《下一代人工智能推进战略》《人工智能研究开发目标和产业化路线图》《人工智能技术战略》，并形成了自上而下的战略规划，在中长期规划、年度规划以及具体执行领域形成了配套的政策体系（王玲，2020）。第二，在专利数量方面，日本在人工智能萌芽期的专利申请数一度占全球的 75%。2021 年，日本人工智能专利海外输出数量排名第二，共计36009 件。第三，在人工智能人才培养方面，日本建立了素养教育、应用基础教育、专家型人才等多样化、多层次人才体系，其中最重要的是明确提出每年培养 2000 名专家型人才（刘平、刘亮，2020）。日本学校课程也与人工智能相衔接，早稻田大学、关西大学、立教大学等根据要求开设 AI 课程，如关西大学与 IBM 合作实施"AI 人才计划"（李哲等，2019）。第四，企业研发的产业链定位，日本人工智能相关企业在通信、能源、医疗、机器人等方面都有所建树，传统财团企业如东芝、NEC、富士通、日立等都发挥了巨大作用，新的初创公司如 ABEJA、Enechange 等创造了巨大的产值（周生升、秦炎铭，2020）。日本希望消除软件领域的薄弱项，与硬件领域的成就相匹配，推动人工智能在技术层、应用层的整合提升。

韩国的 AI 研究起步晚、发展快，希望 AI 技术赋能社会，实现"超越
IT 强国，走向 AI 强国"的愿景（张丽娟、陈奕彤，2020）。当中国、美国
发布一系列人工智能发展规划和政策后，韩国政府逐渐认识到未来人工智能
领域会成为各国争夺的技术高地，如果韩国错失这一历史机遇，将会在新一
轮的国际科技竞争中失去战略主动权。因此，韩国紧跟国际脚步，积极制定
相关政策，推动"以人为本"的人工智能高速发展，并推出国家层面和社
会层面的战略。第一，在国家层面，2019 年韩国发布《国家人工智能战
略》，将韩国的 AI 技术发展分为三大领域，包含九大战略和 100 多个具体措
施（李贺南等，2020），为韩国人工智能的未来发展规划了清晰的路径。
2020 年 10 月，韩国发布《人工智能半导体产业发展战略》，提出培养人才
和构建产业生态系统，为人工智能和半导体产业发展指明了方向，推动韩国
在 2030 年成为"人工智能半导体强国"（郑思聪，2021）。第二，在社会层
面，韩国企业不甘落后，积极推进政企合作、企业合作、企业与社会合作。
其中，韩国搜索引擎网站 Naver 成功推出自主 AI 翻译应用程序 Papago；韩国
电子通信研究院（ETRI）与软件开发商 Hancom 进行战略合作，成功开发了
AI 翻译系统 Genie Talk。三星、LG 则加大科研投资，希望在汽车技术、人工
智能、5G 与生物制药等方面有所突破。三星在世界多地建立研究中心，如在
英国剑桥、加拿大多伦多和俄罗斯莫斯科分别设立 AI 研究中心，并期待将 AI
技术整合到公司所有产品中，实现产品升级。韩国政府与企业合力推动人工
智能技术的发展，实现韩国在人工智能技术领域的前瞻部署。

7.4.2.3 中国的 AI 发展战略

中国正推动 AI 技术应用的不断革新，加快科技产业发展，大力支持前
沿技术的开发。截至 2020 年 12 月，中国 5G 基站已达 71.8 万个，为 AI 海
量数据的提取和使用提供了方便。国际数据公司（IDC）与浪潮集团联合发
布《2020~2021 中国人工智能计算力发展评估报告》，预测 2024 年中国在
全球人工智能市场的占比将达到 15.6%，成为全球市场增长的重要驱动力。
中国人工智能如火如荼的发展依赖国家战略的支持和企业的前瞻规划。

在国家战略层面，2017 年，中国认准未来科技发展大方向，发布《新

一代人工智能发展规划》，对人工智能的未来发展提出了"三步走"的目标，并且将提升新一代人工智能科技创新能力作为研发的主攻方向，以期2030年我国 AI 技术取得新突破。"十四五"规划中将"新一代人工智能"纳入七大科技前沿领域，其中新一代人工智能技术排在首位。另外，科技部支持在北京、上海、深圳、天津、长沙、重庆、苏州等多个城市建设国家新一代人工智能创新发展试验区，推动我国人工智能健康发展。

在企业层面，我国涌现了一批先进的人工智能企业，如百度、腾讯、阿里、华为、科大讯飞、华大基因等，阿里专门成立人工智能实验室，腾讯发布《腾讯人工智能白皮书：泛在智能》，从宏观环境到微观实践勾画出腾讯未来人工智能发展全貌。此外，腾讯、阿里还与 LG 进行战略合作，推动 AI 产品创收。中国现阶段在自动驾驶、人像识别、摄影技术、基因工程等方面取得了显著成就，特别是新冠疫情期间，AI 技术在疫情监测分析、物资使用管控、后勤服务保障等过程中得到了广泛应用，也拉近了人与 AI 的距离。在未来的数字科技发展战略中，中国必须先发制人，加大新一代人工智能与移动通信技术的研发与应用力度，实现中国数字科技新业态的繁荣。

参考文献

著作

北正满，1987.《IBM 的挑战》，毕庶本、李振明编译，电子工业出版社。

车云、陈卓等，2018.《智能汽车：决战 2020》，北京理工大学出版社。

陈淮，1991.《日本产业政策研究》，中国人民大学出版社。

陈木荣，1989.《日本科技政策之研究：以计算机产业之发展为例》，台北：工业技术研究院。

陈起行，2002.《美国软件专利论，1966—1991》，台北：学林文化事业有限公司。

崔禄春，2002.《建国以来中国共产党科技政策研究》，华夏出版社。

邓鸥、邓鹃，2008.《信息时代与信息产业》，山西教育出版社。

费尔顿克辛，2002.《西门子传》，李少辉等译，华夏出版社。

高洪深、杨宏志，2003.《知识经济学》，台北：五南图书出版公司。

高鸿翔，2003.《中国大陆信息产业竞争力分析》，台北：信息工业策进会信息市场情报中心。

郭建安，2000.《微软讼案》，法律出版社。

国家统计局，1999.《新中国五十年：1949—1999》，中国统计出版社。

国家统计局，2000.《中国统计年鉴2020》，中国统计出版社。

胡显章、曾国屏，1998.《科学技术概论》，高等教育出版社。

杰克·沃特曼，2004.《IBM变革管理》，康毅仁译，哈尔滨出版社。

康毅仁、汪洋，2003.《联想无限：柳传志的管理艺术》，民主与建设出版社。

李德升，2013.《我国软件产业发展的财税政策研究》，经济科学出版社。

李若谷，2009.《国际货币体系改革与人民币国际化》，中国金融出版社。

刘大年，2000.《日本及韩国IC工业之发展策略与国际竞争力分析》，台北："经济部"研发会。

刘晓东，2006.《知识产权与软件产业市场结构》，浙江大学出版社。

柳卸林、程鹏，2012.《中国科技发展研究报告》，科学出版社。

吕薇，2013.《中国制造业创新与升级：路径、机制与政策》，中国发展出版社。

马丁·弗朗斯曼，2006.《赢在创新：日本计算机与通信业成长之路》，李纪珍、吴凡译，知识产权出版社。

日本通商产业省《通商产业政策史》编纂委员会，1995.《日本通商产业政策史》，王红军等译，中国青年出版社。

宋成华，2007.《日本的研发投资效率分析》，黑龙江大学出版社。

王佳勋，2003.《微软生存之战》，台北：商周出版社。

吴嘉生，2001.《美国三0一条款评析——智慧财产保护之帝王条款》，台北：元照出版公司。

吴中宝，2011.《寡头战争：谷歌战苹果》，中国经济出版社。

萧全政，1997.《台湾地区的新重商主义》，台北：业强出版社。

鄢显俊，2011.《信息垄断揭秘：信息技术革命视阈里的当代资本主义新变化》，中国社会科学出版社。

俞剑红、韩彪、包冉，2012.《新媒体：主宰我世代》，中国电影出版社。

曾航、刘羽、陶旭骏，2014.《移动的帝国：日本移动互联网兴衰启示录》，浙江大学出版社。

张淮杞、卢素涵，2002.《印度软件产业及技术研究》，台北："经济部"技术处。

张俊彦、游伯龙，2001.《活力：台湾如何创造半导体与个人计算机产业奇迹》，台北：时报出版社。

张甄薇，2012.《王雪红的故事》，台北：联经出版事业股份有限公司。

中国科技发展战略小组，2002.《中国科技发展研究报告2002——中国制造与科技创新》，经济管理出版社。

Baldwin, S. E., et al., 1989. *Technology and Employment：Innovation and Growth in the U. S. Economy*，McGraw-Hill, Inc.

Bank, D., 2001. *Breaking Windows*，NY：The Free Press.

Chandler, A. D., 1978. *The Visible Hand：The Managerial Revolution in American Business*，The Belknap Press of Harvard University Press.

Clark, J., 2000. *Netscape Time：The Making of the Billion-dollar Start-up that Changed the World*，New York：St. Martin's Griffin.

CSTC, 1986. *Guide to China's Science and Technology Policy*（White Paper on Science and Technology # 1），China Science and Technology Press.

Cusumano, 2002. *Platform Leadership：How Intel, Microsoft, and Cisco Drive Industry Innovation*，Mass. ：Harvard Business School Press.

David, P. A., 1975., *Technical Choice, Innovation and Economic Growth：Essays on American and British Experience in the Nineteenth Century*，London：Cambridge University Press.

Dedrick, J., Kraemer, K., 1998. *Asia's Computer Challenge：Threat or Opportunity for the United States and the World?* New York：Oxford University Press.

Fisher, F. M., McKie, J. W., Mancke, R. B., 1983. *IBM and the U. S. Data Processing Industry：An Economic History*，New York：Praeger Press.

Flint, C., Taylor, P., 2018. *Political Geography: World-Economy, Nation-State and Locality*, New York: Routledge.

Freiberger, P., Swaine, M., 1984. *Fire in the Valley*, New York: McGraw-Hill.

Gawer, A., Cusumano, M.A., 2002. *Platform Leadership How Intel, Microsoft, and Cisco Drive Industry Innovation*, Brighton, MA: Harvard Business Publishing.

Gerstner, L., 2002. *Who Says Elephants can't Dance? Inside IBM's Historic Turnaround*, New York: Harper Business.

Gilpin, R., 2000. *The Challenge of Global Capitalism: The World Economy in the 21st Century*, NJ: Princeton University Press.

Gu, S. 1999. *China's Industrial Technology: Market Reform and Organizational Change*, Routledge in association with the UNU Press.

Hafner, K., Lyon, 1996. *Where Wizards Stay up Late*, NY: TouchStone.

Heilemann, J., 2001. *Pride Before the Fall*, NY: Harper Collins Press.

Hoch, D.J., et al., 2000. *Secrets of Software Success: Management Insights from 100 Software Firms around the World*, Boston, Mass. : Harvard Business School Press.

Hounshell, D.A., Smith, J.K.Jr., 1988. *Science and Corporate Strategy: Du Pont R&D, 1902-1980*, Cambridge University Press.

Hung, H., 2015. *The China Boom: Why China Will Not Rule the World*, Columbia University Press.

Irwin, D.A., 1994. The U.S.-Japan Semiconductor Trade Conflict, in Krueger, A.O. (ed.) *The Political Economy of Trade Protection*, Chicago: University of Chicago Press.

Isaacson, W., 2011. *Steve Jobs*, New York: Simon & Schuster.

Jackson, T., 1998. *Inside Intel: Andy Grove and the Rise of the World's Most Powerful Chip Company*, US: Plume Books.

Kurose, J.F., Ross, K.W., 2002. *Computer Networks: A Top-Down*

Approach Featuring the Internet, UK: Longman Press.

Lampton, D. M., Ho, S., Kuik, C. C., 2020. *Rivers of Iron: Railroads and Chinese Power in Southeast Asia*, University of California Press.

Leyden, D. P., Link, A. N., 1992. *Government's Role in Innovation*, Boston: Kluwer Academic Press.

Liu, C., Albitz, P., 1998. *DNS and BIND*, Cambridge: O'Reilly Press.

Lu, Q., 2000. *China's Leap into the Information Age: Innovation and Organization in the Computer Industry*, Oxford University Press.

Malerba, F., 1985. *The Semiconductor Business: The Economics of Rapid Growth and Decline*, Madison: University of Wisconsin Press.

Matthews, D., 2017. *Globalising Intellectual Property Rights The TRIPs Agreement*, London: Routledge.

Moody, G., 2001. *Rebel Code*, Berkley: Perseus Publishing Press.

Moschella, D. C., 1997. *Waves of Power: Dynamics of Global Technology Leadership*, New York: AMACOM.

National Academy of Sciences, 1992. *The Government Role in Civilian Technology: Building a New Alliance*, Washington, D. C.: National Academy Press.

Nollen, S., Siddharthan, N. S., 2020. *Software and Hardware in India and China: How the Firms Differ*.

Nye, J., 2002. *The Paradox of American Power: Why the World's only Superpower can't Go it Alone*, New York: Oxford University Press.

Parker, W. N., 1972. Agriculture, in L. E. Davis et al. (eds.), *An Economist's History ofthe Unitea States*. New York: Harper & Row.

Pisano, G. P., Shan, W., Teece, D., 1988. Joint Ventures and Collaboration in the Biotechnology Industry, in David Mowery (ed.), *Cambridge*, MA: Ballinger Publishing Company.

Rivkin, S. R., 1968. *Technology Unbound: Transferring Scientific and Engineering Resources from Defense to Civilian Purposes*, New York: Pergamon Press.

214

Ryan, M. P., 1998. *Knowledge Diplomacy: Global Competition and the Politics of Intellectual Property*, Washington, D. C. : Brookings Institution Press.

Sako, M., 2005. *Outsourcing and Offshoring: Key Trends and Issues.* Social Science Electronic Publishing.

Schneider, L. A., 1989. *Learning from Russia: Lysenkoism and the Fate of Genetics in China, 1950-1986*, Harvard University Press.

Schumpeter, J. A., 1939. *Business Cycles*, New York: McGraw-Hill.

Schumpeter, J. A., 1962. *Capitalism, Socialism and Democracy*, Harper Perennial.

Sell, S. K., 2003. *Private Power, Public Law: The Globalization of Intellectual Property Rights, Paddyfield*, Cambridge University Press.

Shulman, S., 1999. *Owning the Future*, Boston: Linking Publishing Company Press.

Steinbock, D., 2001. *The Nokia Revolution: The Story of an Extraordinary Company that Transformed an Industry*, US: Amer Management Assn.

Stoneman, P., 1995. Handbook of the Economics of Innovation and Technological Change, Oxford: Basil Blackwell.

Suttmeier, R. P., 1980. *Science, Technology and China's Drive for Modernization*, Stanford: Hoover Institution Press.

U. S. Department of Commerce, 1981. *Statistical abstract of the United States 1981*, U. S. Census Bureau.

Vaidhyanathan, S., 2001. *Copyrights and Copywrongs: The Rise Of Intellectual Property and How It Threatens Creativity*, NY: New York University Press.

Wallace, J., 1997. *Overdrive: Bill Gates and Race To Control Cyberspace*, US: John Wiley & Sons Press.

Wu, W. 2007. *State Policies, Enterprise Dynamism, and Innovation System in Shanghai, China*, Blackwell.

期刊及其他文献

艾西亚、岩原宏平，2019.《中美贸易战解析：中国会重蹈日本覆辙吗》，《新金融》，6。

敖凯，2016.《Alphabet 将谷歌大瘦身》，《中国战略新兴产业》，13。

奥卢大学，2021."White Paper on RF Enabling 6G: Opportunities and Challenges from Technology to Spectrum", https://www.oulu.fi/6gflagship/6g-white-paper-rf-spectrum。

白积洋、刘成奎，2020.《财税政策效应、政府效率与高新技术产业发展》，《首都经济贸易大学学报》，5。

白利倩，2018.《黄章复出能否带领魅族绝地反击?》，《理财》（市场版），2。

白杨，2015.《战略和政策的研究制定是软件产业发展的先决条件》，《现代交际》，2。

包金武，2021.《中国手机市场发展现状分析》，《河北企业》，1。

鲍勤、苏丹华、汪寿阳，2020.《中美贸易摩擦对中国经济影响的系统分析》，《管理评论》，7。

本刊讯，2014.《普华基础接盘中科红旗 向国产自主基础软件龙头企业迈进》，《软件产业与工程》，4。

蔡翠红、王天禅，2021.《新冠疫情下网络空间全球治理的机遇与挑战》，《国际论坛》，1。

蔡宏明，1999.《美日半导体贸易摩擦与全球半导体理事会》，http://www.moea.gov.tw/ecobook/japan/88/j6a1.htm。

曹迪，2018.《改革开放 40 年中国对外贸易发展方式转变政策梳理与启示》，《价格月刊》，10。

曹方，2003.《全球软件出口市场战略格局比较研究》，《新经济导刊》，7。

曹鑫、欧阳桃花、黄江明，2022.《智能互联产品重塑企业边界研究：

小米案例》,《管理世界》,4。

曹智娟,2003.《英特尔用 70 亿塑造了 390 亿的品牌》,《IT 时代周刊》,10X。

柴蓉等,2021.《6G 移动通信:愿景、关键技术和系统架构》,《重庆邮电大学学报》(自然科学版),3。

陈翀,2013.《"特别 301 条款"运行机制研究》,《中北大学学报》(社会科学版),5。

陈鼎庄,2019.《从中美贸易摩擦看国际贸易法发展及中国的对策》,《中国流通经济》,10。

陈刚等,2011.《大力发展基于 IPv6 的物联网 推动和促进 IPv6 技术走向成熟》,《世界电信》,5。

陈厚云、王行刚,1983.《计算机五十年代发展史》,《自然辩证法通讯》,4。

陈婧嫣、姜李丹、薛澜,2021.《跨国比较视阈下的人工智能政策:目标、理念与路径》,《科学学与科学技术管理》,3。

陈强强,2020.《中国深度参与全球科技治理的机遇、挑战及对策研究》,《山东科技大学学报》(社会科学版),2。

陈强、朱艳婧,2020.《美国联邦政府支持基础研究的经验与启示》,《科学管理研究》,6。

陈文华,1998.《韩国半导体产业考察报告》,《半导体技术》,5。

陈小洪,2000.《中国计算机产业的发展状况和政策初探》,《中国工业经济》,2。

陈晓川等,2016.《从专利价值利用的角度看企业并购中前后策略的规划——兼评苹果公司并购指纹识别企业奥森泰克》,《中国发明与专利》,1。

陈亚平,2019.《中美科技投入产出效率比较分析——基于研发投入对经济增长的贡献度角度》,《技术经济与管理研究》,6。

陈志刚、李登,2005.《日本 IT 业发展状况及企业管理》,《计算机教育》,2。

成卓，2014.《整机厂主导的集成电路产业创新系统研究——基于苹果公司A4芯片研发的案例分析》，《技术经济与管理研究》，4。

程国强，2017.《"一带一路"的理论涵义与创新》，《北方经济》，10。

程耀华，2011.《中韩手机业发展路径比较研究》，陕西师范大学硕士学位论文。

崔鹏，2018.《小米海外故事：梦想与现实》，《中国企业家》，14。

崔鑫生，2010.《论美国知识产权战略中的海外保护问题》，《科技管理研究》，4。

戴翔、宋婕，2019.《"一带一路"有助于中国重构全球价值链吗?》，《世界经济研究》，11。

戴翔、王如雪，2022.《中国"一带一路"倡议的沿线国家经济增长效应：质还是量》，《国际贸易问题》，5。

德国联邦教育和研究部，2021.《Karliczek：6G将彻底改变我们的通信，大约7亿欧元用于网络技术》（Karliczek：6G wird unsere Kommunikation revolutionieren-rund 700 Millionen Euro für die Vernetzungstechnologie von übermorgen），https：//www. bmbf. de/de/karliczek－6g－wird－unsere－kommunikation－revolutionieren－rund－700－millionen－euro－fuer－die－14195. html。

邓炜，2007.《多边贸易机制的深层危机和中国的现实选择》，《中央财经大学学报》，1。

董奇、吕玲玲，2011.《全球4G通信系统发展研究》，《黑龙江科技信息》，27。

董小君，2014.《通过国际转移化解过剩产能：全球五次浪潮、两种模式及中国探索》，《经济研究参考》，55。

董小英、胡燕妮、晏梦灵，2019.《从追赶到领先——华为战略升级与转型路径解析》，《清华管理评论》，11。

董艳春、徐治立、霍宇同，2017.《从奥巴马到特朗普：美国科技创新政策特点和趋势分析》，《中国科技论坛》，8。

董云庭，2002. 《中国电子信息产业竞争力分析》，《中国工业经济》，5。

独立行政法人经济产业研究所，2018. "JIP Database 2018"，http：//iras. lib. whu. edu. cn：8080/rwt/401/https/P75YPLUTNFTYI4JPM7YT64UR/jp/database/JIP2018/index. html。

杜传忠、杜新建，2017. 《第四次工业革命背景下全球价值链重构对我国的影响及对策》，《经济纵横》，4。

杜德斌、段德忠、夏启繁，2019. 《中美科技竞争力比较研究》，《世界地理研究》，4。

杜军、王许兵，2015. 《基于产业生命周期理论的海洋产业集群式创新发展研究》，《科技进步与对策》，24。

杜然、刘柯，2021. 《中日双边贸易的现状、问题与对策》，《中国经贸导刊》，8。

杜振华、王勍、朱硕，2020. 《中国软件出口状况及未来展望》，《全球化》，5。

段德忠等，2019. 《产业技术变迁与全球技术创新体系空间演化》，《地理科学》，9。

樊春良，2009. 《奥巴马政府的科技政策探析》，《中国科学院院刊》，3。

樊春良，2014. 《日本科技创新政策科学的实践及启示》，《中国科技论坛》，4。

樊春良，2018. 《特朗普政府一年来的科技政策分析与展望》，《科学学与科学技术管理》，2。

樊春良，2020. 《美国技术政策的演变》，《中国科学院院刊》，8。

范璐、周殿华，2009. 《从 SST 视角看中国当代技术发展中的问题——以 Linux 在中国发展为例》，《科学学与科学技术管理》，4。

方慧，2008. 《印度软件业外包服务模式的成因、效果及启示》，《宏观经济研究》，2。

方慧、赵胜立，2021. 《"一带一路"倡议促进了中国产业结构升级吗？——基于 285 个城市的双重差分检验》，《产业经济研究》，1。

方敏、段向阳、胡留军，2020.《6G 技术挑战、创新与展望》，《中兴通讯技术》，3。

方兴东、杜磊，2019.《中美科技竞争的未来趋势研究——全球科技创新驱动下的产业优势转移、冲突与再平衡》，《学术前沿》，24。

冯立果，2019.《韩国的产业政策：形成、转型及启示》，《经济研究参考》，5。

冯晓玲、张宁，2020.《现阶段美对华贸易政策转变中的中美贸易摩擦研究》，《广西财经学院学报》，1。

冯远、张继行，2013.《奥巴马政府对华贸易政策回顾与走向分析》，《国际贸易》，3。

冯泽、陈凯华、陈光，2021.《国家创新体系研究在中国：演化与未来展望》，《科学学研究》，9。

冯昭奎，2018.《日本半导体产业发展的赶超与创新——兼谈对加快中国芯片技术发展的思考》，《日本学刊》，6。

弗劳恩霍夫集成电路研究所，2021.《Fraunhofer：6G 技术重头项目》（Fraunhofer-Leitprojekt für 6G-Technologien），https：//www. iis. fraunhofer. de/de/ff/kom/mobile-kom/6g-sentinel. html。

高峻峰，2010.《政府政策对新兴技术演化的影响——以我国 TD-SCDMA 移动通讯技术的演化为例》，《中国软科学》，2。

高林、谢谦，2004.《以 Linux 为契机 发展我国软件产业——Linux 标准化现状与发展设想》，《信息技术与标准化》，8。

高雨辰等，2018.《政府研发补贴对企业研发产出的影响机制研究——基于江苏省的实证分析》，《科学学与科学技术管理》，10。

高源，2019.《新时代下国产智能手机的创新之路——以某国产品牌手机为例》，《区域治理》，44。

葛恒云，2007.《韩国的自主创新及其对我国未来科技发展战略选择的启示》，《未来与发展》，2。

耿爱生，2015.《养老模式的变革取向："医养结合"及其实现》，《贵州社会科学》，9。

耿一平，2018.《小米竞争战略分析》，《中国乡镇企业会计》，5。

管传靖，2018.《全球价值链与美国贸易政策的调适逻辑》，《世界经济与政治》，11。

郭磊、周燕芳、蔡虹，2016.《基于机会窗口的后发国家产业追赶研究——中国智能手机产业的案例》，《管理学报》，3。

郭霁，2001.《美国"301条款"与WTO争端解决机制的互动及其前景预测》，《中国法学》，5。

郭跃进，1997.《论委托代理制的三大支柱》，《国有资产研究》，1。

郭泽民、杨福慧，2007.《红旗Linux：用户业务价值与开放精神的完美结合——记中科红旗软件技术有限公司》，《中国新技术新产品精选》，4。

国家统计局，2020.《2019年全国科技经费投入统计公报》，https：//data. stats. gov. cn/easyquery. htm？cn＝C01。

Grassteck, V., 钟传水，1991.《与贸易有关的知识产权：美国贸易政策，发展中国家和乌拉圭回合》，《专利法研究》。

海纳，2013.《浅谈智能手机硬件发展趋势》，《软件工程师》，3。

韩凤芹等，2012.《日本运用科技政策推动区域经济发展的实践及启示》，《经济研究参考》，51。

韩建鹏、倪峰，1995.《从超级计算机产业的兴起看日本高技术产业发展的特点——兼论日美高科技竞争中日本的比较优势》，《当代亚太》，2。

韩联社，2020.《三星电子：下一代6G占领未来资源"……白皮书发布》，https：//www. yna. co. kr/view/AKR20200714102800003？section＝search。

何力，2017.《美国"301条款"的复活与WTO》，《政法论丛》，6。

何正方、梁宇，2019.《开源对软件行业发展的影响》，《软件》，7。

贺斌等，2021.《美国人工智能国家战略行动最新动向：洞察与借鉴》，《情报杂志》，1。

贺晶晶，2010.《我国 Linux 制造商发展战略研究》，北京交通大学硕士学位论文。

胡国成，2000.《微软垄断案解析》，《美国研究》，3。

胡家强、司羽嘉，2019.《美国科技成果转化立法的演进及其对我国的启示》，《中国海洋大学学报》（社会科学版），3。

胡洋，2011.《专利诉讼：IT 业另类竞争武器》，《销售与市场》（管理版），25。

华金玲，2021.《后疫情时代日本数字化转型政策的思考》，《信息通信技术与政策》，2。

黄宾、徐维祥、刘程军，2018.《中国软件产业的空间联系、演化特征及其经济增长效应》，《经济地理》，10。

黄传慧等，2013.《美国科技政策体系研究》，《科技管理研究》，22。

黄典，2019.《日本产业组织优化对我国的启示——以制造业为例》，《福建质量管理》，12。

黄素心、蓝柳岑，2012.《我国电脑品牌国际化的成功之路——以联想个人电脑为例》，《对外经贸实务》，4。

惠苏渊，2006.《苹果公司发展战略分析及思考》，《工业技术经济》，1。

贾开、郭雨晖、雷鸿竹，2018.《人工智能公共政策的国际比较研究：历史、特征与启示》，《电子政务》，9。

蒋华林，2012.《台湾地区科技政策绩效、特点及启示》，《中国科技论坛》，9。

焦璐，2015.《前路艰难，索尼将何去何从》，《现代企业文化》（上旬）。

金中，2001.《台湾手机生产是怎样起步的?》，《电子产品世界》，2。

亢樱青，2017.《OPPO&vivo：深度营销拼的是人，不是钱》，《商学院》，6。

亢樱青，2018.《HTC 失语，陷落"后智能手机"时代》，《商学院》，1。

亢樱青，2016.《vivo：与"95后"一起 HIGH》，《商学院》，7。

匡文波、李一，2010.《日美手机媒体发展的差异分析及其借鉴》，《新闻与写作》，1。

Kevin，2003.《索尼爱立信首款 3G 手机 Z1010》，《当代通信》，6.

兰顺正，2020.《美国试图抢占 6G 技术布局先机》，《世界知识》，18。

蓝茵茵、罗新星，2015.《新型区域贸易协定：性质、影响及多边化问题研究》，《经济问题探索》，4。

雷小苗、高国伦、李正风，2020.《日美贸易摩擦期间日本高科技产业兴衰启示》，《亚太经济》，3。

雷震洲，2003.《全球 IPv6 的发展现状》，《信息技术与标准化》，7。

黎峰，2022.《双循环联动的大国特质与一般规律：贸易视角的考察》，《世界经济研究》，5。

李春田，2007.《现代模块化的诞生——IBM/360 电脑的设计革命》，《企业标准化》，4。

李昊匡、张伊娜、刘亮，2020.《技术创新与生产关系变革——兼论四次产业革命的冲击与调整》，《上海经济研究》，11。

李浩东，2018.《日本半导体产业发展得失以及对中国的启示》，《中国经贸导刊》（理论版），17。

李贺南、陈奕彤、宋微，2020.《2020 年韩国人工智能国家战略》，《全球科技经济瞭望》，4。

李健、宁越敏、汪明峰，2008.《计算机产业全球生产网络分析——兼论其在中国大陆的发展》，《地理学报》，4。

李晶，2014.《苹果与谷歌：两种不同的创新思维》，《商周刊》，22。

李璟晖，2006.《探索国产手机发展之路》，北京邮电大学硕士学位论文。

李莲花、王艳秀，2011.《经济波动下的美国贸易保护及中国的对策》，《中国商贸》，35。

李玲娟、蒋能伸、张波，1997.《美国技术转移政策的要点及借鉴》，

《科技导报》,38。

李伦,2002.《Linux及其伦理意蕴》,湖南师范大学博士学位论文。

李梦媛、符蓉,2012.《联想移动互联网产业竞争优劣势浅析》,《中国高新技术企业》,14。

李少谦,2021.《6G:继续体系结构的变革》,《中兴通讯技术》,2。

李挺,2013.《索尼移动通信产品(中国)有限公司发展战略研究》,北京交通大学硕士学位论文。

李维维,2020.《基于产业创新系统模型的中国智能手机产业研究》,《科技和产业》,6。

李伟、李梦军,2018.《华为手机:智慧手机的引领者?》,《清华管理评论》,6。

李伟、聂鸣、李顺才,2009.《企业自主创新体系框架及影响因素研究——以华为为例》,《科学管理研究》,1。

李香菊、杨欢,2019.《助推我国经济高质量发展的税收优化研究》,《税务研究》,5。

李晓珊,2013.《苹果iOS、谷歌Android、微软Windows Phone三大移动互联网系统开发策略比较研究》,《中国广播》,5。

李新、王强,2020.《6G研究进展及关键候选技术应用前景探讨》,《电信快报:网络与通信》,11。

李燕、朱春奎,2016.《美国联邦政府技术采购政策的范式变迁》,《科学学研究》,10。

李寅,2021.《重塑技术创新优势?——美国半导体产业政策回归的历史逻辑》,《文化纵横》,4。

李勇,2020.《美日半导体贸易摩擦的历程对我国的启示研究》,《集成电路应用》,5。

李哲等,2019.《日本人工智能战略及人才培养模式研究》,《现代教育技术》,12。

李正洲,2015.《从苹果公司的生态系统看产品设计发展新趋势》,《赤子》（上中旬），11Z。

李子彪、孙可远、吕鲲鹏，2018.《三类政府财政激励政策对高新技术企业创新绩效的激励机制——基于企业所有权性质的调节效应》，《技术经济》，12。

梁正、李代天，2018.《中国科技政策与产业协同演化 40 年》，《科学学研究》，12。

林禾青，2012.《自主创新政策的国际经验与借鉴》，《发展研究》，4。

刘彬、明元鹏、陈伟光，2019.《守成国与崛起国的贸易摩擦——基于中美和日美贸易摩擦的比较分析》，《国际贸易》，12。

刘超等，2020.《面向空天地一体多接入的融合 6G 网络架构展望》，《移动通信》，6。

刘诚，1993.《关税与贸易总协定（三）——"乌拉圭回合"谈判的三个新议题》，《财经问题研究》，9。

刘承良等，2017.《全球科研论文合作网络的结构异质性及其邻近性机理》，《地理学报》，4。

刘刚、熊立峰，2013.《消费者需求动态响应、企业边界选择与商业生态系统构建——基于苹果公司的案例研究》，《中国工业经济》，5。

刘慧，2020.《欧盟促进创新合作的三大举措》，《群众》，4。

刘戒骄，2011.《生产分割与制造业国际分工——以苹果、波音和英特尔为案例的分析》，《中国工业经济》，4。

刘金梅、曾晓萱，1996.《日本早期发展计算机产业的政府行为》，《中外科技政策与管理》，9。

刘靖宇、徐志超，2019.《智能手机应用系统的现状及发展趋势》，《绿色科技》，18。

刘静怡，2001.《从 ICANN（The Internet Corporation for Assigned Names and Numbers）的成形与发展看互联网公共资源分配机制的政策与法律问题：一九九八至二〇〇一的国际趋势观察和省思》，《台大法学论丛》，6。

刘平、陈建勋，2017.《日本新一轮科技创新战略："新层次日本创造"

与"社会5.0"》,《现代日本经济》,5。

刘平、刘亮,2020.《日本新一轮人工智能发展战略——人才、研发及社会实装应用》,《现代日本经济》,6。

刘若昊,2016.《"互联网+"时代下国产智能手机的崛起——浅谈以小米为代表的国产智能手机的品牌发展历程》,《全国商情》,17。

刘珊、黄蓉、王友祥,2021.《全球6G研究发展综述》,《邮电设计技术》,3。

刘似臣,2004.《中国对外贸易政策的演变与走向》,《中国国情国力》,8。

刘卫锋,2020.《美国贸易法301条款的修订及其启示》,《中国流通经济》,4。

刘伟岩,2020.《战后科技革命推动日本产业升级研究》,吉林大学博士学位论文。

刘轩、纪雅琦,2021.《后日美贸易摩擦时代日本的产业分流及其半导体产业衰退》,《现代日本经济》,2。

刘杨钺,2012.《全球网络治理机制:演变、冲突与前景》,《国际论坛》,1。

刘谊、章新蓉、沈静琦,2019.《融资约束、政府补贴与技术创新——基于高新技术企业生命周期视角》,《财会通讯》(下),3。

刘永翔,1990.《日本政府在发展高技术产业中的作用——电子计算机产业发展实例》,《国际科技交流》,4。

刘勇,2014.《国内Android定制手机系统中的版权困境及其应对》,《重庆邮电大学学报》(社会科学版),5。

柳卸林,2005.《2004~2005年中国区域创新能力分析报告》,《科学学与科技学技术管理》,12。

柳颖,2020.《国产手机的崛起对我国制造业的影响分析》,《现代工业经济和信息化》,10。

龙锦,2015.《日本新媒介产业发展及动因研究》,上海大学博士学位论文。

龙怒，2010.《芬兰科技创新经验对浦东高科技发展的启示》，《科技进步与对策》，4。

卢奕鸣，2020.《关于 iOS、安卓两大手机系统的横向对比》，《通讯世界》，5。

陆峰，2016.《浏览器：25 年入口之争》，《互联网经济》，3。

罗君名，2020.《中国手机国际化之路的挑战与对策》，《理论与当代》，1。

罗欣、李永洁，2021.《手机企业竞争力分析——以华为公司为例》，《商场现代化》，1。

马文方，2001.《记者观察：软件开发中的鱼渔之别》，https://tech.sina.com.cn/s/n/69839.shtml。

马文君、蔡跃洲，2020.《日美半导体磋商对中美贸易摩擦下中国集成电路产业的启示》，《中国科技论坛》，10。

毛和文、毛定云，2013.《美国对外贸易法要览》，《法制与经济》（中旬），8。

孟捷、王晓迪、筱雪，2018.《发达国家科技创新措施及对我国的借鉴》，《天津科技》，3。

孟薇、钱省三，2005.《印度软件产业研究》，《科研管理》，1。

苗苗，2020.《美国科技创新动态跟踪与政策解析：先进性与偏误》，《科学管理研究》，1。

苗迎春，2005.《布什政府的对外贸易政策评析》，《世界经济研究》，7。

南星恒、柴济坤、王馨稚，2016.《微软的经营协同与战略调整动机——微软收购诺基亚引发的思考》，《财会通讯》（上），3。

倪光南，2003.《Linux 技术已经成熟，可大力推广》，《信息空间》，12M。

倪外，2022.《构建新时代对外开放型经济体系》，《上海经济研究》，5。

聂盛，2009.《Copyright 与 Copyleft 的经济学分析》，《科技与经济》，2。

欧俊英，2013.《我国智能手机市场环境的 SWOT 分析》，《青年记者》，12Z。

潘峰华、王缉慈，2010.《全球化背景下中国手机制造产业的空间格局及其影响因素》，《经济地理》，4。

潘建亮，2009.《韩国汽车产业安全研究》，《汽车工业研究》，3。

庞程、唐金湘，2016.《基于专利布局的智能手机企业战略研究——以苹果公司为例》，《商》，13。

裴长洪、郑文，2011.《中国入世 10 周年与全球多边贸易体制的变化》，《财贸经济》，11。

裴钰、王艳娟、马靖宇，2015.《国产智能手机秦皇岛市场竞争力分析》，《中小企业管理与科技》，10。

彭俊，2003.《"手机补贴"：竞争与"国际"接轨》，《通信世界》，6。

彭琼仪，2011.《中国企业跨国并购的经济绩效分析——联想、TCL、上汽的跨国并购案例研究》，《财会通讯》（下），2。

彭瑞林，2010.《把握利用高新技术外商投资的新机遇》，《国际经济合作》，1。

彭祯艺、张路、胡小娟，2003.《中国启动 IPv6 新干线 将改写未来互联网格局》，https://tech.sina.com.cn/i/w/2003-12-07/1143264809.shtml。

戚桂杰、张振森，2007.《ERP 项目实施中关键成功因素的因果关系分析——以联想 ERP 项目实施为例》，《经济与管理研究》，9。

钱丽娜、石丹，2020.《"夹心层"OPPO 的求生欲》，《商学院》，4。

秦涛等，2005.《韩国科技发展战略和政策初探》，《科学学与科学技术管理》，3。

邱斌、张群、孙少勤，2022.《RCEP 对我国服务贸易的影响研究——基于结构模型的量化分析》，《江苏社会科学》，2。

邱丹逸、袁永，2018.《日本科技创新战略与政策分析及其对我国的启示》，《科技管理研究》，12。

屈志强，1990.《日本计算机产业发展政策评述》，《电子政务》，5。

人民邮电报，2020.《日本加力推进6G研发》，http：//paper. cnii. com. cn/article/rmydb_ 15808_ 298262. html。

任浩冉，2014.《中国经济是否会重蹈日本经济覆辙：中日之间的比较分析》，中国青年政治学院硕士学位论文。

日本国家信息与通信研究院，2021. Beyond 5G/6Gホワイトペーパー。

日本首相官邸，2020.《高度信息通信网络社会形成基本法》，https：//www. kantei. go. jp/jp/singi/it2/hourei/index. html。

日本学术振兴会，2017.《卓越研究员事业》，http：//www. jsps. go. jp/j-le/index. html。

日本总务省，2019.《第5代移动通信系统的特定基站开设计划的认定（概要）》。

日本总务省统计局，2019.《2019年科学技术研究调查结果》，http：//iras. lib. whu. edu. cn：8080/rwt/401/https/P75YPLUUPSRYILUHN6YGV6A/data/kagaku/kekka/youyaku/pdf/2019youyak. pdf。

芮艳华、衣书伟，2007.《产业全球化背景下中国高技术产业的发展——基于计算机产业的理论分析》，《经济论坛》，22。

萨里大学，2020."University of Surrey Unveils its 6G Innovation Centre and Distinctive 6G Vision"，https：//www. surrey. ac. uk/news/university-surrey-unveils-its-6g-innovation-centre-and-distinctive-6g-vision。

沙柯等，2013.《苹果产品与安卓产品专利纠纷之启示》，《移动通信》，21。

山阳，1993.《IBM的成功秘诀》，《集团经济研究》，2。

申东镇，2012.《论韩国政府主导外向型经济的基本理念及途径》，《沈阳师范大学学报》（社会科学版），6。

沈坤荣、耿强，2001.《经济全球化背景下中国外资政策趋向研究》，《南京社会科学》，Z1。

沈铭辉，2021.《从多边规则接受者到全球贸易公共品提供者——中国入世20年的回顾与展望》，《中共中央党校（国家行政学院）学报》，5。

沈鑫，2012.《美国对外贸易中的知识产权保护政策研究》，暨南大学博士学位论文。

沈逸，2016.《ICANN 治理架构变革进程中的方向之争：国际化还是私有化?》，《汕头大学学报》（人文社会科学版），6。

石飞月，2018.《索尼手机的生存危机》，https：//baijiahao. baidu. com/
s? id = 1616349237631673053&wfr = spider&for = pc。

石雨峰，2018.《黄章自救，魅族"梦想机"能否照进现实》，《商学院》，5。

宋泓，2000.《美欧日计算机产业的早期发展及对我国的启示》，《国际经济评论》，1。

宋殷东，2011.《中韩科技政策比较研究》，《青岛科技大学学报》（社会科学版），3。

搜狐网，2018.《三星计划在未来三年投资 220 亿美元在人工智能、5G、及汽车领域》，https：//www. sohu. com/a/246557090_ 100159202。

苏未末，2014.《中科红旗封闭创新之死》，《董事会》，4。

孙建平等，2020.《欧洲国家专利盒政策介绍及对我国的启示》，《国际税收》，6。

孙丽，2019.《中日贸易结构的变化对中国产业结构转型升级的影响》，《东北亚论坛》，6。

孙平、丁伟，2009.《中美软件产业组织比较分析》，《改革与战略》，8。

孙平，2008.《美国软件产业结构优化的经验与借鉴》，《中国科技论坛》，10。

孙晓岭，2004.《企业竞争新思维：超越"顾客导向"——来自微软、英特尔的启示》，《经济管理》，1。

Schnee, J. E.，陈德顺，1980.《政府计划对尖端技术工业发展的影响》，《系统工程与电子技术》，3。

谭聪，2016.《H 公司智能手机市场营销策略研究》，华中师范大学硕士学位论文。

谭章禄、陈晓，2016.《我国软件产业国产化发展战略研究》，《技术经济与管理研究》，8。

汤飚，2014.《国产智能手机发展路径研究》，《江淮论坛》，3。

唐方成、王冉冉，2021.《平台与互补商协同创新的制度逻辑及其作用机制》，《管理评论》，11。

唐飞、宋学锋，2007.《英特尔公司的转型之路》，《经济管理》，9。

陶蕊、翟启江，2018.《美国先进技术计划评估实践的特点与启示》，《世界科技研究与发展》，6。

陶勇，2017.《联想与华为 不同战略选择的启示》，《企业管理》，7。

田浩，2017.《国家创新体系：从概念到研究方法》，《兰州学刊》，6。

田正，2020.《日本成为世界第二大经济体后的科学技术政策演变》，《日本文论》，2。

通信世界，2021.《国家知识产权局发布〈6G 通信技术专利发展状况报告〉》，http：//www.cww.net.cn/article？from = timeline&id = E4076B6D8E0540C48624AB1D0BE364C0&isappinstalled = 0。

丸川知雄，2010.《日本跨国公司为何兵败中国手机市场——基于中日两国新产品开发和营销方式的对比研究》，《经济管理》，3。

万如意，2013.《美国政府采购与计算机革命》，《中国政府采购》，4。

汪新波，2012.《Google 的成长战略：从核心到外围》，《中国新时代》，4。

汪涌，1996.《美国贸易法特别 301 条款分析与对策》，《知识产权》，1。

王备，2014.《中美贸易关系现状及发展趋势探究》，《北方经贸》，7。

王东，2009.《评估美国对华的贸易政策》，《中国经贸》，19。

王飞，2019.《美国生物医药产业创新的升级规律及启示》，《南京社会科学》，8。

王广凤、刘文慧，2018.《科技成果资本化与产业化的绩效分析》，《中国统计》，1。

王国红等，2020.《效果推理视角下天生国际化企业的战略选择研究》，《管理案例研究与评论》，1。

王健聪，2017.《基于国家创新体系的知识创新能力提升研究》，《科学管理研究》，5。

王静、张西征，2011.《区域自由贸易协定发展新趋势与中国的应对策略》，《国际经济合作》，4。

王娟、张勇、张景云，2017.《中国品牌国际化：中国中车如何融入印度市场》，《公关世界》，1。

王联合、叶建英，2009.《美国对华知识产权政策：国际知识产权联盟的角色》，《外交评论》，2。

王玲，2020.《日本政府如何布局发展人工智能》，《科技中国》，12。

王鹏，2003.《把员工个人追求融入企业长远发展之中——联想集团有限公司人力资源管理与开发的战略举措》，《教育发展研究》，8。

王仁宏，1997.《后国民经济时代与国际贸易的新局面》，《欧美研究》，27。

王珊珊等，2018.《华为公司专利产学研合作：特征、网络演化及其启示》，《科学学研究》，4。

王绍媛、冯之晴，2021.《日韩贸易摩擦的原因、影响及趋势分析》，《现代日本经济》，2。

王溯、任真、胡智慧，2021.《科技发展战略视角下的日本国家创新体系》，《中国科技论坛》，4。

王铁民等，2013.《联想集团"双模式"战略实施中的双元能力培育》，《企业管理》，2。

王维、李宏扬，2019.《新一代信息技术企业技术资源、研发投入与并购创新绩效》，《管理学报》，3。

王维、李宏扬，2019.《新一代信息技术企业技术资源、研发投入与并购创新绩效》，《管理学报》，3。

王曦、杨博旭，2022.《政府补贴对软件企业创新绩效的影响研究》，

《科学学研究》，3。

王晓红、谢兰兰，2019.《我国数字贸易与软件出口的发展及展望》，《开放导报》，5。

王孝松、周钰丁，2022.《RCEP生效对我国的经贸影响探究》，《国际商务研究》，3。

王艳，2002.《对中国对外贸易政策的几点思考》，《南开经济研究》，3。

王艳，2002a.《高新技术产业化中的风险投资模式及其有效性研究》，《现代经济探讨》，12。

王艳，2002b.《中国外贸政策演变的效果及其产生机制研究》，《现代财经：天津财经学院学报》，8。

王元慎，1998.《美国政府的"集中采购"》，《中国行政管理》，2。

王铮，2015.《产业技术实现赶超战略的路径分析：基于国际化阶段特征视角》，《湖南科技大学学报》（社会科学版），4。

文部科学省，2020.《2020年度科学技术白皮书》，http：//iras. lib. whu. edu. cn：8080/rwt/401/https/P75YPLUNMW6HILUHN6YGV6A/b_ menu/hakusho/html/hpaa202001/1421221. html。

文部科学省，2018.《2018年度科学技术白皮书》，http：//iras. lib. whu. edu. cn：8080/rwt/401/https/P7VGT7DFPBRYA3LTFW3XKZLTMNV C65UJPN4GK6BPM7YT64UR/white-paper/view/34454。

乌云其其格，2017.《日本科技人才开发的现状与主要政策措施解析》，《全球科技经济瞭望》，8。

巫英坚，1993.《布鲁克海文国家实验室的管理和成果转让》，《国际科技交流》，11。

吴清，2022.《传音手机：一年一亿部称雄非洲的背后》，《中国经营报》，1.8。

吴涛，2004.《台湾IT产业竞争力分析》，清华大学硕士学位论文。

吴银平，2016.《谷歌、苹果"龙虎斗"》，《董事会》，3。

吴勇志、张玲，2013.《新国际分工、全球价值链整合与中国企业国际化经营模式——以联想集团为例》，《现代经济探讨》，12。

伍利华，2005.《五年风雨路，红旗见证中国 linux 成长》，《中国电子商务》，9。

伍美虹，2019.《魅族，为何魅力不足?》，《企业管理》，5。

夏晶，2007.《Linux 与 GNU-GPL 协议》，《科教文汇》，11Z。

夏孝瑾，2011.《美国"小企业创新研究计划"（SBIR）：经验与启示》，《科技经济市场》，12。

肖尤丹，2019.《科技成果转化逻辑下被误解的〈拜杜法〉——概念、事实与法律机制的厘清》，《中国科学院院刊》，8。

谢伏瞻，2022.《准确把握构建新发展格局的核心要义与丰富内涵》，《中国经济评论》，1。

熊和平、杨伊君、周靓，2016.《政府补助对不同生命周期企业 R&D 的影响》，《科学学与科学技术管理》，9。

熊民敏，2015.《浅谈计算机科学的现状与发展趋势》，《科技创新与应用》，16。

徐冬梅，2009.《国内外 3G 发展的现状与经验研究》，《中国高新技术企业》，17。

徐峰，2014.《创新驱动产业转型：美国政府 20 世纪 80~90 年代的经验与启示》，《世界科技研究与发展》，2。

徐寰，2009.《金融危机下的台湾经验——中国纺织工业协会陈树津副会长谈台湾纺织企业优势所在》，《中国纺织》，8。

徐静波，2020.《日本争夺世界 6G 技术的战略 只要跟美国捆绑，就可以称霸世界?》，《中国经济周刊》，14。

徐亮、徐磊，2020.《知识产权管理视域下中外专利资助政策比较》，《学术交流》，6。

徐梅，2014.《中美贸易摩擦与日美贸易摩擦的比较分析》，《日本学刊》，3。

徐万里、吴美洁、黄俊源，2013.《成本领先与差异化战略并行实施研究》，《软科学》，10。

徐则荣、郑炫圻、陈江滢，2019.《特朗普科技创新政策对美国的影响及对中国的启示》，《福建论坛》（人文社会科学版），2。

薛虹，2016.《互联网全球治理的新篇章：IANA 管理权移交与 ICANN 问责制度改革》，《汕头大学学报》（人文社会科学版），6。

严莹、张晨，2022.《中美贸易战背景下"一带一路"沿线国家对中国出口贸易的影响研究》，《哈尔滨工业大学学报》（社会科学版），3。

严雨凡，2021.《多元化战略——小米和它的生态链》，《中国集体经济》，29。

阎莉，2001.《战后初期至经济高速发展时期日本技术转移政策综述》，《日本研究》，3。

燕春兰，2011.《中国移动互联网市场产业链研究》，《生产力研究》，12。

杨菠，2010.《国内移动终端市场管制政策变迁的原因分析》，《现代电信科技》，5。

杨丹、缪东玲，2008.《经济全球化下中国的对外贸易政策探析》，《贵州教育学院学报》，4。

杨德林、陈春宝，1996.《联想集团成功的原因分析》，《集团经济研究》，6。

杨东海，1988.《日本制定开发二十世纪九十年代计算机的 TRON 计划》，《计算机应用研究》，1。

杨峰义、刘洋、杨蓓，2021.《6G 网络的一些思考》，《中兴通讯技术》，2。

杨剑，2012.《开放源运动：网络社区作为软件生产者的创新和贡献》，《世界经济研究》，1。

杨上广，2011.《论第四次全球产业转移的宏观背景与发展态势》，《合肥学院学报》（社会科学版），2。

杨少华、李再扬，2011.《信息产业技术标准化的理论分析框架及其政策含义》，《情报杂志》，9。

杨文龙等，2017.《世界跨国投资网络结构演化及复杂性研究》，《地理科学》，9。

杨虞波罗、吕骞，2020.《中国工程院发布我国电子信息科技"十六大挑战"》，《中国设备工程》，10。

姚书杰、蒙丹，2014.《从被动嵌入到自主构建全球生产网络——以台湾计算机产业升级为例》，《科学·经济·社会》，3。

一般社团法人电器通信事业者协会，2021. https：//www. tca. or. jp/database/index. html。

殷佳章、房乐宪，2020.《欧盟人工智能战略框架下的伦理准则及其国际含义》，《国际论坛》，2。

殷晓鹏、肖艺璇、王锋锋，2021.《中国共产党对外贸易政策演进：成就与展望》，《财经科学》，5。

于洪方、陈岳飞，2021.《中国信息领域核心技术自主创新模式研究——以高端芯片为例》，《现代雷达》，12。

于卫国，1997.《韩国集成电路产业的发展及其趋势》，《东北亚论坛》，1。

袁茂峰，2012.《中国通讯产业30年盘点》，《上海信息化》，12。

袁永、张宏丽、李妃养，2017.《奥巴马政府科技创新政策研究》，《中国科技论坛》，4。

云刚，2020.《新时代中国科技创新发展机遇与挑战（三）》，《中国军转民》，3。

臧煜，2013.《日本电信业改革及其对中国的启示》，《现代日本经济》，6。

詹剑锋，2019.《论中国如何发展自主可控和开放的科技产业》，《中国科学院院刊》，6。

张改清、陈华超，2003.《从竞争优势看印度软件业的快速发展》，《科技导报》，12。

张华胜、彭春燕、成微，2009.《美国政府科技政策及其对经济影响》，《中国科技论坛》，3。

张吉豫，2013.《计算机软件著作权保护对象范围研究——对美国相关司法探索历程的分析与借鉴》，《法律科学》（西北政法大学学报），5。

张季风，2020.《迈向新时代的中日经济关系：机遇与挑战》，《国际论坛》，3。

张建平、董亮，2021.《〈区域全面经济伙伴关系协定〉与亚太区域经济合作》，《当代世界》，1。

张军智，2019.《低调的 vivo 掌门沈炜和他的"平常心"》，《商业观察》，1。

张君，2016.《创造性资产寻求视角下跨国并购绩效分析——以联想并购摩托罗拉为案例》，《商业研究》，7。

张丽娟、陈奕彤，2020.《韩国发布〈国家人工智能战略〉寻求从"IT强国"向"AI强国"转型》，《科技中国》，6。

张敏、赵宝山，2013.《台湾企业如何采取"积极的技术跟随者"策略——以台湾光电产业发展为例》，《海峡科技与产业》，3。

张明龙，2008.《从引进技术走向自主创新——韩国科技创新路径研究》，《科技管理研究》，7。

张其春，2016.《闽台科技人才政策比较及其启示》，《福建工程学院学报》，5。

张世兴、李文文，2021.《RCEP 之于我国及亚太地区发展意义解构》，《理论探讨》，2。

张淑涵，2019.《日本科技政策三次转变及对中国的启示》，《湖北开放职业学院学报》，15。

张韬略，2004.《开源软件的知识产权问题研究——制度诱因、规则架构及理论反思》，《网络法律评论》，2。

张韬，2006.《印度软件产业发展政策及对我们的启示》，《辽宁行政学院学报》，10。

张彦，2015.《Linux 系统应用和发展前景研究》，《价值工程》，5。

张艳红，2015.《苹果与谷歌达成和平协议》，《电子知识产权》，1。

章新蓉、刘谊、陈煦江，2019.《基于生命周期的高新技术企业政府补贴时机抉择——政府补贴、融资约束与创新能力的调节效应》，《企业经济》，1。

章忠信，1999.《美国一九九八年数字化千禧年著作权法案简介》，http：//www. copyrightnote. org/paper/pa0010. doc。

赵可华，2019.《中日贸易现状及发展趋势研究》，《中国外资》，22。

赵朋飞，2011.《智能手机操作系统 Google Android 分析》，《科技信息》，31。

赵鹏、魏峰，2020.《2020 年中国 5G 终端产业发展展望》，《计算机与网络》，4。

郑思聪，2021.《韩国制定人工智能半导体强国十年规划》，《科技中国》，3。

中国工业和信息化部，2021.《刘烈宏主持召开 5G/6G 专题会议》，https：//www. miit. gov. cn/xwdt/gxdt/ldhd/art/2021/art_ 0fb4677465804d22 bbff5a17187f41d4. html。

中国国际贸易促进委员会，2020.《美国商业专利数据库发布全球持有专利最多的前 100 家企业和机构》，http：//www. ccpit. org/Contents/Channel_ 3586/2020/0316/1246870/content_ 1246870. htm。

中国科学技术部，2019.《我国正式启动第六代移动通信技术研发工作》，http：//www. most. gov. cn/kjbgz/201911/t20191106_ 149813. htm。

中国商务部，2020.《欧盟委员会提出新欧洲工业战略》，http：//www. mofcom. gov. cn/article/i/jyjl/m/202004/20200402952449. shtml。

中国商务部，2022.《中国服务贸易分类年度统计》，http：//data. mofcom. gov. cn/fwmy/classificationannual. shtml。

中国无线电管理，2021.《欧盟启动 6G 项目研究》，http：//www. srrc.

org. cn/article25047. aspx。

中国移动，2019.《中国移动与清华签约　将在 6G、工业互联网等方面开展科研合作》，http：//www. 10086. cn/aboutus/news/groupnews/index_ detail_ 14836. html？WT. ac = res_ search_ 041_ 200_ f3773562f7ff439582aee 07f24872e21_ 。

中国政府网，2003.《关于进一步实施科技兴贸战略的若干意见》，http：//www. gov. cn/zhengce/content/2008-03-28/content_ 4567. htm。

中国政府网，2017.《大智能时代的关键之举——五问 AI 国家战略》，http：//www. gov. cn/zhengce/2017-07-22/content_ 5212526. htm。

中国政府网，2020.《机构：中国将成为全球人工智能市场增长的重要驱动力》，http：//www. gov. cn/xinwen/2020-12/16/content_ 5569878. htm。

中国政府网，2021.《中华人民共和国国民经济和社会发展第十四个五年规划和 2035 年远景目标纲要》，http：//www. gov. cn/xinwen/2021-03/13/content_ 5592681. htm。

中国驻欧盟使团，2019.《欧盟拟支持 6G 技术研发》，http：//eu. china-mission. gov. cn/kjhz/kjdt/201905/t20190530_ 8433043. htm。

周德邦，2003.《美国诉微软公司——新经济时代的美国反托拉斯法与知识产权》，《电子知识产权》，4。

周建军，2017.《美国产业政策的政治经济学：从产业技术政策到产业组织政策》，《经济社会体制比较》，1。

周生春、李军，2005.《中国手机制造业的演化发展》，《移动通信》，6。

周生升、秦炎铭，2020.《日本人工智能发展战略与全球价值链能力再提升——基于顶层设计与产业发展的竞争力分析》，《国际关系研究》，1。

周小柯、李保明、时保国，2022.《RCEP 对东亚区域价值链重构及两岸经贸合作的影响》，《亚太经济》，3。

周艳、赵黎明，2020.《典型国家的创新体系比较研究》，《天津大学学报》（社会科学版），6。

周殿华、范璐、沈小白，2008.《我国 Linux 发展的成功模式：政府引导的产学研战略合作联盟——以中科红旗公司为例》，《中国软科学》，8。

朱斌、吕昌金，2020.《5G 网络催化工业 4.0 实现》，《江苏通信》，2。

朱睿、张宗真、邹珊刚，1998.《亚洲计算机产业发展的 OEM 模式》，《科研管理》，3。

朱旭东，2011.《山寨机之死》，《中国民营科技与经济》，3。

邹震，2004.《明天你是否还会选择 Linux》，《电子商务》，3。

Abernathy, W. J., Utterback, J. M., 1978. Patterns of Industrial Innovation. *Technology Review*, 80.

Allred, B. B., Park, W. G., 2007. Patent Rights and Innovative Activity: Evidence from National and Firm-level Data. *Journal of International Business Studies*, 38.

Anonymous, 2006. Migrating to "IP" Everything. *Federal Computer Week*, 20.

ATIS, 2020. New Founding Members Strengthen ATIS Next G Alliance as it Sets the Course to Advance North American 6G Leadership. https://www.atis.org/press-releases/new-founding-members-strengthen-atis-next-g-alliance-as-it-sets-the-course-to-advance-north-american-6g-leadership/.

Atkinson, R. D., 2020. Understanding the U. S. National Innovation System. *Information Technology & Innovation Foundation*.

AUTM, 2020. Technology Transfer Infographic. https://autm.net/surveys-and-tools/tech-transfer-infographic.

Bai, G., 2011. The Informal Economy in the Era of Information Revolution and Globalization: The Shanzhai Cell Phone Industry in China. *Chinese Journal of Sociology*, 31.

Bartl, T. J., 1992. The 1991 U. S. -Japan Semiconductor Agreement: Will the New Approach Yield Old Results. *Minnesota Journal of International Law*, 70.

Bernstorff, J., 2003. Democratic Global Internet Regulation? Governance Networks, International Law and the Shadow of Hegemony. *European Law*

Journal, 9.

Bollen, Y. , Ville, F. D. , Orbie, J. , 2016. EU Trade Policy: Persistent Liberalisation, Contentious Protectionism. *Journal of European Integration*, 38.

Broström, A. , 2010. Working with Distant Researchers: Distance and Content in University-industry Interaction. *Research Policy*, 2.

Businessweek, 1989. Is the U. S. Selling its High-Tech Soul to Japan.

Cadoft, O. , Melot, J. D. , Olarreaga, M. , 1997. Lobbying and the Structure of Protection, CEPR Discussion Papers.

Campbell-Kelly, M. , 1995. Development and Structure of the International Software Industry 1950-1990. *Business and Economic History*, 24.

Carmel, E, 1997. American Hegemony in Package Software Trade and the Culture of Software. *Information Society*, 13.

Castells, M. , 2007. Communication, Power and Counter-power in the Network Society. *International Journal of Communication*, 46.

Caterinicchia, D. , 2006. U. S. Slow to Switch to New Web Protocol. *Knight Ridder Tribune Business*, Mar. 31.

Cecere, G. , Corrocher, N. , Battaglia, R. D. , 2015. Innovation and Competition in the Smartphone Industry: Is there a Dominant Design? *Telecommunications Policy*, 39.

Cerf, V. , 1990. The Internet Activities Board. http: //www. ietf. org/ rfc/rfc1160. txt.

Chandra, P. , Sastry, T. , 1998. Competitiveness of Indian Manufacturing: Findings of the 1997 Manufacturing Futures Survey. *Vikalpa*, 23.

Chen, K. , Kenney, M. , 2007. Universities/Research Institutes and Regional Innovation Systems: The Cases of Beijing and Shenzhen. *World Development*, 35.

Cheung, K. , Lin, P. , 2004. Spillover Effects of FDI on Innovation in China: Evidence from the Provincial Data. *China Economic Review*, 15.

Cohen, I. B. , 1976. Science and the Growth of the American Republic. *The Review of Politics*.

Collato F. , 2010. Is Bangalore the Silicon Valley of Asia? *Journal of Indian Business Research*, 2.

Commission, E. , 2021. Europe Puts forward Proposal for Joint Undertaking on Smart Networks and Services towards 6G. https：//digital - strategy. ec. europa. eu/en/news/europe-puts-forward-proposal-joint-undertaking-smart-networks-and-services-towards-6g.

Cusumano, M. A. , Selby, R. W. , 1997. How Microsoft Builds Software. *Communications of the ACM*, 40.

Dahlgaard, J. J. et al. , 2007. Effect of Smartphone Aesthetic Design on Users' Emotional Reaction：An Empirical Study. *Total Quality Management Journal*, 20.

David, C. M. , 1983. Industrial Research and Firm Size, Survival, and Growth in American Manufacturing, 1921 - 1946：An Assessment. *Journal of Economic History*.

David, P. A. , 1986. Technology Diffusion, Public Policy, and Industrial Competitiveness.

Dobson, W. , Safarian, A. E. , 2008. The Transition from Imitation to Innovation：An Enquiry into China's Evolving Institutions and Firm Capabilities. *Journal of Asian Economics*, 19.

Draper, P. , 2013. The Shifting Geography of Global Value Chains：Implications for Developing Countries, Trade Policy, and the G20. *Global Summitry Journal*, 1.

Economides, N. , 2001. The Microsoft Antitrust Case. *Journal of Industry Competition and Trade*, 1.

Engineering, C. et al. , 1994. Technology and Employment：Innovation and Growth in the U. S. Economy. *Social Issues in Computing*.

Evan, A. F. , 1999. Soldiers, Weapons and Chinese Development Strategy: The Mao Era Military in China's Economic and Institutional Debate. *The China Quarterly*, 158.

Evenson, R. E. , 1983. Intellectual Property Rights and Agribusiness Research and Development: Implications for the Public Agricultural Research System. *American Journal of Agricultural Economics*, 65.

Flamm, K. , 1988. *Creating the Computer: Government, Industry, and High Technology*. The Brookings Institution.

Fordham, B. O. , Mckeown, T. J. , 2003. Selection and Influence: Interest Groups and Congressional Voting on Trade Policy. *International Organization*, 57.

Fuentelsaz, L. , Maicas, J. P. , Polo, Y. , 2008. The Evolution of Mobile Communications in Europe: The transition from the Second to the Third Generation. *Telecommunications Policy*, 32.

Gallini, N. T. , 2002. The Economics of Patents: Lessons from Recent U. S. Patent Reform. *Journal of Economic Perspectives*, 16.

Gansler, J. S. , 1989. Affording Defense. *Political Economy*.

Garvy, G. , 1943. Kondratieff's Theory of Long Cycles. *The Review of Economics and Statistics*, 25.

Gisser, M. , Allen, M. S. , 2001. One Monopoly is Better Than Two: Antitrust Policy and Microsoft. *Review of Industrial Organization*, 19.

Gort, M. , Klepper, S. , 1982. Time Paths in the Diffusion of Product Innovations. *Economic Journal*, 92.

Goto, A. , 2000. Japan's National Innovation System: Current Status and Problems. *Oxford Review of Economic Policy*, 2.

Grimes, S. , Sun, Y. , 2016. China's Evolving Role in Apple's Global Value Chain. *Area Development and Policy*, 1.

Gupta, U. , 1988. Start-ups Face Big-time Legal Artiliery. *Wall Street Journal*.

Gu, Y. , Xue, Y. , Xiao, Z. , 2009. Unveiling Secrets of Successful

Chinese Software Companies. *IEEE International Conference on Systems*.

Hall, B. , Ziedonis, R. H. , 2001. The Patent Paradox Revisited: An Empirical Study of Patenting in the U. S. Semiconductor Industry, 1979 – 1995. *The RAND Journal of Economics*, 32.

Harmon, A. , 1998. U. S. Gives Up Last Vestige of Control over Basic Internet Structure, *The New York Times on the Web*, June 6.

Harris, S. , 2001. The Tao Of IETF: A Novice's Guide to The Internet Engineering Task Force. http: //www. ietf. org/rfc/rfc3160. txt.

Hart, D. M. , 2002. High-tech Learns to Play the Washington Game: The Political Education of Bill Gates and other Nerds. , in A. J. Cigler, B. A. Loomis, *Interest Group Politics*, Washington, D. C. : CQ Press.

Haustein, H. D. , Neuwirth, E. , 1982. Long Waves in World Industrial Production, Energy Consumption, Innovations, Inventions and their Identification by Spectral Analysis. *Technological Forecasting and Social Change*, 22.

Heifer, L. R. , 2004. Regime Shifting: The TRIPs Agreement and New Dynamics of International Intellectual Property Lawmaking. *The Yale Journal OF International Law*, 29.

Home, O. 2008. OECD Reviews of Innovation Policy. *Sourceoecd Science & Information Technology*, 215.

Hughes, J. , 1972. American Economic Growth, An Economist's History of the United States. *Explorations in Economic History*, 10.

Intarakumnerd, P. , Chairatana, P. A. , Tangchitpiboon, T. , 2002. National Innovation System in less Successful Developing Countries: The Case of Thailand. *Research Policy*, 3.

Itakura, K. , 2020. Evaluating the Impact of the US-China Trade War. *Asian Economic Policy Review*, 15.

Jacobs, J. F. , 1983. SAGE Overview. *Annals of the History of Computing*, 5.

Jaffe, A. B. , 2000. The U. S. Patent System in Transition: Policy Innovation and the Innovation Process. *Research Policy*, 29.

JCN Newswire, 2005. NTT Com to Launch OCN IPv6 Service for Individual Users. *Japan Corporate News Network*, Nov. 22.

Jean, A. T., Dedrick, J., Keraemer K., 2017. An Analysis of the Impact of Innovation on the Competitiveness of Smartphone Manufacturers. *International Journal of Management Research and Reviews*, 7.

Jefferson, G. H., 2004. R&D and Innovation in China: Has China Begun its S&T Takeoff? *Harvard China Review*.

Jerregaard, T. B., 2010. Industry and Academia in Convergence: Micro-institutional Dimensions of R&D Collaboration. *Technovation*, 30.

Jing, Y., Jiang, W., 2008. Review on Free and Open Source Software. IEEE International Conference on Service Operations & Logistics.

Johns, St. M., 1995. FNC's Role in the DNS Issue, http://www.ksg.harvard.edu/iip/GIIconf/fnc.html.

Jun, S., Park, S., 2013. Examining Technological Innovation of Apple Using Patent Analysis. *Industrial Management & Data Systems*, 113.

Juntti, M. et al., 2019. Key Drivers and Research Challenges for 6G Ubiuitous Wireless Intelligence.

Jurowetzkia, R., Lemaa, R., Lundvall, B. -A. K., 2018. Combining Innovation Systems and Global Value Chains for Development: Towards a Research Agenda. *The European Journal of Development Research*, 30.

Kaplan, A., 1954. *Big Enterprise in a Competitive System*. Brooking Institution.

Kapustina, L. et al., 2020. US-China Trade War: Causes and Outcomes. *SHS Web of Conferences*, 73.

Kaufman, C., 1994. The U. S. -Japan Semiconductor Agreement: Chipping Away at Free Trade. *Pacific Basin Law Journal*, 12.

Kim, S., 2017. Political Cleavages within Industry: Firm-level Lobbying for Trade Liberalization. *American Political Science Review*, 111.

Kleinknecht, A. , 1990. Are there Schumpeterian Waves of Innovation? *Cambridge Journal of Economics*, 14.

Klüver, H. , Mahoney, C. , 2015. Measuring Interest Group Framing Strategies in Public Policy Debates. *Journal of Public Policy*, 35.

Korotayev, A. , Zinkina, J. , Bogevolnov, J. , 2011. Kondratieff Waves in Global Invention Activity (1900-2008). *Technological Forecasting & Social Change*, 78.

Krauss, E. , 2003. The US, Japan, and Trade Liberalization: From Bilateralism to Regional Multilateralism to Regionalism+. *The Pacific Review*, 16.

Kuchler, F. et al. , 1986. Technology, Public Policy, and the Changing Structure of American Agriculture, OTA-F-285. *American Journal of Agricultural Economics*, 68.

Kuznets, S. 1940. Schumpeter's Business Cycles. *American Economic Review*, 30.

Langlois, R. N. , Robertson, P. L, 1992. Networks and Innovation in a Modular System: Lessons from the Microcomputer and Stereo Component Industries. *Research Policy*, 21.

Leblond, P. , Viju-Miljusevic, C. , 2019. EU Trade Policy in the Twenty-first Century: Change, Continuity and Challenges. *Journal of European Public Policy*, 26.

Lee, J. , Kim, J. , Lim, J. , 2016. Globalization and Divergent Paths of Industrial Development: Mobile Phone Manufacturing in China (Chinese Mainland), Japan, South Korea and Chinese Taiwan. *Journal of Contemporary Asia*.

Lee, S. -Y. T. , 2000. Bundling Strategy in Base-supplemental Goods Markets: The Case of Microsoft. *European Journal of Information Systems*, 9.

Leijten, J. , 2017. Exploring the Future of Innovation Diplomacy. *European Journal of Futures Research*, 5.

Lemola, T. , 2002. Convergence of National Science and Technology Policies: The Case of Finland. *Research Policy*.

Li, G. , Hou, Y. , Wu, A. , 2017. Fourth Industrial Revolution: Technological Drivers, Impacts and Coping Methods. *Chinese Geographical*

Science, 27.

Liu, C. Z. , Au, Y. A. , Choi, H. S. , 2014. Effects of Freemium Strategy in the Mobile App Market: An Empirical Study of Google Play. *Journal of Management Information Systems*, 31.

Liu, W. , Dunford, M. , Gao, B. , 2018. A Discursive Construction of the Belt and Road Initiative: From Neo-liberal to Inclusive Globalization. 《地理学报》(英文版), 28.

Liu, Z. , Schindler, S. , Liu, W. , 2020. Demystifying Chinese Overseas Investment in Infrastructure: Port Development, the Belt and Road Initiative and Regional Development. *Journal of Transport Geography*, 87.

Lundin, N. et al. , 2007. Technology Development and Job Creation in China. *Working Paper Series*, 29.

Mao, H. , Görg, H. , 2020. Friends Like This: The Impact of the US-China Trade War on Global Value Chains. *The World Economy*, 43.

Margulius, D. , 2004. IPv6 Marches Forward. *InfoWorld*, 26.

Misa, T. J. , 2016. Computer Security Discourse at RAND, SDC, and NSA (1958-1970). IEEE Annals of the History of Computing, 38.

Monostori, L. , 2014. Cyber-physical Production Systems: Roots, Expectations and R&D Challenges. *Procedia CIRP*, 17.

Motohashi, K. , 2005. University-industry Collaborations in Japan: The Role of New Technology-based Firms in Transforming the National Innovation System. *Research Policy*, 34.

Mowery, D. C. , Rosenberg, N. , 1989. New Developments in U. S. Technology Policy: Implications for Competitiveness and International Trade Policy. *California Management Review*, 32.

Mowery, D. et al. , 2001. The Growth of Patenting and Licensing by U. S. Universities: An Assessment of the Effects of the Bayh-Dole Act of 1980. *Research Policy*, 30.

Mowery, D., Sampat, B., 2004. The Bayh-Dole Act of 1980 and University-Industry Technology Transfer: A Model for Other OECD Governments? *The Journal of Technology Transfer*, 30.

Mowery, D., Sampat, B. & Ziedonis, A., 2002. Learning to Patent: Institutional Experience, Learning, and the Characteristics of U. S. University Patents After the Bayh-Dole Act, 1981–1992. *Management Science*, 48, 73–89.

Mueller, M, 2002. Governments and Country Names: ICANN's Transformation into an Intergovernmental Regime. http://istweb. syr. edu/%7Emueller/gacnames. pdf.

National Science Board, 1981. Science and Engineering Indicators 1980.

Nelson, R. R., 1993. U. S. Technological Leadership: Where did it Come from and Where did it Go? *Research Policy*, 19.

Nollen, S. D., Quinn, D. P., 1994. Free Trade, Fair Trade, Strategic Trade, and Protectionism in the U. S. Congress, 1987 – 88. *International Organization*, 48.

OECD, 2008. Reviews Innovation Policy: China.

Ostry, S., 1990. *The Political Economy of Policy Making Trade and Innovation Policies in the Triad*. New York: Council on Foreign Relations.

Pages, E. R, 1996. The Rise and Fall of American Technology Policy: Elite Beliefs and the Clinton Industrial Policy, *Perspectives on Political Science*, 25.

Papenhausen, C., 2008. Causal Mechanisms of Long Waves. *Futures*, 40.

Petracca, M. P. (ed.), 1992. *The Politics Of Interests: Interest Groups Transformed*, London: Routledge.

Rahm, D., 1992. Federal Competitiveness Policy: Programs and Institutions in Flux, in Lambright, H. and Rahm D., *Technology and US Competitiveness*, New York: Greenwood Press.

Richard, C. E., 1975. Stages in Corporate Stability and the Risks of Corporate Failure. *Journal of Economic History*, 35.

Richard, P., 1999. Chinese Technology Transfer in the 1990s: Current Experience, Historical Problems and International Perspectives. *China Review International*, 98.

Rönnbäck, K., 2015. Interest-group Lobbying for Free Trade: An Empirical Case Study of International Trade Policy Formation. *The Journal of International Trade & Economic Development: An International and Comparative Review*, 24.

Ross, J., 2013. The Rise of China's Global Companies. *China Today*, 12.

Sampatha, P. G., Vallejo, B., 2018. Trade, Global Value Chains and Upgrading: What, When and How? *The European Journal of Development Research*, 30.

Saxonhouse, G. R., 2015. Japanese High Technology, Government Policy, and Evolving Comparative Advantage in Goods and Services, The Japanese Economy in Retrospect.

Schultz, J. et al., 1998. SMART, A simple Modular Architecture Research Tool: Identification of Signaling Domains. *Proceedings of the National Academy of Sciences*, 95.

Seth, N. N. S. et al., 2021. Incorporating the Istanbul-Ankara High-speed Railway into the Belt and Road Initiative: Negotiation, Institutional Alignment and Regional Development. 《地理学报》(英文版), 31.

Shadlen, K. C., Schrank A., Kurtz M. J., 2005. The Political Economy of Intellectual Property Protection: The Case of Software. *International Studies Quarterly*, 49.

Shaw, S. K., 2021. Technology Diffusion and Competition in the Smartphone Industry. *Economic and Political Weekly*, 56.

Sheng, Z., Shi, Y., 2010. Shanzhai Manufacturing—An Alternative Innovation Phenomenon in China: Its Value Chain and Implications for Chinese Science and Technology Policies. *Journal of Science & Technology Policy in China*, 1.

Shen, X., 2005. A Dilemma for Developing Countries in Intellectual

Property Strategy? Lessons from a Case Study of Software Piracy and Microsoft in China. *Science and Public Policy*, 32.

Shivi, G. , NiyatI, B. , 2021. Comparative Analysis of Android and iOS from Security Viewpoint. *Computer Science Review*, 40.

Shulin, G. , 1999. China's Industrial Technology: Market Reform and Organizational Change, London and New York: Routledge in Association with the UNU Press.

Sigurdson, J. , 2010. Technological superpower China? *R & D Management*, 34.

Simmons, R. H. , Danhof, C. H. , 1969. Government Contracting and Technological Change. *The Western Political Quarterly*, 22.

Stern, P. , 1994. Trade Policy, in Martin Feldstein, *American Economic Policy in the* 1980s, Chicago: University of Chicago Press.

Sun, Y. , 2002. China's National Innovation System in Transition. *Eurasian Geography & Economics*, 43.

Suttmeier, R. P. G. D. 1977. The Institutionalization of Science, in Science and Technology in the People's Republic of China. Paris, France: OECD.

Tang, Z. et al. , 2016. The Future of Chinese Software Development. *IEEE Computer Society*.

The White House, 2021. Fact Sheet: The American Jobs Plan. https://www. whitehouse. gov/briefing - room/statements - releases/2021/03/31/fact - sheet-the-american-jobs-plan/.

Urata, S. , 2020. US-Japan Trade Frictions: The Past, the Present, and Implications for the US-China Trade War. *Asian Economic Policy Review*, 15.

Vanos, E. , Kole, L. , 2020. 5G en het Paard van Troje Chinese Strategie voor Technologische Superioriteit. *Atlantisch Perspectief*, 44.

Walsh, M. , Rosenberg, N. , 1973. Technology and American Economic Growth. *Economica*, 40.

Walters, D. , Lancaster, G. , 2000. Implementing Value Strategy through the Value Chain. *Management Decision*, 38.

Wei, L. , 1993. Technology Market. *Beijing Review*, 12-14.

White, S. , Jian, G. , Wei, Z. , 2005. Financing New Ventures in China: System Antecedents and Institutionalization. *Research Policy*, 34.

Wolf, J. , 1989. Europeans Fear Obstacles by U. S. on Advanced TV. *Wall Street Journal*.

Xu, Y. , Duan, H. , 2021. Empirical Analysis of Northeast Asia Regional Economic and Trade Relations and Research on Cooperation Countermeasures Based on Computer Software under the Background of "the Belt and Road Initiative". *Journal of Physics: Conference Series*, 1744.

Yan, J. , 2015. *Development of the Natural Sciences in China over the Past 30 Years*, *30 Years' Review Of China's Science and Technology (1949-1979)*.

Young, R. , 1999. Giving it Away: How Red Hat Software Stumbled Across a New Economic Model and Helped Improve an Industry. *Journal of Electronic Publishing*, 4.

Yun, M. X. , 2007. China's Innovation System Reform and Growing Industry and Science Linkages. *Research Policy*, 36.

Yu, Y. et al. , 2000. Venture Capital and Its Prospect in Our Country. *People's Daily*.

Zhang, X. , Flint, C. , 2021. Why and Whither the US-China Trade War? Not Realist "Traps" but Political Geography "Capture" as Explanation. *Journal of World Trade*, 55.

Zhong, X. , Yang, X. , 2007. Science and Technology Policy Reform and Its Impact on China's National Innovation System. *Technology in Society*, 29.

图书在版编目（CIP）数据

主要经济体数字科技战略与治理体系研究／钟兆真，
孟凡坤，刘亚南著 . --北京：社会科学文献出版社，
2024.5

ISBN 978-7-5228-2485-7

Ⅰ.①主⋯ Ⅱ.①钟⋯ ②孟⋯ ③刘⋯ Ⅲ.①信息经
济-研究 Ⅳ.①F49

中国国家版本馆 CIP 数据核字（2023）第 173813 号

主要经济体数字科技战略与治理体系研究

著　　者／钟兆真　孟凡坤　刘亚南

出 版 人／冀祥德
组稿编辑／吴　敏
责任编辑／王　展
文稿编辑／李惠惠
责任印制／王京美

出　　版／社会科学文献出版社（010）59367127
　　　　　　地址：北京市北三环中路甲 29 号院华龙大厦　邮编：100029
　　　　　　网址：www.ssap.com.cn
发　　行／社会科学文献出版社（010）59367028
印　　装／三河市尚艺印装有限公司

规　　格／开 本：787mm×1092mm　1/16
　　　　　　印 张：16.5　字 数：250 千字
版　　次／2024 年 5 月第 1 版　2024 年 5 月第 1 次印刷
书　　号／ISBN 978-7-5228-2485-7
定　　价／89.00 元

读者服务电话：4008918866